Energie aus dem Nichts

1. Auflage März 2008

Genehmigte Lizenzausgabe für
Kopp Verlag, Pfeiferstraße 52, D-72108 Rottenburg

Umschlaggestaltung: Peter Hofstätter, www.Angewandte-Grafik.de
Bildmotiv: Peter Hofstätter und Lizenzgeber HEMERA/GraphicsCollection
Satz und Layout: Agentur Pegasus, Zella-Mehlis
Druck und Bindung: CPI – Clausen & Bosse, Leck

ISBN: 978-3-938516-65-2

Gerne senden wir Ihnen unser Verlagsverzeichnis
Kopp Verlag
Pfeiferstraße 52
D-72108 Rottenburg
E-Mail: info@kopp-verlag.de
Tel.: (0 74 72) 98 06-0
Fax: (0 74 72) 98 06-11

Unser Buchprogramm finden Sie auch im Internet unter:
www.kopp-verlag.de

Jürgen Heinzerling

Energie aus dem Nichts

Macht, Magie und Wissenschaft

KOPP VERLAG

Inhaltsverzeichnis

Vorwort

Als ich auf der Buchmesse 1995 den Entschluß faßte, die bereits Mitte der 1980er Jahre gefaßte Idee zu diesem Buch endlich in die Tat umzusetzen, war keineswegs abzusehen, auf welches Abenteuer ich mich da eingelassen hatte. Ursprünglich sollte es ein Buch sein, das sich auf unterhaltsame und begreifbare Weise mit spekulativen Konzepten der Energieversorgung auseinandersetzt, die von der etablierten Wissenschaft abgelehnt werden. Damit meine ich nicht Sonnen- und Windkraft, sondern die Idee von *freier* Energie, die an jedem Punkt des Universums abgezapft werden kann, von harmonischen Resonanzen, Energiewirbeln und dergleichen mehr. Ich wollte zeigen, wie haltlos und unlogisch die meisten dieser Konzepte sind.

Wie *unwissenschaftlich!*

In meinem Archiv stapelte sich das Material zum Thema, die Recherchen waren weitgehend beendet. Also ging ich davon aus, daß der Rest mehr oder weniger aus einigen Monaten konzentrierter Schreibarbeit bestehen würde.

Weit gefehlt.

Die Informationen erwiesen sich als komplett widersprüchlich und damit unzureichend. Drei oder vier Wochen lang suchte ich nach zusätzlichem Material, was aber lediglich die Ungereimtheiten mehrte. Ursprünglich hatte ich einzelne Berichte grob nach ihrem mutmaßlichen Wahrheitsgehalt sortiert – sozusagen die *Aschenputtel-Methode* verwendet.

Das eigentliche Problem lag nun darin, daß sich so gut wie keine meiner Quellen als neutral und unzweifelhaft erwies. Was ich für Märchen gehalten hatte, erschien plötzlich gar nicht mehr so unwahrscheinlich, und umgekehrt. Nicht das Thema selbst, sondern die persönliche Einstellung gegenüber dem Leser war plötzlich gefährdet: Mein *Approach,* der keineswegs fest umrissen ist, aber jedenfalls den Grundsatz beinhaltet, daß ich keine haltlosen Gerüchte kolportiere.

Hatte ich die strikte Ablehnung des Gedankens der *freien Energie* ursprünglich für ein reines Politikum gehalten, so mehrten sich die Anzeichen, daß sie in Wirklichkeit durch ein Sicherheitsdenken in den Wissenschaften verursacht wird. Es haben sich Cliquen gebildet, die sich als *Skeptiker* bezeichnen, sich aber wie gläubige Inquisitoren benehmen. Die eigentliche Kernfrage dieses Buches ist deshalb nicht unbedingt die, ob es so etwas wie freie Energie geben könnte. Vielmehr geht es darum, aus welchen Motiven heraus diese Frage vom einen bejaht und vom anderen verneint wird.

Und damit hat sich dieses Buch verselbständigt und ist irgendwo ganz anders geworden, als es ursprünglich geplant war. Es war schwieriger zu schreiben, hat viel mehr Denkarbeit und Mühe gekostet, als ich dachte.

Aber das halte ich für ein gutes Zeichen.

Jürgen Heinzerling

Teil 1 – Energie und Fortschritt

Der ökologische Wettlauf

Der Preis der Energiewirtschaft

Wenn man von Energieversorgung spricht, dann ist damit meist der elektrische Strom gemeint. Strom ist die flexibelste Form der Energie, da er sich relativ einfach in andere Energieformen umwandeln läßt.

Für zivilisierte Menschen ist Energie deshalb eine Sache, die aus der Steckdose kommt. Selbst Wissenschaftler gehen im Alltag davon aus, daß Energie im E-Werk *erzeugt* und schließlich von uns *verbraucht* wird. Damit ist die Energie weg, und am Ende des Monats erhalten wir eine unverschämte Rechnung.

Dieser Vorgang erscheint uns als logisch und vollkommen selbstverständlich. Bei näherer Betrachtung stellt sich aber heraus, daß unsere Alltagsauffassung nicht haltbar ist. Der Grund ist hinlänglich bekannt und läßt sich in einem einzigen Satz formulieren:

Energie kann man nicht erzeugen oder verbrauchen, sondern lediglich von einer Form in eine andere umwandeln.

Aber wieso sollten wir jemandem dafür Geld bezahlen, daß er etwas *nicht* erzeugt hat, was wir *nicht* verbraucht haben?

Es wäre sicher reichlich spitzfindig, die Zahlung mit dem eingangs geschilderten Argument zu verweigern. Außerdem kommt man damit erfahrungsgemäß nicht durch, weil bei den Stromversorgungsunternehmen Scharen von Juristen und Ingenieuren beschäftigt sind, die zusammen etwa folgendes Argument ausgeheckt haben:

Wir Stromversorger sind es ja, die Brennstoffe kaufen und die technischen Anlagen bereithalten, um euch mit Energie zu versorgen. Ihr bezahlt also für eine Dienstleistung, und nicht für eine Sache. Im übrigen ist es euch freigestellt, unseren Service nicht mehr in Anspruch zu *nehmen. Wir zwingen niemanden, seine Energie über uns zu beziehen.*

Diese Argumentationskette läßt sich nicht so einfach widerlegen. Aber sie hat *faustdicke* Löcher, weil die Stromversorgungsunternehmen außer Braunkohle auch andere Energieträger benutzen, bei denen die Besitzverhältnisse keineswegs so klar sind und zudem keine Brennstoffe verbraucht werden.

Nehmen wir zum Beispiel die Wasserkraft, die einem Fluß entnommen werden kann. Der Fluß gehört unserem Staat, und damit uns allen. Solange der Fluß Wasser führt, kann man auf diese Weise mechanische Energie in elektrische umwandeln. Das Tollste daran ist, daß man dafür nur eine Anlage errichten muß, während die Energiequelle selbst keine Kosten verursacht. Folglich müßte aus Wasserkraft gewonnener Strom eigentlich preisgünstiger sein als beispielweise Braunkohlestrom.

Erstaunlicherweise ist unsere Stromrechnung aber nicht nach Energieträgern aufgeschlüsselt. Es gibt nur einen Einheitsstrom, der mit Gewinn verkauft wird.

Wenn man so will, haben die Stromversorger also das Unmögliche möglich gemacht, indem sie ein *Perpetuum mobile* erfanden: Man steckt vorne nichts rein, und hinten kommt solange *Geld* heraus, bis die Tage der Menschheit gezählt sind.

Nun reicht die Wasserkraft aber nicht dazu aus, unseren Energiebedarf vollständig zu decken. Als Energiequellen dienen derzeit hauptsächlich die Nuklearkraft und fossile Brennstoffe. Beides ist mit Gefahren für die ohnehin angeschlagene Ökologie verbunden. Zudem sind fossile Brennstoffe nur in begrenztem Maße verfügbar, was auch für spaltbare Materialien gilt, wenn auch in weit geringerem Maße. Was gegen die nukleare Energieumwandlung spricht, ist hinreichend bekannt und muß an dieser Stelle nicht erörtert werden.

Wo das eigentliche Problem liegt, kann man schnell erkennen, wenn man den herkömmlichen Prozeß der Energieumwandlung einmal näher betrachtet.

Nehmen wir dazu das bereits erwähnte Braunkohlekraftwerk, obwohl der Prozeß sich praktisch auf alle derzeit großtechnisch genutzten Formen der Stromversorgung anwenden läßt.

Die Kohle wird im Kraftwerk verbrannt, und die dabei entstehende Wärme zum Antrieb von Turbinen genutzt. Die mechanischen Drehungen des Turbinenschaftes werden wiederum zum Antrieb eines Generators genutzt, der durch drehende Magnetfelder die freien Elektronen in jenen Zustand versetzt, den wir der Einfachheit halber als »Strom« bezeichnen.

Wenn Sie frühmorgens eine Scheibe Brot in den Toaster stecken, durchfließt der Strom den Draht, und die Energie wird in Wärme umgesetzt. Ein Teil dieser Wärme wird direkt in unsere Atmosphäre abgestrahlt, der andere Teil erwärmt zunächst den Toast, bevor er ebenfalls seinen Beitrag zur Erhöhung des Treibhauseffektes leistet. Der fördert das Wachstum der Bäume, aus denen in vielen Millionen Jahren dann wieder Braunkohle[1] wird.

Das Problem ist eben nur, daß uns die fossilen Brennstoffe schon in absehbarer Zeit ausgehen werden. Es mag noch 50 oder 100, vielleicht auch 1000 Jahre dauern. Und dann bricht ein Hunderte von Millionen Jahre dauernder Winter an, der entweder das Ende unserer Zivilisation oder den Einsatz anderer Wärmegewinnungsmethoden nach sich ziehen wird.

Wenn Sie das beschriebene Szenario für unwahrscheinlich halten und sich jetzt eher ein bißchen an die billigen Science-Fiction-Filme der 1950er Jahre erinnert fühlen, dann ist das nur natürlich.

Der Tag, an dem die fossilen Brennstoffe ausgingen, das wird es mit großer Sicherheit nicht geben. Es wird sich eher um einen langwierigen Vorgang handeln, der sich zunächst nur in drastischen Preiserhöhungen der Stromversorger niederschlagen wird.

Die Menschen am anderen Ende des Stromkabels werden das nicht so einfach hinnehmen, sondern ernsthaft nach Möglichkeiten suchen, Strom zu *sparen.* Was natürlich ein Witz ist, da man nur etwas *sparen* kann, was sich auch *verbrauchen* läßt.

1 – Jeder Benutzer eines Toasters weiß, daß man diesen Vorgang zumindest scheinbar beschleunigen kann. Aber verbrannter Toast weist wirklich nur eine sehr oberflächliche Ähnlichkeit mit Braunkohle auf.

Die Legende vom Energiesparen

Im Elektrohandel werden aller Wissenschaft zum Trotz sogenannte Energiesparlampen verkauft, um nur ein Beispiel aus dem reichhaltigen Angebot von Placebo-Lösungen zu nennen, mit denen wir angeblich den Zusammenbruch der Energiewirtschaft abwehren können. Auf der Lampe steht *20 Watt,* und auf dem Karton wird vollmundig erläutert, daß die Lichtausbeute der einer herkömmlichen *100-Watt-Lampe* entspricht.

Was dahinter steckt, ist ein simpler Betrug, der wie jeder gut ausgedachte Betrug ein Stückchen Wahrheit enthält. Nicht, daß Sie oder andere zweibeinige Mitglieder Ihres Haushaltes sich darüber beschweren könnten. Aber falls eine Katze bei Ihnen lebt[2], hat sie allen Grund, die Qualitäten der Lampe anzuzweifeln.

Das bedarf natürlich der Erklärung. Fakt ist, daß eine herkömmliche Glühlampe einen großen Teil der Energie aus dem Stromnetz in Wärme umsetzt und nur einen kleineren Teil in Licht. Bei der Energiesparlampe ist die Lichtausbeute weitaus höher, weil sie weniger Energie in Wärme und mehr in Licht umsetzt.

Beleuchtungsquellen strahlen ein gelblich- oder bläulichweißes Mischlicht aus, das sich aus sichtbaren und unsichtbaren Lichtanteilen zusammensetzt. Die Energiesparlampe ist auch hier im Vorteil, da ihr Lichtspektrum sich besser mit dem für Menschen sichtbaren Spektrum deckt.

Für das menschliche Auge bietet die Energiesparlampe also das Licht einer 100-Watt-Glühlampe und die Betriebskosten einer 20-Watt-Glühlampe. Eine Hauskatze würde das aber ganz anders beurteilen. Sie kann auch die Wärmestrahlung sehen, die im für Menschen unsichtbaren Infrarotbereich liegt. Die Energiesparlampe ist für sie nur ein trübe Funzel, deren Lichtausbeute sich keineswegs mit der einer Glühlampe vergleichen läßt.

Dieses Problem findet sich in abgeänderter Form bei allen mit Strom betriebenen Geräte. Es gibt kein solches Gerät, das wirklich

2 – Katzenbesitzer wissen, daß man diese Tiere im Gegensatz zu Hunden nicht wirklich besitzt. Vielmehr ist es so, daß man nur von ihnen geduldet wird.

die gesamte zugeführte Energie so umsetzt, wie es erwünscht ist. Und so entstehen als Nebenprodukt der Energieumsetzung immer unerwünschte Energieformen.

Das Verhältnis zwischen erwünschter und unerwünschter Energieumwandlung bezeichnet man als Wirkungsgrad. Ein Motor, der einen Wirkungsgrad von 0,6 (60 Prozent) aufweist, setzt sechs Zehntel der zugeführten elektrischen Energie in eine Drehbewegung um, also in mechanische Energie. Die restlichen vier Zehntel werden größtenteils in Wärme konvertiert, zum kleineren Teil in magnetische, elektrische, akustische und mechanische Nebeneffekte. Sie werden unter dem Begriff *Konvertierungsverluste*[3] zusammengefaßt.

So kann der Wirkungsgrad selbst im Idealfall niemals 100 Prozent erreichen. Das begründet sich übrigens nicht auf einem Naturgesetz, sondern auf einer Erfahrungsregel, die sich in allen Bereichen der Technik bewährt hat. Diese Tatsache verkörpert eine Variante des sogenannten *Energieerhaltungssatzes*: Eine Maschine kann nicht mehr Arbeit leisten, als man zu ihrem Betrieb aufwenden muß.

Ein Wirkungsgrad von 0,6 ist recht ordentlich, und bei Hochspannungsmotoren lassen sich noch weitaus höhere Wirkungsgrade erzielen. Den besten Wirkungsgrad hat ein elektrischer Heizdraht, wie man ihn zum Beispiel in einem Toaster oder Heizlüfter findet. Hier beträgt der Wirkungsgrad nahezu 100 (100 Prozent); aber eben nur nahezu. Ein winziger Teil der Energie wird nämlich wieder in andere Energieformen umgesetzt.

Beispielsweise wird das bekannte Knacken im Toaster durch die Ausdehnung der Drähte hervorgerufen. Ein Teil der Energie wird hier also in mechanische Bewegung umgesetzt, die wir als Schall wahrnehmen.

Im letzten Absatz verstecken sich einige Konsequenzen für Ihre alltägliche Haushaltsführung, auf die es sich näher einzugehen lohnt. Vielleicht wird ein Raum Ihrer Wohnung elektrisch beheizt, und dank des extrem hohen Wirkungsgrades einer elektrischen Heizung

3 – Hier ist der Begriff Verlust durchaus angebracht, da es ja um die Wirtschaftlichkeit eines Umwandlungsprozesses, und nicht um den physikalischen Vorgang an sich geht.

sollte man eigentlich meinen, daß es sich um ein Energiespargerät handeln müßte.

Leider ist das nicht der Fall, das Heizen mit Strom ist sogar ausgesprochen teuer. Was nicht allein auf die Profitgier der Stromversorger zurückzuführen ist, sondern schlichtweg darauf, daß unsere zentrale Stromversorgung einen relativ niedrigen Wirkungsgrad aufweist.

Die zentrale Energieversorgung

Da im Kraftwerk ebenfalls eine Energieumwandlung stattfindet, spielt der Wirkungsgrad auch hier eine große Rolle. Fossile Brennstoffe setzen beim Verbrennen Wärme frei, und man kann die Wärmewirkung messen. Die dabei hervorgerufene Wärmemenge wird in *Kalorien* oder neuerdings *Joule* gemessen, eine für die meisten Menschen außergewöhnlich bedeutsame Maßeinheit. Joule ist die allgemeine Maßeinheit für Energie, und so kann man beispielsweise auch die kinetische Energie eines fallenden Körpers in Joule angeben.

Bei Verbrennungsprozessen läßt sich für eine bestimmte Menge jedes brennbaren Stoffes ein Wert ermitteln, der die maximale Wärmeausbeute kennzeichnet. So werden die Joule-Angaben für Lebensmittel[4] ebenfalls durch Verbrennung ermittelt.

Die bei der Verbrennung entstehende Wärme soll natürlich möglichst vollständig in Strom umgesetzt werden. Das Hauptproblem liegt nun darin, daß herkömmliche Verbrennungskraftwerke nicht direkt Wärme in Strom umsetzen, sondern zunächst in mechanische Energie umwandeln, mit der dann Generatoren angetrieben werden.

Ein Teil der Wärmenergie wird dabei wieder in andere, nicht erwünschte Energieformen umgesetzt. Viel bedeutendere Anteile werden vom Kraftwerk einfach durch unzureichende Isolation in die Umwelt abgestrahlt. Modernste Verbrennungskraftwerke ver-

4 – Ob Sie einen Liter Olivenöl trinken oder damit eine Ölfunzel betreiben – das Resultat ist dasselbe. Aber nur für das Öl.

sieht man mit einer sogenannten *Wärmekuppel*[5], um die sich verflüchtigende Wärme wenigstens zum Teil für Heizungszwecke zu verwenden.

Der Wirkungsgrad eines modernen Kraftwerks liegt unter 50 Prozent, also wird die Hälfte der in den Prozeß eingeleiteten Wärme in die Atmosphäre freigesetzt. Die Konsequenzen sind hinreichend bekannt.

Auf dem langen Weg zu den Kunden verringert sich der Wirkungsgrad noch weiter, da die Leitungen einen elektrischen Widerstand aufweisen und sich dadurch ähnlich wie Heizdrähte verhalten. Ein Teil des Stroms wird dabei in Wärme konvertiert. In welchem Maße der Wirkungsgrad davon beeinflußt wird, ist schwer zu beziffern, da die Kraftwerke in einer Netzwerkstruktur zusammengeschaltet sind. Aber es ist ziemlich sicher, daß die Konvertierungsverluste den Wirkungsgrad merklich senken.

Häufig setzt die Kritik an der gegenwärtigen Energiewirtschaft deshalb am System der zentralen Versorgung an. Als Alternative werden sogenannte Insellösungen vorgeschlagen, bei denen Wohneinheiten mit eigenen Kleinkraftwerken bestückt werden. Diese Kraftwerk bezeichnet man als Blockheizkraftwerke (BHKW), da die Verbrennungswärme nicht nur zur Stromerzeugung, sondern auch für die Heizung und Brauchwassererhitzung genutzt wird. Durch die kurzen Versorgungswege sind die Transportverluste weitaus geringer, als man es von zentralen Kraftwerknetzen kennt. Zudem kann die gesamte Anlage von vorne herein auf den Bedarf zugeschnitten werden, und der Kraftwerksbetrieb ist rationeller, weil er an den spezifischen Tag-/Nacht-Rhythmus der Bewohner angepaßt werden kann.

Zudem kann der Brennstoffverbrauch an günstig liegenden Standorten durch die zusätzliche Nutzung von Wind-, Wasser- oder Solarenergie reduziert werden. Und wenn man den Faden noch etwas weiter spinnt, dann können die biologischen Abfälle der Wohneinheit zur Produktion von Methangas verwendet werden, das

5 – Wenn Sie dabei an Großmutters *Stövchen* für die Kaffeekanne denken, haben Sie die grundsätzliche Funktion einer Wärmekuppel bereits verstanden.

dann wiederum anschließend als Brennstoff im Hauskraftwerk verfeuert wird.

Ein schönes Beispiel für die Vorzüge eines BHKW finden Sie im Dreiländereck bei Aachen, wo die Raststätte Propsteierwald die konventionelle Technik des Kleinkraftwerks mit Windenergie koppelt. Der Wirkungsgrad von 80 Prozent[6] beweist, daß ein konsequenter Abbau der zentralen Netze wirklich bedeutende Brennstoffeinsparungen nach sich zieht. Dieses dezentrale System rentiert sich auch bei Siedlungsgemeinschaften und Gewerbegebieten.

Insgesamt sicher ein schöner Traum, der den Gedanken einer modernen, umweltbewußten Energiewirtschaft in vorbildlicher Weise demonstriert.

Realisierbar ist er aber nur in ländlichen Gegenden, während die dicht besiedelten Städte mit ihrem extrem hohen Energiebedarf nach wie vor auf herkömmliche Weise versorgt werden müßten.

Ökologische Energieträger

Der in Deutschland sehr aktiven grünen Bewegung ist es zu verdanken, daß sich die Öffentlichkeit zunehmend mit alternativen Energielösungen befaßt. Wind- und Solarkraft genießen bei den ökologisch engagierten Normalbürgern einen erstaunlich hohen Stellenwert. Laut Insider-Informationen verzeichnen die Hobbyelektronik-Versender Conrad und Völkner enorme Zuwachsraten im Bereich von Solarkonvertern und Windgeneratoren im Kleinleistungsbereich.

Dort werden Windpropeller für die Versorgung des Gartenhäuschens angeboten, und natürlich auch Solarkonverter, die bei Sonnenschein eine Batterie aufladen. Der Erfolg manifestiert sich auch in den vierfarbigen Katalogen dieser Versender, in denen der Produktbereich *alternative Energie* mittlerweile einen bedeutenden Seitenumfang für sich beansprucht.

6 – Laut Auskunft der Betreiber in der WDR-2-Sendung *Unterwegs* vom 27.04.1996. Allerdings wurde nicht ganz klar, ob hier der Gesamtwirkungsgrad inklusive Windkraft oder nur der des BHKW gemeint war.

Man sollte sich allerdings davor hüten, dies als Durchbruch zu feiern. Es handelt sich mit einiger Wahrscheinlichkeit eher um einen ziemlich oberflächlichen Trend, als um das Aufkeimen eines ökologischen Verantwortungsbewußtseins.

Nehmen wir als Beispiel nur den solarbetriebenen Garagentoröffner, der ausgerechnet in den sonnigen Monaten gut läuft, in denen man das Auto nicht unbedingt in die Garage stellen muß. Schließlich läßt sich ein Garagentor spielend von Hand öffnen, und das stellt den Nutzwert dieser grandiosen Erfindung doch irgendwo in Frage.

Zudem öffnet der Solarantrieb das Garagentor mit quälender Langsamkeit, während der Motor des Autos weiterläuft und die Umwelt belastet. Von Umweltfreundlichkeit kann da wohl nicht die Rede sein.

Der eigentliche Treppenwitz ist aber für den Außenstehenden nicht so einfach zu erkennen. Wer weiß denn schon, daß ein großer Teil der Solarzellen ausgerechnet von einem Großkonzern hergestellt wird, der auch herkömmliche Braunkohlekraftwerke baut und betreibt?

Oder daß die Herstellung eines solchen Solarkonverters einen höheren Aufwand an *konventioneller* Energie fordert, als er in unseren Breiten an *alternativer* Energie während seiner mutmaßlichen Lebensdauer von fünf bis zehn Jahren freisetzt?

Paranoiker könnten angesichts dieser Argumente zu der Ansicht gelangen, daß die alternative Energiewirtschaft hier absichtlich ins Lächerliche gezogen wird. So krass sollte man das aber nicht sehen, da zu vermuten ist, daß die Ursachen eher in einer allgemeinen Gedankenlosigkeit als in einer düsteren Verschwörung zu suchen sind. Energie ist ein außergewöhnlich vielschichtiges Thema, und es gibt derzeit keine Form der Energiebereitstellung, die man nicht mit Gegenargumenten torpedieren könnte.

Leider wird die ökologische Energiewirtschaft aus Unkenntnis oft zu sehr über den grünen Klee gelobt. Ein schönes Beispiel dafür ist der bekannte Vorschlag, die Sahara komplett mit Solarkonvertern zuzupflastern, um den kompletten Energiebedarf dieses Planeten zentral zu decken. Daß dieser Plan mit ziemlicher Sicherheit eine gigantische Verschiebung der Klimazonen nach sich ziehen dürfte, gegen die der Treibhauseffekt eine absolute Bagatelle ist, wird von den Befürwortern dieses großen Plans bezweifelt.

Hauptsache ökologisch, das beruhigt das Gewissen.

Dabei sind die zu befürchtenden Spätfolgen nicht einmal das zugkräftigste Argument gegen diese Idee. Man stelle sich vor, daß eine Handvoll Terroristen mit einigen gut plazierten Wasserstoffbomben die gesamte Welt ins Mittelalter zurückversetzen könnte.

Oder daß ein einzelner Energie-Monopolist weltweit die Energiepreise diktiert, und damit letztlich den gesamten Weltmarkt beherrscht.

Das gilt auch für eine andere Idee zur großtechnischen Nutzbarmachung ökologisch unbedenklicher Energien: den Solarkraft-Satelliten. Außerhalb der Erdatmosphäre steht weitaus mehr Sonnenenergie zur Verfügung als in den heißesten Regionen unseres Planeten.

Pro Sekunde fällt im Durchschnitt eine Energiemenge von 1400 Joule pro Quadratkilometer am äußeren Rand der Atmosphäre ein. Auf dem Erdboden oder der Meeresoberfläche sind es dagegen nur 350 Joule.[7]

Tatsächlich fangen sämtliche Planeten unseres Sonnensystems nur einen winzigen Bruchteil der Gesamtenergie auf, die unsere Sonne abstrahlt. Der überwiegende Teil wird in die Weiten des Universums hinausgestrahlt. Ein verschwindend kleiner Teil dieses unglaublichen Potentials würde genügen, um den gesamten industriellen und privaten Energiebedarf unseres Planeten zu decken. Das Kraftwerk Sonne wird zudem noch mindestens *vier Milliarden Jahre* mit nahezu unverminderter Kraft weiterbrennen, ohne daß wir auch nur eine Schaufel voll Braunkohle oder Uran nachschütten müssen.

Ein solcher Satellit wäre bereits heute realisierbar, nur ist das Problem des Energietransports noch nicht gelöst. Man muß kein Astrophysiker sein, um zu erkennen, daß ein Stromkabel hier kaum eine geeignete Lösung darstellt. Da keine praktikable Methode zum

7 – Jacobs/Meyer, *Geophysik – Signale aus der Erde,* Leipzig 1992, S. 131 f.

drahtlosen Transport größerer Energiemengen bekannt ist[8], ist das Projekt bislang nicht über das Stadium eines alljährlichen Füllartikels für diverse Wissenschaftsmagazine hinausgekommen.

Ähnliches gilt auch für das zweite Bindeglied zwischen alternativer und konventioneller Energieversorgung. Gemeint ist das geothermische Kraftwerk, das die Hitze des Erdinneren nutzbar machen soll. Die Idee dazu ist nicht neu und stammt vermutlich von Nikola Tesla[9], dem wohl bedeutendsten Energieforscher des 19. und 20. Jahrhunderts.

Tatsächlich stecken im Erdinnern gewaltige Energiemengen in Form eines Hitzereservoirs, ohne dessen Wirkung unser Planet längst ausgekühlt wäre![10] Das heiße Erdinnere anzubohren und damit Turbinen anzutreiben, das ist allerdings eine technische Großtat, die ängstlichen Gemütern einen Schauer über den Rücken jagen wird.

Wer sich aus verständlichen Gründen nicht mit der Idee eines Atomkraftwerkes vor der Haustür anfreunden kann, wird auch kaum den Bau eines solchen künstlichen Vulkans befürworten. Zwar reichen die dafür erforderlichen Bohrungen bei weitem nicht an den glühenden Erdkern heran, aber von einem gänzlich gefahrlosen Projekt kann man hier trotzdem nicht sprechen.

Obwohl vieles dafür spricht, daß die geothermische Energie sich doch bändigen läßt, stellt sie bislang nur eine hypothetische Möglichkeit der Energiefreisetzung dar. Überdies könnte man die scheinbar naive Frage stellen, ob das Anzapfen geothermischer Energie sich nicht negativ auf unsere Ökologie auswirken könnte.

Unser Wissen über das Erdinnere basiert größtenteils auf Hypothesen, die durch Messungen reflektierter Körperschallwellen untermauert werden. Es spricht vieles dafür, daß diese Hypothesen zutreffen. Nur sind unsere Vorstellungen vom Aufbau unseres Planeten keineswegs vollständig.

8 – Was nicht heißt, daß es eine solche Methode nicht bereits gibt. Wir werden uns noch damit befassen.

9 – Teslas Ideen werden Ihnen in diesem Buch noch recht häufig begegnen.

10 – Jacobs/Meyer, a. a. O., S. 133.

Es ist also keineswegs albern, wenn man die Vermutung äußert, daß eine langfristige Zweckentfremdung der Erdwärme ungeahnte Folgen für unser globales Klima haben könnte.

Selbstversorgung

Ganz im Gegensatz zu den fossilen Energieträgern eignen sich Öko-Energien besonders für den dezentralen Einsatz. Hier bestimmt allein der Standort, welche Energieformen sinnvoll genutzt werden können. Wenn Sie am Meer wohnen, müssen sie sich mit Solarenergie gar nicht erst befassen, da hier der Einsatz eines Windkraftwerks weitaus sinnvoller ist. Das sorgt nahezu ganzjährig für Strom, da am Meer selbst im Sommer mit einem überdurchschnittlichen Windaufkommen zu rechnen ist.

Das in Deutschland vorherrschende gemäßigte Kontinentalklima ist allerdings für eine flächendeckende Versorgung mit ökologischen Energien nicht unbedingt ideal. Selbst bei gleichzeitiger Nutzung mehrerer Energiearten kann eine ganzjährige Abdeckung des Bedarfs nur in seltenen Ausnahmen gewährleistet werden. Beispiele dafür finden sich in den Gebirgsregionen, aber auch im Küstenbereich, wo neben Wind- und Wasserenergie auch Solarwärme verwertet werden kann. Die direkte Umwandlung von Licht in Strom durch Solarzellen, wie sie sowohl beim Satellitenkraftwerk als auch beim Solar-Garagenöffner eingesetzt wird, eignet sich hier weniger gut. Das liegt nicht nur an den derzeit noch extrem hohen Investitionskosten, sondern auch daran, daß es bei einer privaten Teilversorgung mit Solarenergie nicht unbedingt sinnvoll ist, sie in Strom zu wandeln. Statt dessen wird die Warmwasserversorgung auf Solarbetrieb umgestellt. Die Konverter kann man als Blockmodule kaufen oder selbst bauen.

Das Prinzip ist relativ unaufwendig: Die Geräte bestehen im einfachsten Fall aus einem zu einer Spule aufgewickelten Gartenschlauch. Der Schlauch ist wie ein Heizungskreislauf mit Wasser gefüllt, das durch die Sonnenenergie erwärmt wird. Dabei handelt es sich natürlich nicht um das Brauchwasser, sondern lediglich um ein Transport- und Speichermedium.

Über einen Thermofühler und eine Pumpe wird das Wasser einem Wärmetauscher zugeführt, der die Wärme auf das Brauchwasser überträgt. Das Wasser kann nicht nur zur Körperpflege verwendet werden, es verbessert auch die Energiebilanz beim Kochen. Zwar liegt die Temperatur deutlich unter dem Siedepunkt, aber man muß das Wasser nicht mehr so lange erwärmen.

Was es derzeit noch nicht gibt, sind wirklich effiziente Konverter, die die solare Abwärme direkt in Strom umsetzen können. Die Entwicklung eines solchen Konverters könnte der dezentralen ökologischen Selbstversorgung einen erhöhten Stellenwert verschaffen.

Derzeit kommt die ausschließliche Selbstversorgung eigentlich nur für bestimmte Standorte in Frage. In den ländlichen Gegenden ließe sich aber zumindest zuwirtschaften und eine Teilentlastung der konventionellen Kraftwerke erzielen. So lassen sich bei einem Einfamilienhaus durchaus 20 bis 30 Prozent des Energiebedarfs durch Windkraft- und/oder Solarwärme decken.

Der ökologische Beitrag

Daß eine Gesamtentlastung des Versorgungsnetzes in einer bedeutenden Größenordnung keine Illusion ist, zeigt das Bundesland Schleswig-Holstein. Hier werden bereits bis zu zehn Prozent des Strombedarfs durch Windkraft gedeckt.[11] Durch die zusätzliche Nutzung von Gezeitenkraft und – soweit es strukturell realisierbar ist – Solarwärme könnte dieses Land schon in absehbarer Zeit einen beträchtlichen Anteil des Energiebedarfs aus unbedenklichen Quellen decken.

In anderen Bundesländern sieht es nicht ganz so günstig aus.

Derzeit ist kaum abzuschätzen, wie hoch der Anteil ökologischer Energieformen sich in absehbarer Zeit treiben läßt. Aber es ist sicher nicht unrealistisch, den Wert von Schleswig-Holstein bundesweit anzusetzen.

11 – So die TV-Sendung *Monitor* vom 28.03.1996.

Natürlich erscheint eine zehnprozentige Einsparung auf den ersten Blick ziemlich enttäuschend. Das ist aber eher eine Frage der Sichtweise. Schließlich werden für diesen Anteil keine fossilen Brennstoffe geopfert, wenn man einmal den bei der Produktion entstehenden Energiebedarf außer Acht läßt.

Ich habe weiter oben schon erwähnt, daß es beim Wirkungsgrad konventioneller Verbrennungskraftwerke eine »magische« Grenze gibt, die bei etwa 50 Prozent liegt. 100 auf diese Weise erzeugte Einheiten Strom verursachen in der globalen Energiebilanz also auch einen Komplettverlust von 200 Einheiten fossilen Brennstoffs.

Decken wir dagegen einen Anteil von zehn Prozent unseres Strombedarfs aus ökologischen Quellen, werden für 100 Einheiten Strom nur noch 180 Einheiten Brennstoff vernichtet.

Nun kann man diese Brennstoffeinsparung aber auch als Erhöhung des Gesamtwirkungsgrades des Versorgungsnetzes betrachten. Der beträgt nun 100 (Gewinn) : 180 (Verlust) und damit 55,5 Prozent; was weitaus mehr ist, als die konventionelle Kraftwerkstechnik allein aufbieten kann. Geradezu aberwitzig wird diese Rechnung, wenn wir einmal von der spekulativen Möglichkeit ausgehen, daß wir unsere Versorgung zu jeweils 50 Prozent aus fossilen und ökologischen Quellen bestreiten. Für 100 Einheiten Brennstoff stellt ein solches Netz auch 100 Einheiten Strom zur Verfügung – eine scheinbare Unmöglichkeit, da der Wirkungsgrad somit 100 Prozent betragen würde!

Aus physikalischer Sicht stimmt diese Rechnung natürlich nicht, da der Wirkungsgrad hier rein anhand der Konvertierungsverluste berechnet wird. Die betragen eben beim konventionellen Kraftwerk mindestens 50 Prozent und sind bei Solarkonvertern im Regelfall sogar noch größer. Im Extremfall kann der Physiker deshalb sogar behaupten, daß der Wirkungsgrad eines gemischten Versorgungsnetzes kleiner ist als der einer konventionellen Versorgung.

Das Argument leuchtet zweifellos ein, wenn man die Spielregeln des Physikers kennt und akzeptiert. Aber es ist nicht die einzige logisch begründete Sichtweise, mit der man für oder gegen die Nutzung ökologischer Energieformen argumentieren kann.

Windige Argumente

Ein schönes Beispiel für den verzwickten Meinungsstreit hat das Nachrichtenmagazin *Monitor* in der Sendung vom 28.03.1996 vorgestellt. Die Vorgeschichte ist schnell erzählt, sie betrifft die bereits erwähnte Nutzung von Windenergie in *Schleswig-Holstein.*

In diesem Bundesland gibt es bekanntlich viele Bauern, die ein Stück Land in unmittelbarer Nähe des Meeres besitzen. Dort weht der Wind heftig und regelmäßig genug, um als zuverlässige Energiequelle genutzt zu werden. Bei entsprechender Auslegung des Generators fällt nicht nur genug Strom für die Versorgung eines Gehöftes ab, sondern auch ein durchaus beträchtlicher Überschuß.

Nun haben sich die Energieversorgungsunternehmen seit einiger Zeit dazu verpflichtet, diese Überschüsse käuflich zu erwerben. Der durch Windkraft erzeugte Strom wird ins normale Versorgungsnetz eingespeist, und der Besitzer der Windkraftanlage erhält pro eingespeister Kilowattstunde einen bestimmten Betrag; im konkreten Fall 8,6 Cent. Auf diese Weise vermischt sich ökologisch gewonnener mit konventionell erzeugtem Strom, und das Versorgungsunternehmen verkauft beides mit Gewinn weiter.

Diese Möglichkeit brachte etliche Bauern auf die Idee, sich als privates Versorgungsunternehmen ein zweites Standbein zu schaffen. Die sechsstelligen Baukosten wurden gerne von den Banken vorgestreckt, die nach Prüfung der Amortisationspläne ein vernünftiges Geschäft für alle Beteiligten witterten.

Der große Energiedeal lief auch anstandslos an, und wie erwartet entlohnte das zuständige Versorgungsunternehmen *Schleswag* jede eingespeiste Kilowattstunde in harter Münze. Soweit verlief alles wie geplant, so daß Bauern und Banker sich über ein gelungenes Geschäft freuen durften.

Nur einer freute sich nicht[12]: die *Schleswag.* Und so flatterte den privaten Betreibern eines Tages ein Zettel in den Briefkasten, auf dem klipp und klar verfügt wurde, daß sie in Zukunft zu bestimmten Zeiten keinen Strom mehr ins Netz einspeisen dürfen. Ein Schlag

12 – Ich weiß, das ist eigentlich der Lieblingssatz von Klaus Bednarz. Eben deshalb.

ins Gesicht aller ökologisch denkenden Menschen, möchte man meinen.

Geradezu mysteriös ist aber die Argumentation der *Schleswag*, der dem Vernehmen nach auch das *Monitor*-Team nicht folgen konnte. Sinngemäß beruft sich das Unternehmen darauf, daß der Strombedarf erfahrungsgemäß nicht konstant ist. So wird nachts weniger Leistung gebraucht als tagsüber, was ja auch niemand bezweifelt.

In der konventionellen Versorgungstechnik drosselt man in diesem Fall die Netzleistung, um Brennstoff einzusparen. Das Problem ist nun, daß man ein Kraftwerk in diesem Fall nicht einfach abschalten kann, da das erneute Hochfahren große Mengen an Brennstoff verbraucht. Beim gedrosselten Betrieb geht dagegen der Wirkungsgrad in die Knie, was ebenfalls Brennstoff kostet.

Die *Schleswag* führte dazu aus, daß eine Strompreiserhöhung von 0,5 Cent pro Kilowattstunde unvermeidbar sei, wenn die Windkraft unvermindert am Netz bleibt.

Man mag dahinter nicht nur eine reine Kostendeckung, sondern eher eine Erhaltung der Gewinnstrukturen sehen. Aber schließlich leben wir ein einer freien Marktwirtschaft, in der man auch den Standpunkt eines Unternehmens akzeptieren muß. Der Bauer will mit seinem Windkraftwerk ja auch Profit erwirtschaften, aber bitteschön nicht zu Lasten des Energieversorgers.

Wie sieht es aber mit der Umweltverträglichkeit aus? Natürlich könnte man das Unternehmen dazu veranlassen, das eine oder andere konventionelle Kraftwerk zu schließen[13], um die Öko-Energie vollständiger zu nutzen. Dabei darf man aber nicht vergessen, daß die Stromversorger juristisch dazu verpflichtet sind, den Versorgungsbedarf zu decken. Da die Beanspruchung des Netzes schwankt, müssen in jedem Fall Reserven bereitgehalten werden.

Spätestens an diesem Punkt erkennt man, wo der Hase entlangläuft. Das System der Energieversorgung hat ein Stadium absoluter betriebswirtschaftlicher Perfektion erreicht, in dem es mindestens so zuverlässig und gewinnbringend funktioniert, wie man es sich bei seiner Erschaffung erhofft hat. Es hat dadurch auch eine Art

13 – Daß dabei Arbeitsplätze verloren gehen, steht auf einem anderen Blatt.

Immunsystem geschaffen, das gegen jede mögliche Störung des lieben Friedens vorgeht.

So kann man in Ruhe seine Erbsen zählen und nebenbei an Milchmädchenrechnungen basteln, die kein Außenstehender nachvollziehen oder gar widerlegen kann. Selbst die Politiker nicht, die zumindest theoretisch etwas an der Situation ändern könnten.

Das Dilemma der Wissenschaft

GUS und GAU

Daß Gefahr im Verzug ist, kann niemand bestreiten. Dabei dreht es sich nicht einmal um die Kraftwerke der westlichen Welt, deren Risiken bekannt und deshalb einigermaßen abschätzbar sind. Viel wichtiger ist die möglichst zügige Abschaltung der Reaktoren in der GUS, deren lachhafter Sicherheitsstandard uns jederzeit ein neues Tschernobyl bescheren kann.

Das Problem liegt für uns Mitteleuropäer unmittelbar vor der Haustür, und die Chance ist ziemlich hoch, daß der nächste Reaktorunfall uns direkt betreffen wird.

Als Normalmensch kann man da nur auf die Kraft der Wissenschaft hoffen, die uns vielleicht schon bald neue, saubere Energiequellen präsentieren wird (angesichts der Vorteile, die sie haben), so daß auch die Versorgungsunternehmen die Augen von den Erbsen erheben müssen. Was hierzulande nicht ausgetestet wurde, kann man der GUS nicht als Alternative anbieten.

Angesprochen sind hier vor allem die Teilchenphysiker, Kraftwerksingenieure und Wissenschaftler artverwandter Disziplinen. Schließlich hat man in den letzten 30 Jahren das Atomkraftwerk zum schnellen Brüter modifiziert, neue Luftfilter für Verbrennungskraftwerke erfunden und anhand zahlreicher Gutachten zweifelsfrei bewiesen, daß der Vortrieb ökologischer Energiesysteme sich nicht so sehr lohnt. Was bislang noch fehlt, ist eine neue Energiequelle.

Was wir bis jetzt bekommen haben, sind minimale Verbesserungen und die Energiesparlampe.

Ja, das ist wahrlich eine Innovation. Schließlich handelt es sich um nichts anderes als die Neonröhre, die ein gewisser Herr Tesla bereits einige Jahre vor dem Ersten Weltkrieg erfand. Nun baut man sie etwas kompakter, packt eine elektronische Zündeinheit hinein, und montiert das Ganze in einen Schraubsockel – was bereits Mitte der 1960er Jahre kein Problem gewesen wäre, wenn damals schon jemand an ein Energieproblem geglaubt hätte.

Wo aber sind die Alternativen? Eine bahnbrechende Lösung des Energieproblems bedarf aber sicher ganz neuer Ansätze, die fortschrittlicher sind als die immer zweifelhafter erscheinende Atomfission[14].

Tatsächlich wird schon seit etlichen Jahren mit hohem finanziellen Aufwand an einer neuen Energiequelle geforscht, die mit einigen Einschränkungen als ökologisch unbedenklich bezeichnet werden kann und zudem weitaus effektiver arbeitet als alle derzeitigen Lösungen. Die *Heißfusion* ähnelt jenem Prozeß, der in unserer Sonne Wasserstoffatome zu Heliumatomen verschmilzt[15]. Eine solche Kernverschmelzung findet auch bei der Zündung einer Wasserstoffbombe statt, allerdings viel zu heftig und unkontrolliert.

Könnte man eine kontrollierte Heißfusion verwirklichen, dann hätte man eine saubere Energiequelle, die zudem weitaus effektiver arbeitet als alle derzeit benutzen Verfahren. Zwar entstehen in einer Zwischenstufe radioaktive Zerfallsstoffe, die aber nur sehr kurzlebig sind und in relativ geringfügigen Mengen auftreten.

Das eigentliche Problem ergibt sich dadurch, daß innerhalb eines Fusionsmeilers einige Millionen Hitzegrade auftreten, die jeden feststofflichen Behälter zerstören würden. Die Fusion muß deshalb mit Energie- oder Plasmafeldern[16] ummantelt werden.

Dabei geht es nicht um die vom heißen Fusionskern ausgehende Gefahr, sondern darum, den Prozeß selbst in Gang zu halten. Bislang hat man es trotz eines immensen finanziellen und technischen Aufwandes nicht zustande gebracht, Fusionsvorgänge für mehr als einige Sekundenbruchteile aufrechtzuerhalten.

14 – Mit Fission wird die Kernspaltung bezeichnet, die unserer derzeitigen nuklearen Energiewirtschaft zugrundeliegt.

15 – Hier muß angemerkt werden, daß dieser Vorgang in der Astrophysik nicht ganz unumstritten ist. Möglicherweise gibt es die kontrollierte Form der Heißfusion nicht, oder jedenfalls nur bei sehr großen Brennmassen, wie eben bei Sternen.

16 – Der vierte und energiereichste Aggregatzustand der Materie, in dem sie sich wie ein hochenergiegeladenes Gas verhält. Plasmaeffekte finden sich in der Natur bei Kugelblitzen, möglicherweise auch im Kern von Wirbelstürmen.

Das mag für Atomphysiker ein Grund sein, die Korken knallen zulassen. Alle anderen dagegen fragen sich, was der ganze Zauber überhaupt soll. Die Heißfusion hat sich bislang allenfalls als *schwarzes Loch* für Forschungsgelder in Milliardenhöhe entpuppt und ist möglicherweise der größte Fehlschlag in der Geschichte der wissenschaftlichen Forschung.

Nur scheint das niemand zu bemerken, und es werden weiter immense Forschungssummen in diesen Bereich investiert, während die Nutzbarmachung anderer alternativer Energiequellen nur zögerlich oder gar nicht gefördert wird.

Man muß sich hier gar nicht einmal der wachsenden Zahl von Wissenschaftlern anschließen, die die Heißfusion für eine nicht realisierbare Gedankenspielerei halten. Es reicht, wenn man sich einfach vorstellt, daß wir derzeit noch weit davon entfernt sind, die notwendige Basistechnologie zu entwickeln. Ganz offensichtlich benötigt man zur Realisierung eines Fusionsreaktors eine kontrollierte Form eines Energiefeldes, das nach Meinung der etablierten Wissenschaft allenfalls in den Köpfen einiger Science-Fiction-Autoren existiert. Wieso man trotzdem mit einem Riesenaufwand weiterforscht, bleibt ein ungelöstes Mysterium.

Vielleicht ist die Heißfusion eine Art *Public-Relation-Aktion* der etablierten Wissenschaft, die nach außen hin zeigen soll, daß die Kernprobleme unserer Zivilisation nur durch Gigantomanie zu lösen sind. Die Wissenschaft fordert ständig größere Etats, nur um zu beweisen, daß sie diese Gelder benötigt.

Und so albern das erscheinen mag, es gäbe für eine solche Strategie durchaus triftige Gründe. Schließlich ist der Fortschrittsglaube der Kitt, der politische Systeme und die gesellschaftliche Hackordnung zusammenhält. Dafür gibt es ein historisches Beispiel, das Sie vielleicht selbst mitverfolgt haben.

Gemeint ist das Rennen zum Mond, ein aus heutiger Sicht nahezu sinnloses Unternehmen, das aber mit einem kaum vorstellbaren finanziellen Aufwand durchgeführt wurde.

Trotzdem hat die Raumfahrt es auch nach mehr als 30 Jahren nicht geschafft, einen Antrieb zu entwickeln, der besser und sicherer funktioniert als eine Silvesterrakete. Das *Challenger*-Unglück wäre nie passiert, wenn das *Shuttle*-Projekt mit einem Trägerflugzeug statt einer Rakete arbeiten würde, wie es ursprünglich auch geplant war. Statt dessen setzt man hochbezahlte Spezialisten auf ein kostspieliges Pulverfaß – ein Irrsinn, der bereits Menschenleben gekostet hat.

Es häufen sich die Anzeichen dafür, daß seit den frühen 1960er Jahren in der Forschung eine bedrohliche Tendenz im Vormarsch ist, nicht etwa neue Lösungen zu entwickeln, sondern lediglich altbekannte Methoden zu verfeinern. Das läßt sich schon daran ersehen, daß viele Konzerne ausschließlich durch Industriespionage mit der Konkurrenz Schritt zu halten versuchen.

Heute beschäftigt sich die Mehrzahl der sogenannten Forschungsabteilungen oft genug mit *Reverse-Engineering,* also damit, die Geräte der Konkurrenz zwecks Nachbau auseinanderzunehmen. Das ist natürlich weitaus billiger als eine eigene Entwicklung, und man kann über Dumpingpreise den ursprünglichen Hersteller aus dem Markt drängen. Im Zuge der dadurch notwendigen Kostensenkung wird der Forschungsetat gesenkt, und es trifft ausgerechnet die, die es nicht verdient haben.

Es gibt bereits Bereiche der Industrie, in denen echte Forschung nicht mehr von den einzelnen Herstellern, sondern nur noch von zentralen Ideenschmieden betrieben wird. Der Bereich der Unterhaltungselektronik bietet ein gutes Beispiel, denn hier wurde die gesamte digitale Übertragungstechnik bereits lange vor ihrer Markteinführung von einem zentralen Forschungskonsortium standardisiert. Dabei interessierte sich niemand dafür, ob diese Standards wirklich praktikabel waren oder nicht. Sinn der Aktion war es lediglich, als erster die zukünftigen Spielregeln festzulegen, um Außenseiter aus dem Markt herauszuhalten.

Es liegt nahe, daß auch die Energieforschung von dieser Entwicklung betroffen ist. Beispiele und mögliche Beweise dafür gibt es genug, aber dazu kommen wir noch. Hier ist es nur wichtig, eines festzuhalten: Die herkömmliche Energieforschung hat triftige Gründe, neue Ansätze im Keim zu ersticken.

Die dabei verwendete Argumentation ist durchaus schlüssig, wenn man nur akzeptiert, daß unsere Energiewirtschaft so vorbildlich ist, daß man nichts daran ändern muß. Auf genau diesen Standpunkt stellen sich die Energieerzeuger und beharren sogar darauf, daß ihre seit Jahren durch die Versorgung erzielten Renditen erhalten bleiben müssen.

Ich finde es wirklich erstaunlich, daß kleinbürgerliche Standpunkte sich auch auf ganze Konzerne übertragen lassen. Offenbar agieren die Verantwortlichen wie die Beamten eines Ameisenstaates und gehen davon aus, daß ihre Verantwortlichkeit mit dem Pensionseintritt endet.

Während der Normalbürger sorgfältig seinen Müll trennt, Energie »spart« und versucht, das Maß der ökologischen Sünden klein zu halten, heizen die Versorger weiter die Atmosphäre auf und belohnen das umweltbewußte Verhalten des Verbrauchers mit Zuschlägen auf den Strompreis.

Natürlich lassen wir Energiekunden uns davon beeindrucken, weil im Hintergrund immer wieder das Damoklesschwert des Energienotstandes schwebt. Es ist bereits jetzt abzusehen, daß der Tag kommen wird, an dem man auch das Energiesparen zum Feind der Energiewirtschaft erklärt: *Wenn zuviel Strom gespart wird, kann die Versorgung nicht mehr garantiert werden.*

Dazu werden wissenschaftliche Expertisen und Statistiken herangezogen, deren bekannte Dehnbarkeit man schon in der beabsichtigten Richtung vorgespannt hat. Hier nutzt man schamlos die Tatsache aus, daß die etablierten Medien schon ins gleiche Horn stoßen werden. Die Presse neigt allzu leicht dazu, fremden Statistiken Glauben zu schenken, da diese bedeutend preisgünstiger kommen als eigene, unabhängige Recherchen.

Ab und zu finden dann einige Goodwill-Aktionen statt, damit jeder weiß, wie umweltbewußt die Energieversorger doch sind. Zum Beispiel erhalten Sie mit viel Glück eine Kopfprämie von 50 Euro, wenn Sie einen neuen, umweltfreundlichen Kühlschrank kaufen.

Aber das Geld bekommt der Versorger schnell zurück, da die Herstellung des neuen und die Entsorgung des alten Gerätes jede Menge Strom kosten.

Und wenn das alles nichts mehr hilft, kann man immer noch die Strompreise erhöhen. Schließlich werden die Rohstoffe knapp, und die Baukosten für neue Kraftwerke steigen ins Unermeßliche, weil sich die Zahl der umweltschützenden Auflagen täglich mehrt.

Wissenschaft und Erkenntnis

Daß wir Energie »sparen« müssen, wird immer wieder von Wissenschaftlern unterstrichen. Sieht man einmal von der immer unpopulärer werdenden Kerntechnik ab, dann zeichnet sich derzeit kein wirklich vernünftiger und praktikabler Weg der Energieversorgung ab, der nicht große Umweltschäden nach sich zieht.

Ist es wirklich so aussichtslos?

Das hängt davon ab, wen man fragt. Es gibt genug alternative Bastler und Praktiker, die da ganz anderer Meinung sind. Aber auf der anderen Seite stehen die beeindruckenden Gutachten und Statistiken, die das Gegenteil zu beweisen scheinen.

Wer hat recht?

Diese Frage läßt sich nicht pauschal beantworten – man muß jeden Einzelfall getrennt behandeln. Leider geschieht das meist nicht, weil den Aussagen der Wissenschaftler einfach mehr Bedeutung beigemessen wird. Das liegt daran, daß unsere Gesellschaft sich in vielen Bereichen auf hochspezialisierte Experten verlassen muß. Und daran haben wir uns wohl so sehr gewöhnt, daß wir ihre Aussagen nicht mehr überprüfen, sondern rückhaltlos akzeptieren.

Vor 100 Jahren war das sicher noch angebracht, weil ein *Physiker* oder *Chemiker damals* durchaus das gesamte Grundwissen seines Berufszweiges beherrschen konnte. Heute ist das eigentlich nicht mehr möglich, da eine gewisse Spezialisierung schon während der Ausbildung vorgenommen wird. Die Menge der Informationen auf einem Sachgebiet ist einfach zu groß geworden, um es den Studenten innerhalb der Regelstudienzeit vollständig zu vermitteln.

In Deutschland wird die Spezialisierung aber gerne unter den Tisch gekehrt, weil sie nicht zu dem Dünkel passen will, den wir mit einer akademischen Ausbildung verbinden. Das sieht man schon daran, daß gekaufte Doktortitel hierzulande weitaus begehrter sind als Adelszusätze. Wahrhaft einmalig im deutschsprachigen Raum ist auch der in gewissen Kreisen beliebte Gebrauch, die Gattin eines Doktors mit *Frau Doktor* zu titulieren.

Ehre, wem *Ehe* gebührt?

An dieser Stelle muß ich die auf legitimem Weg an einen akademischen Titel Geratenen allerdings ein wenig in Schutz nehmen: In den meisten Fällen können sie nichts dafür, daß man ihre Aussagen grundsätzlich ernster nimmt als die eines titellosen Normalbürgers. Darunter scheint es eine große Zahl von Menschen zu geben, die dem Irrtum unterliegen, daß die heutigen Universitäten noch das mittelalterliche Bildungsziel verfolgen. Der moderne *Doktor Faustus* hat aber im Regelfall gar keine Zeit dazu, neben Medizin auch noch Philosophie und Juristerei zu studieren. Er wird vielmehr gezwungen, sich auf ein bestimmtes Teilgebiet zu spezialisieren. Ob er Wert darauf legt, seine Allgemeinbildung zu vergrößern und zusätzlich Kenntnisse auf anderen wissenschaftlichen Gebieten zu erwerben, ist ihm freigestellt.

Nun kann man geteilter Meinung darüber sein, ob man von einem hochdotierten Wissenschaftler erwarten kann, daß er sich auch glänzend beim *Trivial Pursuit* behaupten kann. Deutlich problematischer wird es allerdings, wenn der akademische Titel eines Spezialisten suggeriert, daß es sich um einen Universalisten handelt. Beispielsweise sind Physiker und Mediziner nahezu ausnahmslos spezialisiert.

Oder würden Sie Ihren Urologen fragen, ob er Ihnen einen Rat zur Zahnpflege geben kann? Vielleicht gibt er Ihnen wirklich einen guten Tip, aber den können Sie auch von mir haben.[17]

Letztlich hat die Aussage eines Wissenschaftlers nur dann einen hohen Stellenwert, wenn sie sein Arbeitsgebiet betrifft. Was aber auch nicht heißt, daß man sie unter dieser Voraussetzung bedingungslos akzeptieren muß.

Stellen Sie sich dazu einmal vor, daß ein Spezialist eine Entdekkung macht, die sein gesamtes Wissen und seine Berufserfahrung in Frage stellt. Wird er versuchen, das Phänomen zu ergründen, oder läßt er es lieber aus Bequemlichkeit unter den Tisch fallen?

Anders gefragt: Erhalten wir das gleiche Ergebnis, wenn verschiedene Wissenschaftler mit demselben Problem konfrontiert werden?

Eigentlich müßte das der Fall sein, da die wissenschaftlich fundierte Antwort nur auf bewiesene Erkenntnisse zurückgreifen darf. Nun ist vollkommen klar, daß ein Wissenschaftler nicht vor jeder

17 – Machen Sie beim Zähneputzen das Licht aus, um Strom zu sparen.

Antwort sein gesamtes Sachgebiet bis ins Detail neu beweisen kann. Das muß auch nicht sein, weil die wissenschaftliche Methodik dafür sorgt, daß er nicht unbedingt selbst über jedes Problem nachdenken muß, sondern auf die Arbeiten seiner Kollegen und Vorgänger zurückgreifen kann.

Und schon ist es aus mit der Wissenschaftlichkeit.

Es fehlt ein Glied in der Beweiskette, und der Wissenschaftler hätte hier genausogut intuitiv vorgehen oder ein Orakel befragen können. Aber die intuitive Erkenntnis oder die Erfahrung, daß etwas so ist und nicht anders, entspricht eben nicht der zugrundeliegenden Logik.

Trotzdem will sich die Wissenschaft deutlich von der Religion abgrenzen, in der die Erkenntnis eines Einzelnen unter bestimmten Voraussetzungen als allgemeingültig aufgefaßt wird. Was die Autoren des Alten Testaments vor vielen Jahrhunderten niedergeschrieben hat, ist für viele Gläubige eben eine unumstößliche Wahrheit.

Ganz anders sieht das die Wissenschaft: Wenn etwas in einem Buch steht, dann ist das noch lange kein Beweis.

Bezieht sich das auch auf Lehrbücher?

Wenn die Wissenschaft ein objektives Weltbild zeichnen will, dann müßte sie eigentlich davon ausgehen, daß es so etwas wie eine *gesicherte* Erkenntnis nicht geben kann. Daß der Mond auch morgen Abend am Himmel kreist, ist solange eine Hypothese, bis dieser Vorgang sich wie erwartet abspielt. Ob man sein planmäßige Erscheinen auf physikalische Gesetzmäßigkeiten oder göttliche Intervention zurückführt, ist vollkommen irrelevant – solange die Vorhersage zutrifft.

In der Praxis müssen sich Wissenschaftler oft genug einfach darauf verlassen, daß die Behauptungen ihrer Kollegen begründet sind. Physikalische Gesetze haben ja auch die Funktion von Alltagsregeln, auf denen sich der Komfort unserer Zivilisation aufbaut. Daß ein Apfel zur Erde fällt und nicht in den Himmel schießt, erleichtert vieles. Hier überschreitet die wissenschaftliche Erkenntnis die Grenze zum Glauben, weil selbst der weltoffenste Physiker davon ausgehen wird, daß es sich um eine *gesicherte* Erkenntnis handelt.

Aber selbst unter optimalen Bedingungen eignet sich die wissenschaftliche Methodik eigentlich nur zur Überprüfung häufig stattfindender Phänomene. Am besten eignen sich zyklische Vorgänge, wie eben das Verhalten des Mondes, das sich ständig wiederholt. Dagegen versagt die Methodik nahezu vollständig, wenn es um relativ seltene Vorkommnisse oder gar um *Gegenbeweise* geht.

Es ist beispielsweise unmöglich, den wissenschaftlichen Beweis zu führen, daß es keine Geister, keine Telepathie und keine UFOs gibt. Würden diese Phänomene aber häufig und regelmäßig genug auftreten, wäre es durchaus möglich, sie durch eine entsprechend formulierte Theorie in das Gebäude unserer wissenschaftlichen Erkenntnisse einzubauen. Ist das erst einmal geglückt, dann gelten diese Phänomene als gesicherte Erkenntnis.

Gerade bei grenzwissenschaftlichen Untersuchungen schreckt die Mehrheit der Wissenschaftler aber nicht davor zurück, die eigene Methodik über den Haufen zu rennen und ein methodisch *erwiesenes* Phänomen als unbewiesen zu erklären.

Ein in dieser Hinsicht bezeichnender Fall ist erst vor kurzer Zeit durch die Presse gegangen. Der Psychologe *John Mack* hatte eine Reihe sogenannter *Abduktionsfälle* untersucht, deren Opfer behaupten, daß sie von außerirdischen – oder jedenfalls nichtmenschlichen – Wesen entführt wurden.[18] Mack kam zu dem Schluß, daß die Opfer keineswegs fabulierten, und daß die geschilderten Erlebnisse *real* waren.

Als Mack seine Untersuchungen veröffentlichte, wurde er prompt bei seinen Vorgesetzten angeschwärzt, und es kam zu einer eingehenden Untersuchung. Das Resultat war eindeutig:

Mack war methodisch richtig vorgegangen[19].

Ist damit also wissenschaftlich erwiesen, daß immer mehr Menschen von Außerirdischen entführt werden?

18 – John Mack, *Entführt von Außerirdischen,* München 1995.

19 – Ich möchte hier ausdrücklich anmerken, daß ich Macks Meinung *nicht* teile. Meiner Ansicht nach ist die Beweiskraft seiner Untersuchung insgesamt gering, da er zu sehr das Individuum in den Vordergrund stellt und die Möglichkeit einer kollektiven Erfahrung nicht hinreichend in Erwägung gezogen hat.

Als Privatmensch bin ich da anderer Meinung, zumal ich die wissenschaftliche Methodik der Psychologie anzweifle. Aber als Wissenschaftler müßte ich Macks Schlüsse als Teil der Wirklichkeit akzeptieren. Nur ignoriert die Mehrzahl der Wissenschaftler Macks Arbeit.[20]

Anscheinend wird die Methodik also nur dann in den Vordergrund gestellt, wenn sie nützlich erscheint. Das kann man leicht überprüfen, indem man einen Wissenschaftler fragt, welche *Meinung* der hochwerte Akademiker denn zum Thema UFO-Abduktion habe.

Erfahrungsgemäß gibt es darauf zwei mögliche Arten der Antwort. Die erste besteht darin, daß der oder die Angesprochene ohne langes Nachdenken behauptet, daß es so etwas nicht gibt; oder auch daß es so etwas uneingeschränkt – *Ehrenwort!* – gibt, und daß er oder sie auch exakt wisse, wieso und warum, seit wann und wozu.

Obwohl die Meinungen hier gegensätzlich sind, ist die Geisteshaltung identisch. Diese Menschen sehen sich als *Gralshüter* eines angelernten oder selbst erschaffenen Wissens, das sie für absolut und unumstößlich halten. Sie halten die von ihnen selbst eingenommene Sichtweise der Realität für die einzig richtige.

Ein Teil der Befragten wird aber auf eine ganz andere Weise antworten. Statt einer festen Hypothese wird man eine eher unverbindliche Aussage zu hören bekommen: Nichts Genaues weiß man nicht. Vielleicht äußern sich einige der Befragten konkreter, kennzeichnen ihre Behauptungen aber eindeutig als persönliche Meinung. Im Idealfall nehmen sie jene Geisteshaltung ein, die sich am besten mit dem Satz *Ich weiß, daß ich nichts weiß* umschreiben läßt. Die Mitglieder dieser Gruppe können wir als *Gralssucher* bezeichnen.

Zwischen beiden Gruppen gibt es keine echte Trennlinie; es ist sogar vollkommen natürlich, wenn jemand die Zugehörigkeit in bestimmten Phasen der wissenschaftlichen Arbeit wechselt. Die

20 – Da seine Methodik richtig war, müßten auch Physiker, Astronomen und Ärzte Macks Schlüsse akzeptieren. Schließlich können sie die Urteile eines Psychologen nicht in Frage stellen, da sie als logische Folge der Spezialisierung nicht über die notwendige Kompetenz verfügen.

weiche Trennung ist identisch mit dem Erkenntnishorizont, wenn ein persönliches Erlebnis oder eine Theorie zum diskutierten Thema existiert.

Und genau hier liegt die Crux: Offenbar ist der Erkenntnishorizont eine natürliche Barriere, eine geistige Stolperfalle für jeden Wissenschaftler – oder für den Suchenden ganz allgemein. Solange er nur ein Phänomen wahrnimmt und sich noch nicht damit bewußt befaßt, bleibt der Prozeß ein für ihn *objektivierbares* Mysterium. Im Stadium der Hypothese verändert sich aber die Betrachtungsweise des Wissenschaftlers, weil er nun gezwungen ist, das Phänomen in einem Denkmodell zu vereinfachen.

Dazu benutzt er die Methoden der wissenschaftlichen Logik.

Logik ist das stärkste Zugpferd für die Argumente eines Wissenschaftlers, weil Logik ein Alltagsprozeß ist, den jeder Mensch nachvollziehen kann. Natürlich haben wir Schwierigkeiten, die Aussagen eines Teilchenphysikers zu verstehen. Aber wir führen dieses Verständnisproblem auf einen reinen Bildungsmangel zurück, nämlich auf die Unfähigkeit, die wissenschaftliche Terminologie zu begreifen.

Die wissenschaftliche Logik selbst, die sollte man jedoch eigentlich mit dem gesunden Menschenverstand nachvollziehen können.

Aber was ist Logik? Um das zu definieren, benötigen wir keine Physik, sondern lediglich unseren Verstand. Lange bevor es die Physik als Wissenschaft gab, wurde das Prinzip der Logik entwikkelt. Man kann eine ellenlange philosophische Definition des Logikbegriffes verfassen. Es reicht aber vollkommen aus, wenn man die Frage beantwortet, warum der Mensch die Logik entwickelt hat:

Die Logik ist das menschliche Pendant zur göttlichen Allmacht.

Wir können durch logische Gedankenmodelle wie den *Big Bang* sogar die Entstehung unseres Universums erklären, ohne daß es einer Schöpfungsmacht bedarf.

Logik gibt uns also scheinbar die Macht der freien Selbstbestimmung.

Methode und Logik

Unsere Wissenschaft bediente sich ursprünglich einer rein zweiwertigen Logik, bei der es für jede Frage nur zwei mögliche Antworten gibt: Ja und Nein. Angesichts dieses Dualismus ist es durchaus verständlich, daß man physikalisch erwiesene Vorgänge zu Gesetzen erklärte. Man kann am Baum rütteln, aber nicht an der Tatsache, daß der Apfel zur Erde fällt. Alles was ist, ist entweder Energie oder Materie, es kann aber nicht beides sein.

Dieses dualistische Gedankengebäude erklärt allerdings nicht, was Materie und Energie wirklich sind. Es sind sozusagen bedingungslos akzeptierte Entitäten, deren wirkliche Natur unbekannt ist. Schwierigkeiten bereitete vor allem das Licht, das sowohl Eigenschaften der Energie als solche der Materie aufweist. Es verhält sich wie eine ideale Welle, besteht aber nachweislich aus atomaren Partikeln, den Photonen.

Bereits im ausklingenden 19. Jahrhundert hatte der hochdotierte Physiker Lord Kelvin intuitiv ein Weltbild entwickelt, das sowohl Energie als auch Materie als Zustandsformen eines universellen Grundbausteines beschreibt. Kelvin beschrieb diesen Grundbaustein als einen selbsterhaltenden Wirbel[21], und sowohl Materie als auch Energie bestanden seiner Meinung nach aus diesem »Nichts«. Diese Hypothese erfreut sich bis heute einer gewissen Beliebtheit, hat jedoch eher philosophischen als naturwissenschaftlichen Charakter.

Für die viktorianische Physik war Kelvins wirbelndes Nichts allerdings kein Anlaß, um die unerschütterlichen Grundfesten des Dualismus aus Energie und Materie fallenzulassen. Das von Rutherford und parallel von Bohr entwickelte Atommodell fiel dagegen auf besseren Nährboden, was möglicherweise daran gelegen haben mag, daß es eine augenfällige Verwandtschaft mit einem Planetensystem hat.

Sich Atome als winzige, umeinander kreisende Teilchen[22] vorzustellen, das paßte einfach besser in den dualistischen Konsens,

21 – Englisch *Vortex*, Mehrzal *Vortices*.

22 – Das englische Wort *Particle* hat denselben idiomatischen Stamm, deutet also auch auf etwas Materiehaftes hin.

der neben Energie und Materie keine weiteren Grundbausteine akzeptierte.

Zwar können wir bereits das Atom spalten oder auch mehrere Atome verschmelzen, ohne uns jedoch eine bildlich zutreffende Vorstellung von den dabei ablaufenden Vorgängen machen zu können. Als modernste Form der Energieumwandlung beruht die Atomkraft auf Vorgängen, die sich eigentlich nur mathematisch beschreiben lassen.

In gewisser Weise stolpern wir hier über ein Wahrnehmungsproblem, das einfach darauf beruht, daß wir hinter einer *großen* Kraft auch eine große Ursache vermuten. Unsere Erfahrung sagt eben, daß ein großer Mensch kräftiger ist als ein kleiner. Daß in einem Atom gewaltige Energien auf kleinstem Raum zusammengeballt sind, ist einfach unvorstellbar.

Das wirklich Faszinierende an der Atomkraft ist aber, daß sie die erste Energieform darstellt, die sozusagen direkt die Energiequellen unseres Universums anzapft.

Nun gibt es allerdings Forscher, die steif und fest behaupten, daß es noch viel einfachere Wege gibt, dasselbe zu erreichen. So ein Gerät wäre mit einem *Energieempfänger* vergleichbar, der ohne nennenswerten Aufwand und ohne Brennstoffe Energie aus dem Nichts freisetzt.

Von der herkömmlichen Wissenschaft wird dieser Standpunkt durchweg abgelehnt, häufig mit dem Argument, daß die Ausnutzung einer solche Energiequelle gegen den *Energieerhaltungssatz* verstoßen würde. Logisch ist das eigentlich nicht, da niemand behauptet hat, daß eine Maschine, die direkt die Kraft des Atoms freisetzt, ohne Energie läuft, oder mehr Energie abgibt, als man hineinsteckt. Die Atomfusion zapft letztlich dieselbe Quelle an, nur wird ein anderer Weg dazu benutzt.

Dient der Energieerhaltungssatz unter anderem dazu, den Status Quo der Wissenschaft zu bewahren?

Es gibt einiges, was dafür spricht. Zunächst einmal ist der Energieerhaltungssatz inhaltlich geradezu lächerlich materialistisch und banal: Klar, daß man nirgendwo mehr herausbekommt, als man hineinsteckt. Wer nicht arbeitet, kriegt nichts.

Das wissen wir auch so, und nicht einmal Karl Marx hätte es gewagt, diese materialistische Grundregel anzuzweifeln.

Schließlich ist der Energieerhaltungssatz aber auch nur so etwas wie eine *goldene Regel,* die bislang nicht widerlegt werden konnte. Er ist letztlich nicht mehr als eine Auslegung des sogenannten ersten Hauptsatzes der Thermodynamik, der zahllose Male experimentell bestätigt wurde, ohne jedoch im physikalischen Sinne wirklich den Stellenwert einer *Theorie* einzunehmen.

Interessanterweise gibt es auch einen zweiten Hauptsatz der Thermodynamik, der auf perfide Weise entlarvt, worum es eigentlich geht:

Man kann keine Maschine bauen, die mechanische Arbeit leistet und dazu nur ihre Umgebungswärme abkühlt.

Irgendwo erscheint dieser Satz keineswegs so logisch wie der erste Hauptsatz. Wärme ist ja schließlich Energie, und wieso sollte man nicht eine Maschine bauen können, die diese Energieform in eine andere umwandelt?

Jeder Mensch kann diesen Satz experimentell wiederlegen, indem er zeigt, daß man Geschirr mit warmem Wasser besser spülen kann als mit kaltem. Nimmt man kaltes Wasser, muß man kräftiger reiben – also leistet die Wärme des Wassers eine mechanische Arbeit.

Bitte nehmen Sie diesen Gegenbeweis nicht zu ernst, er soll ja nur zeigen, daß der zweite Hauptsatz der Thermodynamik nicht so logisch fundiert erscheint wie der erste. Ein *Perpetuum mobile* wäre deshalb logisch nicht so leicht nachzuvollziehen.

Dagegen halte ich es für äußerst gewagt, den zweiten Hauptsatz auf andere Energieformen als Wärme zu erweitern. Nur hier hat er sich experimentell bestätigen lassen, aber er widerspricht keineswegs dem Gedanken, andere *vagabundierende* Energieformen nutzbar zu machen.

In diesem Zusammenhang fallen häufig Begriffe wie *Vakuumenergie* oder *Nullfeldenergie.* Es erscheint auf den ersten Blick unverständlich, wie man aus dem Nichts Energie gewinnen kann. Dabei bieten die Modelle der modernen Physik aber durchaus Schlupflöcher, an denen man solche Hypothesen verankern kann.

Dualismus und Quantenphysik

Niels Bohr, der Vater des planetaren Atommodels, begründete die sogenannte *Kopenhagener Schule* der Quantenphysik, deren Theorien und Experimente den Dualismus in seiner Gesamtheit in Frage stellten.

Grundlage dieser Richtung der theoretischen Physik bildete *Max Plancks* Quantenphysik. Planck hatte um die Wende des 19. zum 20. Jahrhunderts experimentell festgestellt, daß Energie nicht stetig ansteigt, sondern in mikroskopisch kleinen Sprüngen. Daraus zog er den Schluß, daß Energie kein eigenständiges Phänomen ist, sondern durch Energieteilchen bewirkt wirkt. Diese Teilchen nannte er Quanten[23].

Da sich die Energie somit in ihrem Aufbau nicht von der Materie unterscheidet, war der ursprüngliche Dualismus hinfällig. Richtig spannend wurde es aber erst, als *Werner Heisenberg* die Quantentheorie durch seine *Unschärferelation* untermauerte. Grundlage dieses so harmlos klingenden Prinzips war ein einfaches Experiment mit wissenschaftlich hochbrisanten Ergebnissen.

Dieses Experiment beruhte auf einer Versuchsanordnung, die der britische Physiker *Thomas Young* bereits Anfang des 19. Jahrhunderts erdacht hatte. Dieser Versuch liefert den schlüssigen Beweis, daß Licht sowohl die Eigenschaften von Materie als auch die von Energie in sich trägt. Dazu läßt man einen Lichtstrahl durch zwei nebeneinander angebrachte Blenden fallen, die vor einer Projektionswand stehen. Ist nur eine der Blenden geöffnet, dann erscheint ein einfacher Lichtfleck auf der Projektionswand, der durch die aufprallenden Photonen hervorgerufen wird. Sind dagegen beide geöffnet, dann wird der Lichtstrahl geteilt, und auf der Leinwand bildet sich durch Überlagerung der beiden Wellenfronten ein sogenanntes *Interferenzmuster*[24] aus, das man als Beweis für die Wellen natur des Lichtes ansehen kann.

Dasselbe Experiment wurde auch mit Elektronen durchgeführt,

23 – Was natürlich von Quantität abgeleitet ist.

24 – Eine Interferenz entsteht dadurch, daß die Berge und Täler zweier nicht phasengleicher Wellen gleicher Frequenz sich überlagern.

wobei man den Elektronenstrahl so drosseln kann, daß zu einem bestimmten Zeitpunkt nur noch ein einzelnes Elektron die Blenden durchläuft. Vom Standpunkt der dualistischen Physik macht es dabei keinen Unterschied, ob beide oder nur eine Blende geöffnet sind, da dasselbe Teilchen nicht gleichzeitig beide Blenden passieren kann.[25] Nach unserem Verständnis sind Elektronen und Photonen ja mikroskopisch winzige Teilchen, die um viele Zehnerpotenzen kleiner sind als der Abstand zwischen den beiden Blenden.

Eine Schwierigkeit bei der Durchführung dieses Experimentes tritt dadurch auf, daß man nicht ohne weiteres feststellen kann, welche der beiden Blenden das Teilchen durchläuft. Das ist einfach ein praktisches Problem, da ein Meßgerät das Teilchen als kleinstes, denkbares Ereignis sozusagen konsumieren[26] muß, um sein Vorhandensein nachzuweisen. Deshalb kann im Moment der Messung auch nur einer von zwei gewünschten Meßwerten festgestellt werden: entweder der Impuls[27] oder die Position.

Unabhängig davon wäre aber zu erwarten, daß der aus einzelnen, hintereinander ausgesendeten Teilchen bestehende Elektronenstrahl sich nicht wie eine Welle, sondern eben als Teilchenstrom bemerkbar macht.

Zur allgemeinen Verblüffung verursacht der Strahl aber auch in diesem Fall die für das Wellenphänomen charakteristischen Interferenzen, wenn man die zweite Blende öffnet.

Der logische Schluß klingt ungeheuerlich: Ganz offensichtlich schafft es das Elektron, im Bedarfsfall beide Blenden *gleichzeitig* zu durchlaufen. Die Kopenhagener Schule um Niels Bohr interpretierte den Ausgang dieses Experimentes als Beweis dafür, daß der Beobachter selbst Einfluß darauf nehmen kann, ob ein Lichtstrahl sich als Welle oder als Partikelstrom bemerkbar macht.

Das wurde mit durchaus schwerwiegenden Argumenten untermauert, die die dualistischen Wissenschaftler nicht so einfach um-

25 – Martin Bergbauer: *Wie aus Chaos Geist entsteht*, München 1996, S. 151.

26 – Natürlich ist das Elektron nachher noch vorhanden, aber es verfügt nicht mehr über die ursprünglichen Bewegungseigenschaften.

27 – Die Geschwindigkeit.

stoßen konnten. Tatsächlich kann man das Verhalten des Lichtes in diesem Experiment auch rein philosophisch umschreiben, indem man behauptet, daß der Lichtstrahl wisse, was der Beobachter wünscht. Die dualistische Betrachtungsweise kann dagegen überhaupt keine Erklärung für das Phänomen liefern.

Eine andere Sichtweise ist die, daß das Elektron keineswegs ein *kleines* Teilchen ist, sondern ein vollkommen unbegreifliches Phänomen, das sich mit unseren Vorstellungen von Zeit und Raum nicht beschreiben läßt. Die radikalste – wenn auch nicht ganz ernstzunehmende – Ansicht war die, daß es überhaupt nur ein einziges, allgegenwärtiges Elektron gibt.

Daß diese Gedanken nicht sofort mit dem eisernen Besen unter den Tisch gekehrt wurden, liegt an Albert Einsteins Relativitätstheorie. Einstein hatte zum ersten Mal gezeigt, daß die Position des Beobachters sich erheblich auf die Interpretation eines Vorganges auswirkt. Vorher war man davon ausgegangen, daß jeder Vorgang in der Natur eine *absolute Wirklichkeit* besitzt, während Einstein in einem genialen Ansatz zu dem Schluß kam, daß ein sich schnell bewegender Beobachter die Vorgänge auf eine ganz andere Weise wahrnimmt als ein unbewegter.

Nun finden sich zwischen Quantenphysik und Relativitätstheorie durchaus gewisse Übereinstimmungen, aber auch etliche Widersprüche. *Nikola Tesla* nahm das zum Anlaß, beide Theorien bis zu seinem Tode als Absurditäten anzuprangern, ohne jedoch den von ihm mehrfach vollmundig versprochenen Beweis für seine Behauptungen zu liefern. Ähnlich überrollt fühlten sich auch andere Wissenschaftler, aber den ersehnten Gegenbeweis konnte niemand für sich beanspruchen.

Mit der Zeit wurden weitere Effekte gefunden, die sich mit der Quantenphysik, nicht aber mit der herkömmlichen Physik erklären lassen. Am bedeutendsten war die Entdeckung des *Tunneleffektes*, der endgültig dafür sorgte, daß die Erklärungsmodelle der herkömmlichen Physik in Zweifel gezogen wurden.

Beim *Tunneln* überwindet eines von vielen Teilchen eine feste Barriere, obwohl seine Bewegungsenergie eigentlich viel zu klein ist, um einen Durchbruch bewirken zu können.

Vielleicht kennen Sie die Ballkanonen, die man in besser ausgestatteten Tennisanlagen findet. Sie schießen in bestimmten Abständen einen Tennisball ab, die der schweißdurchtränkte Trainingskandidat zurückschlagen muß.

Wenn Sie eine solche Trainingskanone auf den Maschendrahtzaun richten, der den Tenniscourt umgibt, prallen die Bälle vom Zaun ab. Es wäre zwar vorstellbar, daß der Ball so stark beschleunigt wird, daß er sich durch eine der Maschen des Zauns quetscht. Aber dazu reicht die Kraft, mit der die Bälle von der Kanone abgeschossen werden, nicht aus.

Der Vorgang des Tunnelns ist nun damit vergleichbar, daß einer von vielleicht 50 oder 100 Bällen es doch schafft, sich durchzuquetschen. In unserer makroskopischen Welt ist das sicher unvorstellbar, aber im Bereich kleinster Teilchen kann so etwas tatsächlich passieren.

Besser gesagt: Es besteht eine statistische Wahrscheinlichkeit, daß es passiert.

Nun sollte man eigentlich meinen, daß diese *Physik der Unsicherheiten* vollkommen irrelevant ist, da sie eben nur im Mikrokosmos eine Rolle spielt. Tatsächlich können diese Quanteneffekte sich aber sehr wohl auf unsere große Welt auswirken. So ist die Wahrscheinlichkeit des *Tunnelns* immerhin hoch genug, um sie bei elektronischen Bauteilen zu nutzen. Die *Tunneldiode* war in meiner Schulzeit unter Radiobastlern[28] ein heiß begehrtes Bauteil, und die moderne Chiptechnik nutzt den Effekt ebenfalls.

Der amerikanische Wissenschaftler *Wheeler* und andere bauten die Quantentheorie weiter aus und schufen damit ein neues physikalisches Weltbild, das die strenge Trennung von Materie und Energie aufhebt. Dabei gelang es auch, bisher ungeklärte Phänomene zu integrieren, die man experimentell nachgewiesen hatte.

Dazu gehört beispielsweise der *Casimireffekt,* der bei absolut planen Metallplatten auftritt, die man auf Millionenbruchteile eines Millimeters einander annähert. Diese Platten ziehen sich an, wobei der Casimireffekt auf einer Bindungskraft beruht, die weder den atomaren, noch den elektromagnetischen Kräften zuzuordnen ist.

28 – Das war ein Jahrzehnt, bevor der Begriff des *Hackers* bekannt wurde. Die Motivation war aber letztlich dieselbe: der Reiz des Illegalen.

Eine plausible Erklärung bietet aber die Quantentheorie, bei der unser Universum sich im Bereich kleinster Teilchen aus einem Quantenchaos zusammensetzt, daß sich ständig verändert (*fluktuiert*). Im Prinzip gleicht dieses Chaos dem Rauschen aus einem Rundfunkempfänger, setzt sich also aus zahllosen Schwingungen zusammen, die insgesamt ein unendliches Frequenzspektrum aufweisen.

Die Quantenschwingungen wirken sich auf jeden Stoff von allen Seiten gleich stark aus, weshalb wir sie nicht wahrnehmen. Durch die Fluktuation treten aber wieder Überlagerungen auf, die dafür sorgen, daß ein eigentlich stillstehender Körper in winzige Schwingungen versetzt wird. Beim Casimireffekt schirmen die Metallplatten nun alle Wellenlängen ab, die *länger* sind als der Abstand der beiden Platten. Dadurch drückt das von außen kommende »Quantenbombardement« die Platten zusammen.

Die Quantenphysik bietet auch für unsere Vorstellung von den Strukturen des Atoms neue Ansätze. So kann die herkömmliche Physik nicht erklären, warum die um den Atomkern kreisenden Elektronen nicht mangels einer Antriebskraft irgendwann in den Kern stürzen.

Niels Bohr definierte deshalb ein neues Atommodell, bei dem die Elektronen auf festen Bahnen[29] um den Kern kreisen, wobei die Bahnen mit zunehmendem Abstand vom Kern ein höheres Energiepotential fordern. Die innerste Bahn ist dagegen das niedrigste denkbare Energieniveau, das nicht unterschritten werden kann. Auf diese Weise kann ein Elektron nicht weiter zum Atomkern vordringen als bis zu dieser innersten Bahn.

Dieses Modell wurde später durch die Vorstellung erweitert, daß der fluktuierende Quantenschaum dem Atom ständig Bewegungsenergie zuführt. Damit dringen die Erklärungsmodelle der Quantenphysik weitaus tiefer in die Grundelemente unseres Universums vor als die herkömmlichen dualistischen.

29 – Richtiger ist der Begriff *Schalen*, da die Elektronen sich nicht in einer stabilen Kreisbahn bewegen, sondern auf der Außenschale eines kugelförmigen Raumes. Vorstellen kann man sich das nicht, aber das Modell hat sich in der Chemie soweit als recht nützlich erwiesen.

Das lügende Universum

Von den Philosophen wurde die Quantenphysik meist sehr positiv aufgenommen, bot das in ihr enthaltene Zufallsprinzip doch eine Möglichkeit, vom mechanistischen Weltbild wegzukommen. Die mechanistische Strömung der Philosophie hatte den Dualismus in der Physik mitbegründet und stellte das Universum als streng logisches Gebilde dar, das wie ein Uhrwerk einen berechenbaren Zukunftsverlauf hat.

Mit dem bereits beschriebenen Blendenexperiment war diese Annahme hinfällig, da der Verlauf eines Vorganges durch den Beobachter entscheidend beeinflußt werden kann. So wurden Denkmodelle entworfen, in denen ein Vorgang oder eine Sache erst zu existieren beginnt, wenn ein Beobachter sich dafür interessiert.

Derartige Auswüchse entfernen sich doch recht weit von den Grundlagen der Quantenphysik und nutzen sie nur als Gedankenanstoß, ohne sie wirklich in ein modernes Weltbild einzubinden. Auf physikalisch durchaus sicherem Boden steht dagegen die Hypothese, daß unser Universum nicht *geschaffen* worden ist, sondern sich wie Münchhausen am eigenen Schopf aus dem fluktuierenden Quantenschaum gezogen hat.

Das läßt sich damit begründen, daß letztlich alles aus Quanten besteht und die Materiebildung auch als statistisch wahrscheinliche Interaktion im Quantenfeld erklärt werden kann. Die ehrfurchteinflößende Konstruktion des *Big Bang* wird in der Quantenphysik also nicht unbedingt benötigt.

Die Quantenphysik kann die herkömmliche Kosmologie nun keineswegs in ihrer Gesamtheit widerlegen. Sie dient vielmehr als ergänzendes Erklärungsmodell, das einige Lücken der traditionellen Lehre zu füllen vermag. Dabei eliminiert sie allerdings die einfachen Dualismen, da sie zeigt, daß ein einziges Modell nicht zur Erklärung ausreicht. Licht kann sich eben wie ein Partikelstrom, aber auch wie eine Welle verhalten.

Auch unsere Vorstellung von Raum und Zeit wird durch die Quantenphysik auf den Kopf gestellt. So legt bereits das *Youngsche Blendenexperiment* nahe, daß man sich ein Elektron nicht einfach als winziges Ladungsteilchen vorstellen kann. Es ist *weder* klein noch groß, es ist auch nicht *hier* oder *dort.* Vielmehr wird es so wahrgenommen, wie es gebraucht wird. Nach Heisenberg ist es *nicht lokal,* da man nicht gleichzeitig seinen Impuls und seinen Ort messen kann.

So unwahrscheinlich dies auch klingt, es läßt sich durch ein Experiment untermauern, das Einstein zusammen mit *Boris Podolski* und *Nathan Rosen* erdacht hat. Diese in der Literatur als *EPR-Team* bezeichnete Gruppe stellte folgende Überlegung[30] an:

Man lasse ein Teilchen so zerfallen, daß es zwei Photonen abstrahlt. Aus dem Verhalten des einen Photons läßt sich auf diese Weise das des anderen ermitteln. Somit ergibt sich die Möglichkeit, Impuls und Ort genau zu bestimmen.[31]

Für Einstein war dies der Beweis, daß die Behauptungen der Quantenphysik nicht schlüssig sind. Denn wenn Teilchen wirklich nicht lokal wären, müßte eine Messung an einem Teilchen den Zustand des anderen Teilchens verändern. Wenn sich beide aber mit Lichtgeschwindigkeit voneinander wegbewegen, käme dies einer Übermittlung einer Information mit *Überlichtgeschwindigkeit* gleich.

Einstein behauptete spöttisch, die Quantenphysik postuliere hier eine *geisterhafte Fernwirkung*[32]. Die praktische Durchführung dieses Versuches wurde zuerst 1974 am *Berkeley Institute* von *Stuart Freedom* und *John Clauser* realisiert.[33] Hätte Einstein dies noch erlebt, dann wäre dieses Experiment[34] wohl sein *Waterloo* gewesen, da es die Quantenphysik vollständig bestätigte.

Dieser Widerspruch zwischen den lokalen Phänomenen der Relativitätslehre und den nichtlokalen der Quantenphysik hat zur

30 – Eine genaue Beschreibung findet sich bei Bergbauer, a. a. O., S. 173 f.

31 – In der Literatur finden sich sehr unterschiedliche Beschreibungen dieses Versuches. Siehe auch Colin Wilson, *Beyond the Occult,* London 1991, S. 241 f.

32 – Was man als reine Polemik werten muß, da Gravitation und Elektromagnetismus ebenfalls eine Fernwirkung aufweisen, die man nicht ohne den von Einstein selbst eliminierten Äther erklären kann.

33 – C. Wilson, a. a. O.

34 – Das übrigens mit demselben Resultat, aber wesentlich genaueren Methoden 1980 von dem Franzosen *Alain Aspect* wiederholt wurde.

Entwicklung immer komplexerer Modelle geführt, die mit n-dimensionalen Raumstrukturen und den nur mathematisch vorstellbaren *Superstrings* versuchen, die beiden Theorien zu vereinen.

Auf der mathematischen Seite ist das durchaus möglich, nur fehlt uns bislang die experimentelle Bestätigung. Die derzeit vorherrschende Superstring-Theorie weist Löcher auf. Das ist bereits seit langem bekannt. Zum Teil liegt es daran, daß Einstein nicht auf allen Gebieten der Mathematik so sattelfest war, wie allgemein angenommen wird. Sein Ruhm begründet sich in erster Linie auf seinen Visionen und Modellvorstellungen, aber seine Theorien wurden im halbfertigen Zustand veröffentlicht und mußten von anderen ausgearbeitet werden.

Einer davon war der geniale Astronom *Karl Schwarzschild,* der als einer der größten Wissenschaftler seiner Epoche galt, obwohl er mit gerade einmal 43 Jahren verstarb. Kurz vor seinem Tod im Jahr 1916 hatte er auf Basis der Relativitätstheorie die Gravitationseinflüsse stellarer Objekte hergeleitet. Bei Testberechnungen merkte er, daß es eine obere Grenze für große Sternmassen gibt, bei der die Gleichungen komplett verrückt spielen.

Schwarzschild stellte fest, daß extrem große Massen die Raumzeit so stark krümmen, daß die Zeit zum Stillstand kommt und der von der Masse eingenommene Raum unendlich wird. *John A. Wheeler* gab diesem Effekt 1967 den tiefsinnigen Namen *Schwarzes Loch* (Black Hole).

Nun wird häufig der Eindruck erweckt, bei diesen physikalischen Monstrositäten handle es sich mit absoluter Gewißheit um existierende Phänomene, die man nur noch experimentell oder durch Findung nachweisen muß.[35] Bislang haben wir aber noch nichts entdeckt, was wirklich zweifelsfrei ein Schwarzes oder Weißes Loch darstellt, und auch die für den Zusammenhalt der Galaxien erforderliche *dunkle Materie* (*Dark Matter*) konnte nicht nachgewiesen werden. Handelt es sich etwa nur um Löcher in unserem physikalischen Weltbild?

35 – So leider auch in Stephen Hawkings durchaus interessantem Buch *Eine kurze Geschichte der Zeit.*

Meiner Ansicht nach schieben die Theoretiker hier den eher praktisch orientierten Teilchenphysikern und Astronomen den bezeichnenderweise ebenfalls Schwarzen Peter zu. Die Theorien über die Zusammenhänge unseres Universums werden tagtäglich erweitert, statt eine radikale Bereinigung durchzuführen.

Dabei existieren durchaus alternative Ansätze. Beispielsweise hat der geniale Theoretiker *Burkhard Heim* eine neue Kosmologie geschaffen, die Quantenphysik und Relativität auf einleuchtende Weise vereint, ohne dabei auf bislang nicht nachgewiesene Phänomene zurückzugreifen. Von den Vertretern der Lehrmeinung werden solche Ideen jedoch als abwegige Spekulation belächelt.

Das wirklich Boshafte an der Quantenphysik ist aber, daß sie möglicherweise ihre Erforscher in die Irre leitet, wobei das Maß der Verwirrung mit dem Grad der Erforschung zunimmt. So könnte man durchaus spekulieren, daß die stetig wachsende Zahl der entdeckten Atomteilchen[36] durch den Wunsch der Physiker selbst erst entstehen.

Betreibt das Universum – oder die Kräfte, die dahinterstehen – vielleicht gezielte Desinformation? Ich habe vor einigen Jahren einmal eine Spekulation aufgestellt, in der unser Planet vor Kolumbus *tatsächlich* eine Scheibe war, sich dann zu einer von Sonne, Mond und Sternen umrundeten Kugel wandelte, um schließlich mit Galilei zu jener Form zu mutieren, die bis ins 19. Jahrhundert hinein weltanschauliche Gültigkeit besaß.[37]

Wirklichkeit ist natürlich auch ein Phänomen der Wahrnehmung, und hier kann ebenfalls der Beweis geführt werden, daß wir selbst dann keinen objektiven Realitätsbeweis durchführen können, wenn es eine objektive Realität geben würde. Das ist keine philosophische Behauptung, sondern eine physikalische: Quantenphänomene können nur durch ihre Wirkung wahrgenommen werden, wodurch wir aber nie ihren tatsächlichen Ablauf, sondern nur die innerhalb unserer Modellvorstellung möglichen Auswirkungen betrachten.

36 – Auch in Deutschland reden Physiker mittlerweile vom *Atomzoo,* der eine unüberschaubare Menagerie von Partikeln enthält.

37 – Wirklich ernst gemeint war diese Hypothese nicht. Aber dasselbe könnte man auch mit Fug und Recht von unserem Universum behaupten.

Dieses Wahrnehmungsproblem läßt sich auch nicht durch neue technische Entwicklungen beseitigen. Es entsteht dadurch, daß wir die Quantenwirkungen nicht im eigentlichen Sinne des Wortes *begreifen* können. Das vertraute und relativ leicht verständliche Teilchenmodell muß durch abstrakte Vorgänge ergänzt werden, die man nicht in Metaphern fassen kann. Es gibt also auch nichts, was man mit der Quantenwirkung *vergleichen* könnte.

Außerdem beobachten wir immer nur die Auswirkungen der Quantenvorgänge, ohne jemals zu sehen, was sich hinter den Kulissen abspielt. In diesem Mikrokosmos unvorstellbarer Winzigkeit würde bereits das für unser Sehvermögen notwendige Licht die Vorgänge beeinflussen. Zudem können Lichtwellen nur solche Gegenstände beleuchten, die weit größer sind als die Lichtpartikel selbst. Das gilt auch für den mächtigsten Verstärker, den unsere Technik zur Verbesserung unseres Sehvermögens geschaffen hat: das Elektronenmikroskop. Auch hier erhalten wir nur ein indirektes Abbild der Quantenvorgänge, die wir in ein immer komplexer werdendes mathematisches Modell einbauen.

Tatsächlich sind Quanten aus unserer Sichtweise nichts anderes als reine Mathematik. Wir können uns kein allgemeingültiges Quantenmodell erdenken, weil wir bereits wissen, daß ein einzelnes Modell nicht zur Beschreibung der Quantenwelt ausreicht. Wir wissen also nicht, was Quanten sind, vermuten in ihnen aber die eigentliche Triebfeder des Universums.

Die Quantenphysik erbringt also den Beweis, daß wir unser Universum nicht so wahrnehmen, wie es in Wirklichkeit ist. Statt dessen schaffen wir unsere eigene Wirklichkeit durch Erkennen – was wir nicht erkennen, gehört also nicht zu *unserer* Wirklichkeit. Ein Baum, ein Tier oder ein intelligentes außerirdisches Wesen mag Vorgänge erkannt haben, die uns verschlossen bleiben. Deshalb sind sie Teil *seiner* Wirklichkeit, aber eben nicht *unserer*.

Möglicherweise ist unser Kosmos also ein gigantischer Selbstbedienungsladen der Erkenntnisse, in dem man alles wahrnehmen kann, was man will, weil eben alles vorhanden ist, wenn man es braucht. In kollektiven Kulturen wie der menschlichen wäre Wirklichkeit damit eine Art Mehrheitsbeschluß, die naturgemäß lokalen Schwankungen unterliegt.

Vielleicht sind Wunder in Indien an der Tagesordnung, und es wäre sogar denkbar, daß es zur Zeit der mittelalterlichen Alchimisten wirklich so etwas wie Magie gab.

FrankenEinstein

An dieser Stelle möchte ich Ihnen wieder meine Unterteilung von Wissenschaftlern in *Gralssucher* und *Gralshüter* ins Gedächtnis rufen. Sie erinnern sich, daß ich behauptet habe, die beiden Gruppen seien durch den Erfahrungshorizont getrennt.

Das Hauptproblem der Gralshüter liegt nun darin, daß sie den Ausgang eines Experiment selbst mitbestimmen. Das gelingt nicht immer, aber eben mit einer gewissen Wahrscheinlichkeit. Hier wird Wissenschaft zum Schöpfungsprozeß und entfernt sich komplett von ihrem eigentlichen Zweck.

Der Gralssucher verhält sich dagegen *quantenneutral* – er beeinflußt nichts. Möglicherweise kommt er dabei zu denselben Ergebnissen wie der Gralshüter, auch dafür besteht eben eine gewisse Wahrscheinlichkeit. Aber die Realität des Gralssuchers ist objektiver, weil er nichts beeinflussen will, und damit auch nichts am Lauf der Dinge ändert. In diesem Fall würde er einen tatsächlich stattfindenden Vorgang wahrnehmen. Zwar könnte er ihn falsch interpretieren, aber ihm ist trotzdem ein Blick hinter die verschleierten Kulissen des Universums zuteil geworden.

Ist Objektivität also eher *intuitiv* als intellektuell?

Falls das zutrifft, führt die Methodik der etablierten Wissenschaften grundsätzlich zu zweifelhaften Ergebnissen. Wer eine bestimmte Hypothese überprüft, sorgt selbst dafür, daß ihre Richtigkeit wahrscheinlicher wird. Sie mag nicht eigentlich zutreffen, aber das Universum verhält sich wie die gute Fee im Märchen. Nur werden die Wünsche des Forschenden nicht direkt erfüllt, sondern von der Wahrscheinlichkeit bevorzugt. Damit steht und fällt die Erkenntnis aber mit dem Engagement des Forschers selbst. In gewisser Weise sind die beiden Methoden aber gleichwertig, wenn es um nutzbare Entdeckungen oder Erfindungen geht. Ob man sie dem

Zufall gewaltsam abringt oder intuitiv darüber stolpert, ist egal. Hauptsache, es funktioniert.

Kommen wir damit zu einer der unangenehmsten Fragen, die man einem Wissenschaftler stellen kann:

Was muß man wissen, um eine wirklich wichtige Entdeckung zu machen?

Diese Frage läßt sich leicht beantworten, wenn man sich in der Wissenschaftsgeschichte des 19. Jahrhunderts auskennt. Ein großer Teil der wichtigen Entdeckungen stammt sicherlich von ausgebildeten Wissenschaftlern wie *Max Planck* und *Lord Kelvin,* die andere Hälfte aber von Autodidakten, wie beispielsweise *Michael Faraday* und *Thomas Alva Edison.*

Das wirklich Interessante war aber die Wissenschaftsatmosphäre dieser Epoche: Es wurden wichtige Entdeckungen gemacht, weil man sich nicht auf einem bis ins Detail erklärten Modell *ausruhte.*

Heute sieht es ganz anders aus.

Dazu muß man nur die Kosten-/Nutzenrelation des derzeitigen Wissenschaftsbetriebes analysieren. Das hohe Ausbildungsziel der Akademie kann nicht darüber hinwegtäuschen, daß von zehn Wissenschaftlern allenfalls einer eine wirklich eigenständige Entdekkung macht, die nicht lediglich eine Verfeinerung eines bereits bekannten Prinzips darstellt. Das mag im besten Fall solides *Engineering* sein, aber es ist keine Forschung.

Die bedeutendsten Leistungen der *Zitadelle*[38] der Wissenschaft bestehen darin, brachliegende Erfindungen nutzbar zu machen. Ein Bcispiel dafür ist die bahnbrechendste Erfindung der Elektronik, der Transistor. Laut offizieller Darstellung wurde dieses Bauteil gegen Ende der 1940er Jahre von drei Ingenieuren des US-Konzerns *Bell* entwickelt. Der Transistor ist aber nichts anderes als ein steuerbares Halbleiterventil, das in einem primitiven Versuch durch zwei antiparallel geschaltete Halbleiterdioden ersetzt werden kann.

38 – So auch der Titel eines sehr empfehlenswerten Buches des amerikanischen Autors R. A. Wilson, mit dessen Standpunkt ich sympathisiere, ohne ihn allerdings vollständig zu teilen. Warum sollte es nicht mehrere unterschiedliche Wahrheiten geben?

Genau dieses Prinzip wurde aber nachweislich von einigen Funkpionieren bereits in den 1920er Jahren experimentell registriert.[39]

Statt mit fortschrittlich denkenden Forschern haben wir es häufig genug mit einem *FrankenEinstein* zu tun, der statt Leichenteilen herumliegende Ideen stibitzt, um sie zu immer komplexeren Konstruktionen zu verdichten. Mag sein, daß wir diese Form von Wissenschaft heute benötigen. Aber sie wird uns keine neuen Impulse liefern, weil sie ihr Innovationspotential aus der Vergangenheit bezieht.

Wissenschaft und Mobbing

Die zugegebenermaßen angreifbare Polemik des letzten Abschnitts verdeutlicht, wo das wirkliche Problem unserer Wissenschaft liegt. Die Universitäten fordern den Studenten einiges ab, und bis zum Vordiplom besteht ein wissenschaftliches Studium hauptsächlich daraus, sich die zugrundeliegenden Gesetze einzuprägen. Ein reines Auswendiglernen, da keine Zeit bleibt, um die angeblichen Gesetze zu hinterfragen oder gar zu widerlegen.

Nun sind ausgebildete Wissenschaftler eben keineswegs Genies *per se*, sondern lediglich Menschen, die sich eine Vielzahl von Formeln und Zusammenhängen eingeprägt haben, die sozusagen das Basiswissen bilden, das sie für einen angestrebten Berufsweg benötigen. Es ist viel einfacher, eine Anstellung in einem Forschungslabor zu bekommen, wenn man im entsprechenden Berufszweig ein Diplom vorweisen kann. Echte Genies haben dagegen eine reelle, wenn auch nicht allzu große Chance, diese Hürde einfach zu überspringen.

Was Albert Einstein in seiner Relativitätstheorie niederschrieb, hat er nicht an der Uni gelernt. Wenn man es genau nimmt, ist sogar das Gegenteil der Fall: Einstein hat sich von allem erlernten Vorwissen befreit und überlegt, ob das Erlernte wirklich logisch ist.

39 – Zu diesem Schluß kamen auch Leser und Redakteure der englischen Zeitschrift *Wireless World*, die dieses Thema Anfang der 1980er Jahre wiederholt aufgriff.

Er kam zu *dem Schluß, das dies nicht der Fall ist.*

Das soll nur zeigen, wie unwichtig Universitätsabschlüsse für die Forschung sind. Leider genießen sie in unserer Gesellschaft einen hohen Stellenwert, und je unverständlicher ein Wissenschaftszweig erscheint, desto höher ist auch das Ansehen der damit befaßten Naturwissenschaftler.

Nehmen wir als Beispiel die Kernphysik, die für den normalen Menschen ein Buch mit sieben Siegeln darstellt. Der Kernphysiker pflegt eine metaphorische Fachsprache und nutzt mathematische Modelle, die für Außenstehende nicht nachvollziehbar sind. Im übrigen muß der Kernphysiker kein Genie sein, um sein Handwerkszeug zu beherrschen.

Wenn wir also einen strohdummen Wissenschaftler mit einem genialen Politiker zusammensetzen, dann spricht einiges dafür, daß der geniale Mensch Schwierigkeiten hat, den Gedankengängen des dummen zu folgen. Es wird dem Genie möglicherweise schwer fallen, die Dummheit des anderen zu erkennen.

Nehmen wir weiter an, daß der Kernphysiker sich mit dem Politiker getroffen hat, um Forschungsgelder zu erhalten. Der Politiker kann nicht erkennen, ob das Projekt überhaupt realisierbar ist. Er muß dazu zunächst klären, ob die Aussagen seines Gesprächspartners kompetent sind. Das ist aber kaum möglich, da der Politiker mit großer Wahrscheinlichkeit keine naturwissenschaftliche Ausbildung hinter sich hat, sondern vielleicht Jurist ist oder Wirtschaftswissenschaftler.

Nun stellen Sie sich bitte vor, daß der Politiker kein Genie ist, weil Genies insgesamt eben sehr selten sind. Vielleicht ist er sogar ein ebenso großer Dummkopf wie der Kernphysiker, da Dummköpfe statistisch betrachtet[40] weitaus häufiger vorkommen als Genies. Der Politiker muß aber nicht einmal ein Dummkopf sein, um nichts davon zu verstehen, was der Physiker ihm erzählt.

Ich überlasse es Ihnen, die Frage zu klären, an welcher Richtschnur sich die Entscheidung für oder gegen einen Etat in diesem

40 – Ob man dafür auch die Wahrscheinlichkeiten der Quantenphysik verantwortlich machen kann, wage ich zu bezweifeln.

Fall orientiert. Vielleicht finden sich die beiden sympathisch oder spielen im selben Klub Golf. Möglich ist das.

Das Fehlen wirklicher Beurteilungskriterien für die Qualitäten eines Naturwissenschaftlers führt nicht nur zur Fehlinvestition von Forschungsgeldern; es fördert auch das *Mobbing* in der Wissenschaft. Man stelle sich dazu einmal vor, daß ein genialer Biologe durch ein schlüssiges Experiment beweisen kann, daß die gesamte Evolution unseres Planeten sich nicht über mehrere hundert Millionen, sondern lediglich über knapp 100 000 Jahre erstreckt hat. Wir müßten in diesem Fall nicht nur die Biologie, sondern auch andere Wissenschaftsbereiche komplett neu schreiben. Alle Dozenten müßten umlernen und ihre Vorträge umarbeiten, viele Forscher wären mit einem Schlag arbeitslos, weil ihre Arbeit keinen Sinn mehr hat. Der Ruf der Wissenschaftler stünde auf dem Spiel.

Was würde geschehen?

Ich glaube kaum, daß man den Kollegen mit offenen Armen empfangen würde. In unserer Geschichte gibt es zahllose Gegenbeispiele, bei denen Außenseiter auf dem Scheiterhaufen endeten oder zumindest ihre Reputation, wenn nicht sogar ihre Existenz verloren.

Sicher könnte man hier einwenden, daß gerade die Akzeptanz der radikalen Theorien Albert Einsteins ein Beweis dafür sei, daß wir diese finsteren Zeiten der wissenschaftlichen Unterdrückung schon lange hinter uns gelassen haben. Aber ein Rückblick auf die Zeitepoche, in der Einstein mit seine Theorien an die Öffentlichkeit ging, wirft ein ganz anderes Licht auf die Angelegenheit.

Rettet die **Titanic***!*

Man muß sich dazu nur das angeschlagene Schiff der materialistischen Wissenschaft vorstellen, das sich auf einem unsicheren Schlingerkurs in das 20. Jahrhundert herüberrettete.

Wissenschaft war lange schon nichts Neues mehr. Sie konnte vielmehr auf eine mehr als hundertjährige Tradition zurückblicken. Die Anfänge, in denen die Wunder der Elektrizität der breiten Öffentlichkeit überwiegend dadurch bekannt waren, daß der Direktor eines Wanderzirkus sie als Pausenfüller zwischen Schlangenfrau und Bärentanz einbaute, hatte man weit hinter sich zurückgelassen.

Statt dessen hatten die Wissenschaftler die Rolle übernommen, die in früheren Kulturen den Schamanen oder Druiden vorbehalten war. Eine mächtige *Medizin* wurde da präsentiert, deren gewaltige Dampfmaschinen den neuen Puls der Welt bildeten. Alles war nur eine Frage der materiellen Analyse, selbst Ideen nur eine Ausdrucksform der Materie – die technomanischen Phantasien eines Jules Verne fielen auf guten Nährboden.

Um 1885 formierte sich allerdings eine Gegenströmung, die keinesfalls konzentriert oder gar organisiert verlief, sondern eher chaotisch und intuitiv. In diesem Jahr veröffentlichte Sigmund Freud seinen ersten, nicht rein biologisch-pathologischen Artikel, der sich mit den Wirkungen des Kokain beschäftigte. Innerhalb der nächsten 20 Jahre entwickelte er die Psychoanalyse, die sein Biograph Sulloway[41] als *Kryptobiologie* sieht; also als *heimliche* Biologie.

Freud schlug damit eine Brücke zwischen Geist und Körper und beseitigte damit den alten, durch die christlichen Religionen geschaffenen Dualismus. Der Körper ist bei ihm nicht länger ein von der unsterblichen Seele losgelöstes Gefäß der Versuchung, sondern ein mehr oder weniger gleichberechtigter Teil der Individualität.

Man mag es als bezeichnend empfinden, daß Freuds Entwicklungsarbeit an der Psychoanalyse in jenem Jahr abgeschlossen wurde[42], als Einstein seine Theorie von der Natur des Lichtes veröffentlichte, die den Dualismus der Physik in Stücke riß.

Aber es wäre falsch, Einsteins und Freuds Ideen wirklich als radikalen Bruch mit dem wissenschaftlichen Establishment zu sehen. Beide Theorien verlassen nicht die vorgeschriebene Methodik, und stellen letztlich Erweiterungen der Lehrmeinung dar, die zwar *genial erdacht*, aber keineswegs revolutionär waren.

Möglicherweise sind sie nicht einmal fehlerfrei.

So kamen bei Einstein in seinen mittleren Jahren Zweifel darüber auf, ob er den durch die Relativitätstheorie abgeschafften

41 – Frank J. Sulloway, *Freud – Biologe der Seele*, Köln 1982.
42 – Sulloway, a. a. O., S. 31.

Gedanken des *Äthers* nicht doch wieder einführen müsse.[43] Der Äther ist ein aus den Vorstellungen der Antike entwickeltes unendlich feines Trägermedium, das der Ausbreitung der Lichtwellen dient. Der Äthergedanke beruhte auf einer Analogie und wurde damit begründet, daß Schallwellen ohne ein solches Medium ebenfalls nicht übertragen werden. Man stellte sich den Äther im 19. Jahrhundert wie ein unendlich verdünntes Gas vor, dessen spezielle Eigenschaften dem Licht als Träger dienten.

Einstein selbst hat es nie geschafft, den Äther wieder in seine Theorien zurückzuführen. Das von ihm selbst geschaffene Dickicht aus Tensorgleichungen[44] konnte bis in die heutige Zeit unbeschadet überdauern. Möglicherweise behinderte es sogar sein eigentliches Lebenswerk, die *einheitliche Feldtheorie*[45], die er nach einer frühen Veröffentlichung zurückzog und niemals vollendete.

Bis heute wird die Richtigkeit von Einsteins Relativitätstheorie ganz oder teilweise angezweifelt, und die Gegenmeinungen kommen durchaus aus kompetenten Mündern. Darunter befinden sich auch etliche Träger des Nobelpreises. Ich habe hier nur drei Aussagen aus diesem illustren Kreis ausgewählt.

So ließ der bekannte Mathematiker *Bertrand Russell* einmal die kryptische Bemerkung fallen, daß das Problem wohl in der *Lorentz-*

43 – Eine interessante Darstellung bietet Ludvik Kostras Artikel »Einstein and the Ether« in *Electronics & Wireless World,* März 1988, S. 238 f.

44 – Wer mit der Vektorrechnung vertraut ist, kann sich einen Tensor vereinfacht als komplexen Vektor vorstellen. Die Tensorrechnung stellt eine Art mathematischer Stenographie dar, die von Einsteins Studienfreund *Marcel Großmann* entwickelt wurde. Vermutlich wählte Einstein diese Methode, um die weitaus komplexere höherdimensionale Mathematik zu umgehen, wie sie etwa zur Darstellung der n-dimensionalen Strukturen der *Superstring-Theorie* benötigt wird. Spätere Äußerungen von Einstein selbst könnten dahingehend interpretiert werden, daß er diesen Schritt im Nachhinein bereute. Seine Stärken lagen bekanntlich eher auf der spekulativen als auf der mathematischen Seite der theoretischen Physik.

45 – Diese Theorie soll im weiteren Sinne die Zusammenhänge zwischen Gravitation und Elektromagnetismus darstellen, im engeren Sinne auch die atomaren Bindungskräfte erfassen. Sie wird im weiteren Verlauf dieses Buches noch eine Rolle spielen.

Transformation[46] zu finden sei. Ob er damit Lorentz als Universalschuldigen für mögliche Fehler in der Theorie des von ihm so bewunderten Albert Einstein bezichtigen wollte, mag dahingestellt bleiben.

Der englische Chemiker *Frederick Soddy* äußerte sich weniger wohlwollend und bezeichnete Einsteins Theorie schlichtweg als *Schwindel.* Dagegen sah der bedeutende Atomphysiker *Ernest Rutherford* in ihr eher einen *Witz.* Es gibt noch mehr Aussagen ähnlichen Inhalts von kaum weniger bekannten und bedeutenden Kritikern. Und damit stellt sich eine wichtige Frage:

Kann man Einstein trauen?[47]

Tatsächlich enthält die Relativitätstheorie viele Aspekte, die man ziemlich rückhaltlos akzeptieren kann. Dazu gehört die Krümmung des Lichtes durch ein Gravitationsfeld, die bereits wenige Jahre nach der Veröffentlichung der Theorie anhand einer Sonnenfinsternis nachgewiesen werden konnte. Möglicherweise wurden auch andere Teile der Theorie bestätigt. Und vielleicht unterliegt der reine Geist des Theoretikers nicht jenen Quantenvorschriften, die den Beobachter in einen Schöpfer verwandeln.

Das Dilemma der Relativitätstheorie ist aber ein ganz anderes. Es hängt mit dem begründeten Verdacht zusammen, daß die Dualisten Einsteins Theorie als Rettungsboot benutzt haben, um ihr altes Weltbild ins neue Jahrhundert einzubringen. Dafür spricht die Tatsache, daß Quantenphysik und Relativität nur durch monströse Gedankenexperimente wie die *Superstrings* zu einer geschlossenen physikalischen Weitsicht vereint werden können, die immer noch gähnende Lücken aufweist.

46 – Dabei handelt es sich um die von Einstein zugrundegelegten, von dem holländischen Physiker *Hendrik Antoon Lorentz* entwickelten mathematischen Umformungen, die zur Anwendung der Maxwellschen Gleichungen der elektromagnetischen Feldtheorie auf geradlinig gleichförmige Relativbewegungen notwendig sind.
47 – Für Fans des Autors Douglas Adams habe ich mir eine zweite Version derselben Frage einfallen lassen: *Hat das Universum Einstein veralbert, oder veralbert Einstein uns?*

Ähnlich sieht es wohl auch der Physiker Louis Essen[48], der in diesem Zusammenhang einen ehemaligen Präsidenten der *Royal Astronomical Society* zitiert:

Er bekannte, daß er die (Relativitäts-)Theorie selbst nicht verstanden habe, da er kein Experte auf diesem Gebiet sei. Aber er ging davon aus, daß sie richtig sei, weil er sie so nützlich fand.[49]

Essen selbst ist in seinen eigenen Worten geneigt, jenen zuzustimmen, die Einsteins Relativitätstheorie für einen bösen Schwindel halten, der die Entwicklung der Wissenschaft in entscheidendem Maße *zurückgeworfen* habe. Insbesondere zweifelt er an, daß es überhaupt einen experimentellen Beweis für Einsteins gewagtere Behauptungen gäbe.

Essen lenkt zwar ein, daß es natürlich im Jahre 1972 ein Experiment gegeben habe, bei dem vier extrem genaue Cäsium-Atomuhren mit hoher Geschwindigkeit um die Erde geschickt wurden. Daß nach der Landung eine Zeitdifferenz gegenüber einer in Washington verbliebenen Referenzuhr festgestellt wurde, bestreitet er ebenfalls nicht. Essen führt den Zeitunterschied aber nicht auf den von Einstein propagierten Einfluß der Geschwindigkeit auf den Zeitfluß zurück, sondern auf eine Gangungenauigkeit der Uhren.[50]

Wer dies für starken Tobak hält, der möglicherweise auf professionellen Neid zurückzuführen ist, unterschätzt Louis Essens Qualifikation. Essen ist nicht nur Träger des englischen Wissenschaftsordens *OPE* und der *Popov-Goldmedaille der Wissenschaftlichen Akademie der Union der Sowjetrepubliken.* Er hat auch genau jene Cäsium-Uhren erfunden, mit denen der von ihm so vernichtend kritisierte Versuch durchgeführt wurde.

Wohlgemerkt, es geht hier nicht um Rechthaberei und auch nicht darum, auf welcher Seite des Zaunes die zitierten Wissenschaftler

48 – Eine auch für Nicht-Physiker verständliche Darlegung seiner Kritik hat Essen in der Zeitschrift *Electronics & Wireless World* veröffentlicht; siehe Ausgabe Februar 1988, S. 126 f.

49 – »He confessed that he did not understand the theory himself, not being an expert in the subject, but he thought it must be right because he found it so useful.«, Essen, a. a. O., S. 127.

50 – Essen, a. a. O.

stehen. Im Vordergrund steht nur die Frage, ob wir weiter an den Absolutheitsanspruch der Wissenschaften glauben sollen. Was Galilei behauptete, führte zu einer nahezu kompletten Erneuerung der Wissenschaft, die zu seinen Zeiten die mehr als zweitausendjährigen Findungen des Altertums als Doktrin aufrecht erhielt.

Einsteins Revolution der Physik ist dagegen nur ein etwas sperriger Stein im Mosaik unseres Wissens, denn man mit sanfter Gewalt eingegliedert hat. Die Relativität wirkt sich weder auf unser Weltbild noch auf unseren Alltag aus, und das erregt in mir den Verdacht, daß sie noch nicht *die* große Theorie der Jetztzeit sein kann.

Möglicherweise trifft das auf die Quantentheorie zu, die mir als Nicht-Wissenschaftler weitaus mehr Raum für Spekulationen zu bieten scheint. Sie ist vieldeutiger und versteht es weitaus besser, sich zusätzlichen Interpretationen zu öffnen.

Griff zu den Sternen

Wir nähern uns nun dem eher spekulativen Teil dieses Buches, in dem ich viele neue Wege und Ansätze zur Lösung des Energieproblems vorstellen werde. Manches davon steht im absoluten Widerspruch zu den Erkenntnissen, auf denen unsere derzeitige Energiewirtschaft beruht. Viele Ansätze sind rein intuitiv, und lassen sich nicht mit den derzeitigen wissenschaftlichen Methoden überprüfen.

Leider vermischen viele der alternativen Energieforscher Wunschdenken mit persönlicher Geltungssucht. Das gibt es auch in anderen Bereichen der Technik und Wissenschaft, aber es sollte kein Grund sein, alle nicht mit dem Strom schwimmenden Meinungen prinzipiell anzugreifen.

Man kann andererseits nicht verlangen, daß ein eher handwerklich veranlagter Bastler die Methodik der Wissenschaft beherrscht. Angesichts der zu erwartenden Folgen unserer derzeitigen Energiewirtschaft brauchen wir Resultate und keine akademischen Streitpunkte. Davon profitieren auch die Theoretiker, die derzeit überwiegend mit Instandsetzungsarbeiten am wackeligen Wissenschaftsgebäude beschäftigt sind.

Zwischen dem Energieproblem und der spekulativen Physik

liegt die Schwelle zwischen Wahrheit und Traum, der Bereich der Märchen und Geschichten. Mit einer solchen Geschichte möchte ich den ersten Teil des Buches abschließen und in den zweiten überleiten.

Zwischenspiel

Das Wunder im Koffer

Es war ein ganz normaler, billiger Aktenkoffer, den der Mann im moosgrünen Cordsakko mit beiden Händen festhielt. Eigentlich sah der Mann überhaupt nicht aus wie einer, der mit einem Aktenkoffer herumläuft. Das billige, dunkelrote Kunstleder des Koffers paßte auch keineswegs zu seinem grünen Cordsakko, dessen Ärmel an den Ellenbogen mit beigen Lederflicken verziert – oder ausgebessert? – worden waren.

Das Cordsakko selbst paßte zu überhaupt nichts, auch nicht zu seinem Besitzer, und schon gar nicht zum Wetter. Es war ungewöhnlich heiß für diese Jahreszeit, so heiß sogar, daß der Richter und der Anwalt der gegnerischen Partei in stillschweigender Übereinkunft die Ärmel ihrer Talare aufgekrempelt hatten. Hinter dem Richter war eine transportable Klimaanlage aufgestellt, die auf vollen Touren lief, ohne daß man viel davon bemerkte.

Die für das Publikum gedachte Sitzreihe war nahezu leer, nur ein älterer Mann im hellblauen Seidenhemd hatte sich auf dem zweiten Stuhl von links niedergelassen. Beim Hereinkommen hatte er dem Richter und dem Anwalt kurz zugenickt, so als wären sie alte Bekannte. Der Mann mit dem Koffer hatte deshalb zunächst gedacht, daß der Zuschauer ein Gerichtsreporter sei. Da er aber keinen Notizblock oder etwas ähnliches hervorgezogen hatte, handelte es sich wohl eher um einen der typischen Dauerzuschauer, die einen Gerichtssaal als eine Art kostenloses Theater betrachten.

Auf eine unwirkliche Weise erschien die Verhandlung tatsächlich wie eine Generalprobe, da der Richter diese ständig unterbrach, um in das Mikrofon eines Diktiergerätes zu sprechen, mit dessen Bedienung er nicht allzu sehr vertraut schien. Fast jeden zweiten Satz mußte er wiederholen, und dazwischen entstanden lange Pausen, in denen nur die Mickymaus-Geräusche des zurückspulenden Bandes zu hören waren.

»So, Herr Jordan«, sprach der Richter den Mann mit dem Koffer schließlich in einem jovialen, aber trotzdem unverbindlichen Tonfall an. »Vielleicht können Sie ja einmal nach vorn kommen und zeigen, worum es sich handelt.«

Eduard Jordan stand auf und trat an den Tisch des Richters heran, der mit einer einladenden Bewegung auf den Stuhl zu seiner Rechten wies.

Jordan nickte kurz und legte den Koffer umständlich auf den Tisch, bevor er sich hinsetzte.

»Herr Jordan, Sie hatten in der letzten Verhandlung ja schon gesagt, daß Sie einen Beweis dafür mitbringen würden, der die gegen Sie erhobenen Vorwürfe zweifelsfrei widerlegen würde. Da es sich um eine Sache technischer Natur handelt, hat die Klägerin – also die RWVA, hier vertreten durch Rechtsanwalt Dr. Meyer-Gesech« – hier nickte der Richter kurz in Richtung des gegnerischen Anwaltes – »von ihrem Recht Gebrauch gemacht, einen Gutachter zu bestellen.«

Eduard Jordan nickte etwas ratlos. Der Richter starrte nachdenklich in seine Unterlagen. Zögernd hob er zum nächsten Satz an, wobei seine Stimme etwas schärfer erschein als vorher.

»Es liegt bereits ein sehr umfangreiches schriftliches Gutachten von Herrn Peters vor, der aber auch, wie ich sehe, persönlich anwesend ist. Ich muß schon sagen, Herr Dr. Meyer-Gesech, das ging aber reichlich schnell. Außergewöhnlich gut vorbereitet, das muß man Ihnen wirklich lassen!«

Er sah den Anwalt mit leichtem Spott an. Der wischte sich mit dem Zeigefinger den Schweiß von der Stirn und räusperte sich.

»Das sehe ich eigentlich nicht so, Herr Vorsitzender. Die Angelegenheit mit Herrn Jordan trifft uns ja nicht unvorbereitet. Vor zwei Jahren fiel seine ungewöhnlich niedrige Stromabrechnung bei einer Routineprüfung auf. Meine Klientin hat wiederholt einen Techniker zur Überprüfung des Zählers vorbeigeschickt. Herr Jordan hat entweder die Tür nicht geöffnet oder dem Techniker den Zutritt verweigert.«

»Der sich aber schließlich doch Zutritt verschaffen konnte?«

»Jawohl, und zwar am …, ja, hier steht es: am 31.1, gegen zehn Uhr, im Beisein des Technikers Walter Scheer und des Polizeihauptwachtmeisters Karl-Herbert Ernsting. Ich verweise auf den Schriftsatz. Umfangreiche Manipulationen im Bereich des Zählers …«

»Das kann ich nicht so stehenlassen, Herr Dr. Meyer-Gesech. Laut übereinstimmender Aussage der Zeugen wurden die Manipulationen hinter dem Zähler vorgenommen. Was ja ein gutes Recht des Kunden ist, das fällt ja wohl nicht in den Bereich der RWVA, wie ich das sehe?«

Der Anwalt hob beschwichtigend die Hände. Er antwortete in ruhigem Tonfall, aber man konnte bemerken, daß er wütend war.

»Das wurde ja auch nie behauptet. Ohnehin reicht die Stromrechnung als Beweis unserer Ansicht nach aus. Wie er es genau gemacht hat, das steht doch wohl nicht zur Diskussion.«

»Irrtum, Herr Kollege«, entgegnete der Richter zuckersüß, »steht es doch. Aber ich würde zunächst gerne von Herrn Peters hören, wie er die Sache sieht. Seiner 50seitigen Abhandlung konnte ich nicht so richtig folgen. Und da er ohnehin anwesend ist, würde ich Ihnen im Interesse Ihrer Klientin empfehlen, einen entsprechenden Antrag zu stellen.«

Dr. Meyer-Gesech pochte einige Male nervös mit Daumen auf die Tischplatte, während er nachdachte.

»Ich sehe darin keinen Sinn, ebensowenig wie beim Augenschein. Aber gut, wenn's denn sein muß ...«

Der Richter nickte und wandte sich nun wieder seinem Diktiergerät zu, um das Gesagte zusammenzufassen. Danach blätterte er in seinen Unterlagen herum und hob schließlich den Kopf.

»Herr Peters, darf ich Sie bitten, nach vorne zu kommen?«

Der Mann, den Eduard Jordan noch bis eben für einen Zuschauer gehalten hatte, stand nun auf und trat an den Tisch heran.

»Herr Peters, können Sie das von Ihnen erstellte Gutachten in einigen kurzen, allgemeinverständlichen Sätzen zusammenfassen?«

»Ich will es versuchen. Herr Jordan hat behauptet, der niedrige Stromverbrauch erkläre sich dadurch, daß er eine Maschine erfunden hat, die Energie aus dem – äh – Nichts erzeugt. Das ist physikalisch vollkommen unmöglich, weil Energie nicht erzeugt wird und auch nicht verbraucht werden kann. Man muß also ...«

»Danke Herr Peters«, winkte der Richter ab. »Ich sehe, daß wir so nicht weiter kommen. Haben Sie vor der Erstellung des Gutachtens Herrn Jordans Maschine bereits gesehen oder sogar untersucht?«

»Nein.«

»Gut, dann werden wir das jetzt nachholen. Herr Jordan, wären Sie so gut, uns zunächst kurz und allgemeinverständlich – bitte immer daran denken! – die Funktionsweise Ihrer Maschine zu erläutern?«

Der Angesprochene nickte.

»Also, vor einigen Jahren bin ich auf die Idee gekommen, daß in unserem gesamten Weltraum ja ständig kosmische Katastrophen stattfinden – Sterne bilden sich neu, explodieren, kollidieren miteinander und so weiter. Dadurch kommt es zu Gravitationswellen, die unser gesamtes Universum ...«

In dieser Art ging es eine knappe Viertelstunde weiter, wobei der Richter den Beklagten nur einige Male unterbrach, um sich etwas erklären zu lassen. Jordans Theorie war in der Tat genial einfach. Er behauptete, daß er einen Empfänger für Gravitationswellen entwikkelt hätte, der ohne zusätzliche Energiequelle bemerkenswert hohe Mengen Strom lieferte.

»Fünf Kilowatt«, beendete er stolz seinen Vortrag. »Fünf Kilowatt aus einem Aktenkoffer! Und die wollen mir erzählen, ich wäre noch auf ihren Strom angewiesen!«

Der Richter brauchte eine Weile, um wieder zur vollen Würde seines Amtes zurückzufinden.

»Herr Peters«, sprach er den Gutachter an. »Wollen Sie dazu noch etwas sagen?«

»Ehrlich gesagt«, schnaufte Peters, »ich halte das für ausgemachten Blödsinn. Entschuldigung. Fragen Sie mal einen Astrophysiker, der würde Herrn Jordan seine Seifenblasen schon austreiben!«

»Mag sein. Aber das können wir auch einfacher haben. Herr Jordan, wären Sie bereit, eine Demonstration Ihrer Maschine durchzuführen?«

Jordan stand wortlos auf und ließ die Schlösser des Koffers aufspringen. Er hob den Deckel an, und es herrschte atemlose Stille, während sich jeder der Anwesenden den Hals ausrenkte.

Im Koffer waren auf einer Aluminiumplatte eine Reihe von Bauelementen montiert, die den Eindruck erweckten, als hätte ein nicht allzu begabtes Kind versucht, aus Schrotteilen ein Dampfradio nachzubauen. Der Richter hatte während seines Studiums in den Semesterferien einige Male in einem Elektronikladen gearbeitet, aber er hatte Mühe, die Bauteile zu identifizieren. Einige Schalter und zwei aus dickem Kupferdraht gewickelte Spulen erkannte er, und neben einem runden Transformator saß eine ganz normale Einbausteckdose. Schließlich dämmerte ihm, daß es sich bei einigen der kleinen Joghurtgläser wohl um selbstgebastelte Elektronenröhren handeln mußte.

Jordan lächelte ihn verschmitzt an, und legte einen kleinen Kippschalter um.

Ein hohes Pfeifen war zu hören, das allmählich in der Tonhöhe abfiel, während die Joghurtröhren sich erwärmten. Nach eineinhalb Minuten war nur noch ein leises Brummen zu vernehmen.

»Batterien«, schniefte Peters. »Er meint wohl, wir wären von Gestern!«

Der Richter sah ihn nachdenklich an, und dann wieder Jordan. Schließlich deutete er mit dem Finger auf die Einbausteckdose.

»Könnten wir da jetzt irgendwas anschließen?«

»Ja«, nickte Jordan. »Darf nur nicht weniger als 100 Watt verbrauchen, sonst arbeitet der Umspanner im Leerlauf. Deswegen habe ich ihn jetzt auch noch weggeschaltet.«

»Fünf Kilowatt Maximum, das sagten Sie doch so, ja? Wo haben wir denn …, wie wäre es mit der Klimaanlage, die hat doch so irgend etwas um drei Kilowatt. Könnten wir die jetzt da anschließen?«

Jordan nickte wieder.

»Dann bitte ich darum, Herr Jordan!«

Eduard Jordan ging zu dem Kasten herüber, der auf voller Leistung lief, um die Temperatur auf ein erträgliches Maß zu senken. Er fand den Stecker und zog ihn aus der Dose.

Da das Kabel ziemlich kurz war, zog er den auf Rollen stehenden Kasten an den Tisch heran, auf dem der Aktenkoffer lag. Er stöpselte den Stecker in die Dose im Aktenkoffer ein und betätigte einen zweiten Kippschalter.

»Dauert einige Minuten, bis der Schwingkreis sich auf die Last abgestimmt hat«, erklärte er.

Niemand sah auf die Uhr.

Während die Sekunden verstrichen, herrschte im Kleinen Saal 14-b des Amtsgerichtes atemlose Stille.

»Blödsinn!«, schniefte Peters. »Ich weiß nicht, warum wir uns das bieten lassen!«

Genau in diesem Augenblick sprang die Klimaanlage an.

Teil 2 – Energie aus dem Nichts

Magie und Betrug

Mysterium Energie

Die kleine Geschichte im vorigen Abschnitt hat sich natürlich nicht wirklich zugetragen. Aber es gibt eine Reihe ähnlicher Vorkommnisse, die sich wie ein roter Faden durch die Geschichte der letzten zwei Jahrhunderte zieht.

Energie aus dem Nichts, das wird von vielen Wissenschaftlern als *Quatsch* angesehen. Nun ist dieses Verhalten keineswegs logisch, da auch die Wissenschaftler nicht wissen, was Energie überhaupt ist und wo sie herkommt. Gehen wir davon aus, daß unser Universum irgendwann einmal von einem höheren Wesen aus dem *Nichts* geschaffen wurde, dann ist dieser Standpunkt nicht mehr haltbar. Sieht man die Entstehung des Universums dagegen als selbstschöpfenden Prozeß an, wie es in der Quantenphysik denkbar wäre, wären Energie und Materie *erzeugbare* Entitäten.

Man sieht, daß man an dieser Stelle nicht weiter kommt, weil die Diskussion sich auf den Schöpfungsprozeß bezieht, in den wir nicht eingreifen können. Mag sein, daß zum Zeitpunkt der Entstehung unseres Universums sowohl Energie als auch Materie aus dem Nichts entsprungen sind. Das nutzt uns aber nichts, weil es sich nicht auf unsere heutigen Verhältnisse übertragen läßt.

Ganz offensichtlich gibt es in unserem Universum bestimmte Spielregeln, die für eine ausgeglichene *Bilanz* zwischen Energie und Materie sorgen. Das Universum sorgt dafür, daß eine exakte Balance eingehalten wird – Energie und Materie können nicht erzeugt, sondern lediglich ineinander umgewandelt werden oder eine andere Zustandsform annehmen.

Den *Energieerhaltungssatz* haben Sie bereits im ersten Teil dieses Buches kennengelernt; er stellt die wichtigste dieser Spielregeln dar. Er besagt auch, daß Energie in einem geschlossenen System nicht verloren geht. Nun kennen wir keine geschlossenen Systeme, da unsere Maschinen auf irgendeine Weise immer *energetische Leckagen* aufweisen.

Stellen wir uns dazu die Felge eines Fahrrades vor, die von Hand in Schwung gebracht wird. Fast jeder hat das schon einmal gemacht, wenn er ein Loch im Reifen reparieren mußte. Die Nabe eines Fahrrades ist sehr leichtgängig, und das Rad wird sich eine ganze Zeit lang drehen, bis es immer langsamer wird und zum Stillstand kommt. Dafür sind in erster Linie Reibungswiderstände in den Lagern der Fahrradnabe verantwortlich, die die Bewegungsenergie in Wärme umsetzen. Das ist das größte *energetische Leck* überhaupt.

Ein zweites Leck findet sich im Luftwiderstand, der sich bei einer Fahrradfelge allerdings nicht so bedeutend auswirkt, da sie der Luft keine große Angriffsfläche bietet. Trotzdem könnten wir auf die Idee kommen, das Rad auf dem Mond zu betreiben, der keine Atmosphäre aufweist. Das Rad wird sich hier länger drehen, aber irgendwann wieder zum Stillstand kommen, wenn die Bewegungsenergie vollständig durch den Rollwiderstand der Lager in Wärme umgesetzt wurde.

Man kann das Rad auch an einen Punkt außerhalb unseres Sonnensystems bringen, wo die Einflüsse der Anziehungskraft minimal sind. Hier herrscht für alle praktischen Belange absolute Schwerelosigkeit, und statt eines Luftwiderstandes finden wir allenfalls feinsten kosmischen Staub vor, dessen extrem dünne Verteilung kaum ein Hindernis für die Bewegung des Rades darstellt.

Wir können nun das gesamte Rad drehen, also einschließlich der Nabe. Es erinnert nun ein bißchen an die große Raumstation aus dem Film *2001 – Odyssee im Weltall.* Da der Rollwiderstand der Nabe nicht mehr überwunden werden muß, und auch die sonstigen Einflüsse minimal sind, wird das Rad sich für eine sehr lange Zeit drehen – möglicherweise bis zum Untergang unseres Sonnensystems.

Ist das ein Perpetuum mobile?

Diese Frage ist gar nicht so einfach zu beantworten. Schließlich haben wir für alle Belange ein System geschaffen, das nur *minimale* Energielecks aufweist und quasi endlos lange seine Bewegungsenergie aufrecht erhalten kann. Es kommt dem *geschlossenen* System des Energieerhaltungssatzes sehr nahe.

Aber wenn wir nun auf die Idee kämen, mit dem Rad einen Generator anzutreiben, um elektrischen Strom zu erzeugen?

Das System würde in diesem Fall wieder den Rollwiderstand des Generators überwinden müssen, dabei Bewegungsenergie in Wärme umsetzen und schnell zum Stillstand kommen.

Die endlose Bewegung

Ein solches *Perpetuum mobile* wäre, selbst wenn es sich realisieren ließe, also kaum mehr als ein Spielzeug. Es dreht sich, aber es leistet nichts.

Was wir wirklich suchen, ist ein brauchbarer Weg, bislang *unbekannte* oder zumindest *ungenutzte* Energien anzuzapfen. Im Mittelalter kam zum ersten Male die Idee auf, daß Bewegung – und damit auch Energie – unabhängig von der Materie auftreten könnte. Diesen gedanklichen Schritt haben wir der *Alchimie* zu verdanken. Obwohl die Alchimie heute oft zur Mutter aller Wissenschaften hochstilisiert wird, sprechen die äußeren Anzeichen eher dafür, daß es sich überwiegend um eine kunterbunte Mischung aus Jahrmarktskunst, Aberglaube und Bastelstunde handelte.

Was den wirklichen Wert der Alchimie ausmacht, ist die Schaffung von gedanklichen Modellen. Dieses Konzept war zwar bereits im Griechenland der Antike bekannt, geriet aber durch die strengen Dogmen der Kirche in Vergessenheit. So scheiterte auch Galilei daran, daß seine auf wissenschaftlichen Beobachtungen und Analysen beruhenden Behauptungen gegen die mit unzureichenden Beobachtungen und fehlerhaften Schlüssen behafteten Thesen des Ptolemäus verstießen.

Anders als Galilei und andere im Dienste der Kirche stehenden Wissenschaftler litten die meisten Alchimisten unter Erfolgszwang, da sie sich ihren Lebensunterhalt als angebliche Goldmacher bei einem adligen Gönner verdienten. Für fortschrittliche Ideen war da nicht viel Zeit, da die goldgierigen Auftraggeber mangels Erfolg schnell zu drakonischen Mitteln griffen.

Besser dran waren die reisenden Alchimisten vom Schlage eines *Theophrastus Bombastus von Hohenheim*, besser unter seinem Künstlernamen *Paracelsus* bekannt. Der für seine effektvollen Auftritte berühmte Arzt gilt als Begründer der modernen Medizin und anorganischen Pharmazie. Möglicherweise haben ihn diese Erfahrungen zur Alchimie geführt, wo er ebenfalls als Koryphäe verehrt wird.

Von Paracelsus und seinen Schülern ist überliefert[51], daß sie sich damit brüsteten, auf alchimistischem Wege ein *Perpetuum mobile* schaffen zu können. Damit war keine Maschine in unserem Sinne gemeint, sondern eine chemische Maschine, die die damals bekannten Naturkräfte wie Regen, Donner, Flut und sogar Meteoriten nachbilden sollte.

Offenbar haben Paracelsus und Co. diese Wundermaschine nie der Öffentlichkeit präsentiert und sich mit der vieldeutigen Ausrede entschuldigt, daß der Glaube an eine solche Maschine ebenso stark sein müsse wie die Kraft, sie zu schaffen.

Immerhin ist ein Rezept für eine solche Maschine überliefert worden[52], von dessen Nachahmung ich angesichts der Verwendung hochgiftiger Stoffe allerdings abraten möchte. Hier die freie Übersetzung in unsere heutige Sprache:

»Mische fünf Unzen Quecksilber mit der gleichen Menge Zinn. Zerstoße sie mit zehn Unzen Sublimat. Laß die Mischung über vier Tage auf einem Stück Marmor zerfallen, bis sie die Konsistenz von Olivenöl hat. Destilliere diese Substanz, und du wirst ein trockenes Sublimat erhalten. Durch wiederholte Auflösung und Destillation werden sich mit der Zeit kleine Atome bilden. Wenn man sie in ein trockenes, sauberes Glas tut, entsteht ein Perpetuum mobile.«[53]

Wie die meisten alchimistischen Experimente ist auch dieses nicht im wissenschaftlichen Sinne nachvollziehbar, weil die *wieder-*

51 – Daniel Hering verweist in seinem 1924 erschienenen Buch *Foibles and Fallacies of Science* auf das von John Wilkins 1648 verfaßte Werk *Mathematical Magick.* Diese Quelle wurde also kaum mehr als 100 Jahre nach dem Tod des Paracelsus (gest. 1541) verfaßt.

52 – Hering, a. a. O.

53 – Wohl bekomm's!

holte Auflösung und Destillation nach einigen Durchgängen keine weiteren Veränderungen des Stoffes mehr verursacht.[54] Bei Alchimisten waren solche Wiederholungen ein Teil der meditativen Läuterung und wurden oft mehrere hundert oder gar tausend Mal durchgeführt.

Solche hochgeistigen Dinge hatten jene Frauen des 13. Jahrhunderts sicher nicht im Sinn, die ein französischer Architekt beim Spinnen beobachtete. Aber sie versuchten bereits, über eine Schwerpunktverlagerung des Spinnrades durch Quecksilber oder metallene Gegengewichte das Rad ohne Kraftaufwand in Gang zu halten.[55]

Soweit es die Entwicklung der Technik betrifft, bietet der historische Rückblick ohnehin genug Spielraum zum Fabulieren. Geschichten von Maschinen, die an Roboter erinnern, und natürlich das Perpetuum mobile spielen bis weit in das 19. Jahrhundert hinein eine große Rolle.

Nun sind diese beiden auf den ersten Blick so verschiedenen »Erfindungen« nicht soweit voneinander entfernt, wie man es vermuten sollte. Es spricht vieles dafür, daß sie letztlich dieselbe Wurzel haben: die Nachvollziehung des Schöpfungsprozesses durch den Menschen.

Bei dem von Paracelsus und seinen Anhängern postulierten chemischen Perpetuum mobile wird dies besonders deutlich. Es geht hier nicht um eine irgendwie nutzbare oder auch nur nützliche Erfindung, sondern lediglich um einen Selbstbeweis. Das ist natürlich der Zündstoff, der die Feuer der Inquisition in Brand setzte. Wenn ich den Charakter des Paracelsus richtig interpretiere, liegt darin eine blanke Provokation, die er sich im Gegensatz zu *Giordano Bruno*[56] möglicherweise leisten konnte.

54 – Etwas anderes gilt im Hinblick auf die Homöopathie, bei der *scheinbar* rituelle Handlungen einem Stoff vollkommen neue Eigenschaften verleihen können.

55 – Siehe u. a. *Encyclopedia Britannica*, Artikel zum Stichwort »Perpetual Motion«.

56 – Bruno wurde am 17.02.1600 für seine Bemerkung, das Weltall sei unendlich und enthalte eine Vielzahl von belebte Himmelskörpern, auf dem Scheiterhaufen verbrannt.

Interessant ist hier die Anknüpfung an einen Zeitgenossen des Paracelsus, der sich mit einer ganz anderen Erfindung auseinandergesetzt haben soll. Gemeint ist hier die Erschaffung des künstlichen Menschen *Golem*, die angeblich dem Oberrabbiner *Löw Ben Bezaleel* (1513–1609) im Frühjahr des Jahres 1580 gelang.[57] Ben Bezaleel ist historisch belegt, und er soll den Golem zunächst aus dem Schlamm der Moldau geformt und mit kabbalistischen[58] Methoden zum Leben erweckt haben.

Nun ist die *Kabbala* ein wichtiger Bestandteil der mystischen Alchimie, und die Parallelen zwischen Paracelsus' Perpetuum mobile und Löw Ben Bezaleels Golem sind kaum zu übersehen. *Golem* und *Perpetuum mobile* haben mit großer Wahrscheinlichkeit gemeinsame Ursprünge in der kabbalistischen Mystik.

Die mittelalterliche Vorstellung vom Perpetuum mobile lag also nicht in der praktischen Anwendung, sondern im Machtbeweis. Möglicherweise liegt darin auch eine unterbewußte Auflehnung gegen das »Schöpfungsmonopol« der katholischen Kirche. Das mag sowohl den Rabbiner Ben Bezaleel wie auch den Forscher Paracelsus zur Entwicklung ihrer Konzepte motiviert haben.

Kaum hundert Jahre nach dem Tod von Paracelsus hatte der Begriff des Perpetuum mobile aber eine erneute Wandlung erfahren. Nun verstand man darunter überwiegend mechanische Konstruktionen, die ewig weiterliefen, ohne durch menschliche oder andere bekannte Kräfte in Gang gehalten zu werden. Allerdings waren die meisten Vorschläge zur Realisierung einer solchen Wundermaschine nicht auf irgendeinen Nutzen ausgerichtet, sondern als reine Spielerei gedacht.

Obwohl die ersten Patente bereits Anfang des 17. Jahrhunderts angemeldet wurden, begann die eigentlich Blütezeit des Perpetuum mobile erst, als die Wissenschaft bereits festgestellt hatte, daß eine solche Maschine überhaupt nicht realiserbar ist. Die meisten Patent-

57 – Der Einfluß dieser Legende hielt bis ins 20. Jahrhundert an und hat auch den bekannten Autor – und Alchimisten – Gustav Mayrink zu seinem bekanntesten Roman inspiriert.

58 – Die *Kabbala* ist ein magisch/philosophischer Ur-Kodex des jüdischen Glaubens.

anträge wurden ab der zweiten Hälfte des 19. Jahrhunderts eingereicht. Um sich gegen die Schwemme von wissenschaftlich unmöglichen Vorschlägen zu schützen, führten fast alle Patentbehörden Regelungen ein, die es erlaubten, solche Anträge ohne weiteren Kommentar abzulehnen, in denen das Wort *Perpetuum mobile* auftauchte.

Die Erfinder ließen sich dadurch nicht aufhalten, und zogen mit ihren Maschinen durch das Land, um sie gegen Eintrittsgeld einer staunenden Öffentlichkeit zu präsentieren.

Der Redheffer-Betrug

So tauchte im Jahr 1812 in Philadelphia ein Mann namens Charles Redheffer auf, der ebenfalls behauptete, ein Perpetuum mobile konstruiert zu haben. Die Anwohner hatten von so einer Wundermaschine durchaus schon gehört, da neben Redheffer etwa zwei Dutzend weitere Erfinder mit ähnlichen Behauptungen durch die Gegend zogen.

Gegenüber seinen Konkurrenten war Redheffer aber wesentlich geschickter, soweit es die Bekanntmachung seines *Perpetuum mobile* betraf. Durch publikumswirksame Vorträge und Presseankündigungen wirbelte er soviel Staub auf, daß die Stadtherren von Philadelphia eine Kommission einberiefen, die Redheffers Maschine besichtigen sollte. Offiziell war dies als Ehrenbekundung gedacht, was sicher beweist, daß Redheffer eine wirklich ausgezeichnete Überzeugungsarbeit geleistet hatte.

Natürlich hatten Philadelphias Stadtväter einen zweiten Grund, Redheffer einen Besuch abzustatten: Sie wollten der Sache auf den Grund gehen. Die Stadt hatte genug Erfahrungen mit Quacksalbern und Predigern gemacht, und man pflegte gegenüber derartigen Publikumsmagneten ein gesundes Mißtrauen an den Tag zu legen.

Das Haus Redheffers lag etwas außerhalb der Stadt, und so machte man sich zu Pferd und in der Kutsche auf den Weg. Als die Kommission am Ziel ankam, war niemand anwesend. Die Türen des Hauses waren fest verschlossen, aber immerhin konnte man durch ein vergittertes Fenster einen Blick auf die sagenhafte Maschine werfen.

Redheffer hatte offensichtlich nicht zu viel versprochen. Die Maschine lief, und das tat sie ohne jede ersichtliche Antriebskraft. Sie bestand aus einer großen Welle, auf der eine Scheibe mit zwei schiefen Ebenen montiert war. Auf diesen bewegten sich zwei Wägelchen auf und ab, die offensichtlich selbsttätig die Welle in Bewegung versetzten, und diese wiederum den Rest der Apparatur. Die große Scheibe selbst war mit einem Zahnkranz versehen und übertrug ihre *aus dem Nichts* entstehende Kraft auf ein kleines Zahnrad.

Die Mitglieder der Kommission reckten sich die Nasen aus, aber es schien, als ob Redheffer wider allen Erwartens doch nicht zu jener Sorte von Besuchern gehörte, die man besser im Federkleid aus der Stadt jagt.

Endlich stand auch das jüngste Mitglied des Ausschusses vor dem Fenster. Streng genommen gehörte der junge Coleman Seilers nicht zur Kommission, aber er war in der ganzen Stadt als genialer Mechaniker bekannt, und so hatte sein Vater Nathan ihn als Berater mitgenommen.

Coleman sah sich die Maschine eine Weile an und versuchte, ihr Funktionsprinzip zu ergründen. Er war sich von vorne herein darüber im klaren, daß es eine natürliche Ursache für die Bewegung geben mußte. Aber auch bei genauer Betrachtung der Maschine entdeckte er keinen Hinweis darauf, woher diese Kraft kommen könnte.

Er wollte sich gerade vom Fenster abwenden, als ihm eine Merkwürdigkeit an den Zahnrädern des Antriebes auffiel. Die Zähne des Antriebskranzes und des Ritzels waren von der Reibung leicht abgewetzt, wie man es erwarten sollte. Aber die blanken Stellen befanden sich auf der *falschen* Seite der Zähne!

Dank dieser Beobachtung konnte der junge Coleman zumindest einen Teil des Rätsels lösen: Die Antriebskraft wurde nicht, wie der Erfinder der Maschine es behauptet hatte, durch die Wagen auf der Scheibe erzeigt und dann auf das Ritzel übertragen, sondern umgekehrt. Damit stand für Coleman eindeutig fest, daß Redheffer hier einen Betrug inszenierte.

Als er seinem Vater von seiner Beobachtung erzählte, engagierte dieser einen Mechaniker, der nach Colemans Plan ein Modell der Maschine baute. Als Antrieb diente ein versteckter Federaufzug, wie er auch in Spieluhren eingebaut wird.

Schließlich wurde Colemans Maschine dem ahnungslosen Charles Redheffer präsentiert. Dieser geriet nun in Panik, weil er befürchten mußte, daß ein anderer tatsächlich das bewerkstelligt hatte, was er selbst nur behauptet hatte. Er bot Coleman Seilers den Kauf gegen eine großzügige Beteiligung an, was dieser natürlich ablehnte.

Obwohl der Betrug damit bewiesen war, fanden sich immer noch zahllose Zuschauer bei Redheffer ein. Dieser baute sogar eine zweite Maschine[59], die in New York ausgestellt wurde. Dort lebte zu dieser Zeit auch ein Mr. Fulton, der bereits vor der Eröffnung mehrmals verkündet hatte, daß er Redheffers Maschine für einen ausgemachten Schwindel hielt. Mr. Fulton war für sein extrem gutes Gehör bekannt, aber vor allem für sein reizbares Temperament.

Er weigerte sich deshalb strikt, auch nur in die Nähe der Ausstellung zu gehen, bis ihn eines Tages einige Freunde dazu überredeten, sich Redheffers Perpetuum mobile wenigstens einmal anzusehen. Also betrat Mr. Fulton den Ausstellungsraum und stellte sich scheinbar andächtig vor die Maschine, wobei er den Kopf leicht zur Seite neigte. In dieser Stellung verharrte er einige Minuten, während die Menschen um ihn herum langsam mehr Interesse für ihn entwickelten als für das eigentliche Ausstellungsstück.

Plötzlich drehte sich Mr. Fulton abrupt auf dem Absatz herum, worauf das andächtige Hintergrundgemurmel der Zuschauer verstummte. Nur noch das Quietschen und Knarren der endlos laufenden Maschine war zu vernehmen.

»Eine Kurbel!«, rief Mr. Fulton. »Die Maschine wird von einer Kurbel angetrieben!«

Ein kleiner Tumult brach los. Man versuchte Mr. Fulton zu beschwichtigen, aber der bestand darauf, daß die Maschine ein Schwindel sei. Seine Begründung war einfach und plausibel: Er hatte sich die Geräusche der Maschine genau angehört und dabei

59 – Möglicherweise handelte es sich auch um dieselbe Maschine, die nach dem Philadelphia-Fiasko sicherheitshalber nach New York verschickt wurde.

festgestellt, daß sie leichten, sich im Takt der Umdrehung wiederholenden Schwankungen unterlagen. Was nach Mr. Fultons Ansicht darauf deutete, daß die Kraft nicht von der sich gleichmäßig drehenden Antriebsscheibe der Maschine ausgehen konnte.

Mr. Fulton war von der Richtigkeit seiner Behauptung so überzeugt, daß er die augenblickliche Aufdeckung des Schwindels anbot und sich sogar bereit erklärte, im Falle seines Versagens eine beliebige Entschädigung an den Veranstalter zu zahlen.

Nachdem man sich einverstanden erklärt hatte, begann er zielsicher eine Lattenverkleidung abzureißen, die nicht eigentlich zur Maschine gehörte, sondern nur als Stabilisierung diente, um sie an einer Wand abzustützen. Tatsächlich lief dort ein dünnes Seil aus Kattgut entlang, das wiederum durch die Hauptwelle der Maschine ging. Das andere Ende des Seils verschwand in der Wand, und lief von dort aus über den Boden des zweiten Geschosses zu einem kleinen Anbau, der nur wenige Meter von der Maschine entfernt lag. Dort stieß die aufgeregte Menge auf die geheimnisvolle Antriebskraft.

Es war ein zerlumpter, alter Mann, der auf einem Hocker saß, an einer Brotkruste kaute und dabei eine Kurbel drehte.

Sein Äußeres ließ keinen Zweifel daran, daß er schon längere Zeit in diesem Zustand verbracht hatte. In seiner Empörung zerschlug der Mob Redheffers Maschine; über das weitere Schicksal des Betrügers selbst ist nichts bekannt.

TÖNE UND STRÖMUNGEN

Das Keely-Rätsel

Charles Redheffer war nur einer von zahllosen Betrügern, die auf skrupellose Weise versuchten, die Leichtgläubigkeit der amerikanischen Öffentlichkeit mit angeblichen Wundermaschinen auszunutzen. Die besondere Aufbruchstimmung des 19. Jahrhunderts hat sicher in großem Maße dazu beigetragen, aber auch die zähen Kommunikationswege. Zwar wurde jede Nachricht über eine angebliche technische Neuerung auf lokaler Ebene relativ schnell durch die Tagespresse und Mundpropaganda verbreitet. Flog der Schwindel jedoch auf, dann vergingen oft mehrere Monate, bis die nächstgrößere Stadt davon informiert wurde.

In der Zwischenzeit hatte der Betrüger ausreichend Gelegenheit, auch hier die Eintritt zahlenden Bürger auf den Leim zu führen. Derartige Wanderunternehmen florierten bis ins 20. Jahrhundert hinein, obwohl die Einführung der Telegrafie manchem der Scharlatane einen Strich durch die Rechnung machte. In vielen Fällen kam den »Erfindern« aber die Eitelkeit der Angeschmierten zugute, die vor ihren Nachbarn nicht als Dummköpfe dastehen wollten.

Wahrscheinlich hatte man Charles Redheffer in Philadelphia längst vergessen, als *John Ernst Worrell Keely* am 3. September 1827 dort geboren wurde. Über seine Kindheit ist nicht viel bekannt, außer daß seine Eltern früh starben und er bereits mit zwölf Jahren die Schule verließ. Trotz einer schlechten Ausbildung mangelte es ihm nicht an Intelligenz und Geschick, und er verdiente seinen Lebensunterhalt unter anderem als Leiter eines kleinen Orchesters, das auch für die Musikbegleitung bei Zirkusvorstellungen sorgte. Dort kam er mit dem Vorläufer dessen in Berührung, was wir heute als Showbusiness bezeichnen. Ob er, wie einige Quellen behaupten, hier auch als Ansager die Redekunst erlernte, läßt sich nicht mit Sicherheit sagen.

Später kehrte er jedenfalls dem Zirkus den Rücken zu und arbeitete als fahrender Zimmermann. Dieser Tätigkeit ging er nach, bis er um 1872 bei verschiedenen Gelegenheiten verkündete, daß er eine neue physikalische Kraft entdeckt habe. Genauer gesagt verbrachte er den Rest seines irdischen Lebens überwiegend damit, diese Verkündung zu wiederholen, nicht ohne diese Kraft auch diverse Male mit spektakulären Ergebnissen vorzuführen.

Keelys neue Kraft sollte – laut Darstellung des Meisters selbst – aus den *intermolekularen Vibrationen des Äthers*[60] entspringen. Er redete weiter von *atomaren Tripeln,* die sich in *quadriert negativen Harmonischen* und einer *ätherischen Desintegration* äußern würden. Diese Idee sei ihm – nebenbei bemerkt – gekommen, als er auf einer Fidel einige Noten gespielt hätte. Seinen Ankündigungen zufolge war es nur eine Frage der Zeit, bis er diese fantastische Kraft nutzbar machen könne.

So gründete er in New York die *Keely Motor Company*, und residierte stilgerecht in einem noblen Hotel auf der 5th Avenue.[61] Das war mit ziemlicher Sicherheit ein riskanter Bluff, aber er hoffte zu recht, daß die scheinbare Investition sich in barer Münze auszahlen würde. Bankiers und andere Investoren fanden sich bald ein, und er erhielt direkt nach der ersten Vollversammlung der Gesellschaft ein Startkapital von 10 000 US-$.

Mr. Keely zog sich bis 1874 in sein Labor zurück und präsentierte einem ausgewählten Publikum in Philadelphia am 10. November einen Motor, der die geheimnisvollen neuen Kräfte freisetzen sollte. In der Wahl seiner Terminologie zeigte er wenig Zurückhaltung und bezeichnete die nur fragmentarisch vorhandene Maschine einmal als *vibratorischen Generator*, bei einer späteren Gelegenheit dann als *hydropneumatisch-pulsierende Vaku-Maschine.* Der Motor selbst bestand aus einem stabilen Eisenreifen, in dem eine mit acht Speichen versehene Trommel rotierte.

Gegenüber der blumigen Beschreibung des Motors nimmt sich die erste vorliegende Beschreibung des eigentlichen Generators

60 – Der Äther wurde damals natürlich noch im Vor-Einsteinschen Sinne als unendlich verdünntes Medium verstanden, das die Ausbreitung der Lichtwellen ermöglicht.

61 – Dies behauptet zumindest Robert Silverberg in *Scientists and Scoundrels – a Book of Hoaxes*; erschienen bei *Thomas Y. Crowell Company.* Andere Quellen, insbesondere solche mit einer positiven Einstellung gegenüber Keely, verschweigen seinen wahren Aufenthaltsort.

geradezu bescheiden aus. Keely bezeichnete ihn schlicht als *Liberator,* also als »Befreier«. Das wundersame Gerät bestand aus einer Reihe von Stimmgabeln, die aber laut Auskunft des Erfinders die sagenhafte Fähigkeit haben sollten, Luft und Wasser zu *atomisieren*[62], was wiederum eine *Ätherkraft großer Leistung* freisetzen würde.

Nachdem er die Demonstration mit diesen bescheidenen Worten eingeleitet hatte, kippte Keely ein Glas Wasser in den Einlaßstutzen seiner Apparatur. Die Herren schneuzten sich erregt, die Damen fielen reihenweise in Ohnmacht, als ein Manometer Zeugnis davon ablegte, daß der Liberator die gesamte Energie des Wassers freigesetzt hatte, und dabei ein Druck von mehr als 3600 Atmosphären erzeugt worden war.

In weiteren Demonstrationen nutzte Keely seine neuentdeckte Kraft, um dicke Kabel zu zerfetzen, Eisenstangen zu verbiegen, und Projektile durch 30 Zentimeter dicke Holzplanken zu schießen. Dazu erzählte er etwa folgendes:

»Mit diesen drei Komponenten allein – Luft, Wasser und Maschine – habe ich soeben ohne zusätzliche Hilfe irgendeines anderen Mittels, ohne Hitze, Elektrizität oder galvanische Kraft in geringster Zeit durch die simple Funktion einer Maschine eine *gasartige Substanz* erzeugt, die bei einem *Volumen* von *zehn Gallonen*[63] einen Druck von *10 000 Pfund pro Quadratzoll*[64] erzeugt. Seine Struktur ist so fein, daß es Metall durchdringt, dabei ist es leichter als Wasserstoff und kraftvoller als jeder bekannte Sprengstoff. Ich habe bereits eine Maschine von 40 Pferdestärken mit weniger als einem Gläschen Wasser betrieben – und sie lief 15 Tage mit demselben Wasser!«

Die Investoren waren mit derartigen Argumenten zufrieden und in den nächsten 14 Jahren konnte Keely in seinem Labor in der 22. Straße Nord, Hausnummer 1420, in Ruhe seinen Forschungen nachgehen. Während dieser Zeit wurden die Eisenbahnlinien ausge-

62 – Im Original wird das Wort *Desintegration* verwendet, das alternativ auch als *Zerstäubung* gedeutet werden kann.

63 – Etwa 38 Liter.

64 – Etwa 700 Atmosphären.

baut und zukunftsträchtige technische »Wunder« wie die Telegraphie eingeführt; nur bei der *Keely Motor Co.* tat sich nichts.

Von Zeit zu Zeit besuchten einige der Investoren Philadelphia, um die Fortschritte des Erfinders zu begutachten. Der empfing sie stets freundlich, führte sie durch das Labor und sparte nicht mit neuen Begriffen, die seine Theorien untermauern sollten. Er stellte sich schnell auf die zu dieser Zeit an jeder Ecke emporsprießenden technischen Neuerungen ein, indem er beschrieb, welche Nachteile sie gegenüber seinen eigenen Erfindungen hätten. Dampfschiffe, so Keely, würden bald durch seine ätherische Kraft die Strecke von Philadelphia nach San Francisco mit der Energie zurücklegen können, die sein *Liberator* einer einzigen Tasse Wasser entziehen würde.

Seine charmante Art sorgte stets dafür, daß die Besucher zufrieden abreisten und in den meisten Fällen die von ihm verlangten Forschungsgelder freimachten. Das galt ganz besonders für eine gutsituierte Witwe namens *Clara Bloomfield-Moore,* die ihn nicht nur finanziell, sondern auch durch das Verfassen reißerischer Artikel und Pamphlete unterstützte.

Mit der Technik der übrigen Welt wurden auch Keelys Konstruktionen immer komplexer. Sein *Verschiebungs-Resonator* bestand aus einem Wirrwarr von Drähten, Rohren und anderen Bauteilen, die im Innern einer hohlen Messingkugel untergebracht waren. Keely sparte auch hier nicht mit Erklärungen. So sollte der Resonator *sieben verschiedene Arten der Vibration* erzeugen, von denen jede einzelne *unendlich oft geteilt werden kann.* Das Gerät war an seinen Motor angeschlossen, und zusätzlich mit einem *Sender* verbunden, der an einen riesigen, mit Stahlstäben bepflanzten Käseigel erinnerte. Die komplette Anlage konnte auf verschiedene Weisen gestartet werden, beispielsweise durch den Ton einer Violine oder einer Stimmpfeife.

Ungeachtet der spektakulären Demonstrationen entwickelten die Investoren mit dem Fortschreiten der Entwicklung eine gewisse Ungeduld. Ob man seine Erfindungen nicht vorsichtshalber zum Patent anmelden sollte?

Nein, antwortete Keely. Er stünde ohnehin kurz vor dem Durchbruch, und eine Patentanmeldung trage das Risiko in sich, daß jemand anders die Früchte seiner Arbeit stehlen würde. Das könne doch wohl nicht im Interesse der Investoren sein?

Ob man vielleicht Herrn Edison hinzuziehen sollte, der ja dafür bekannt war, daß er bestehende Erfindungen zügig zur Marktreife brächte?

Nein, antwortete Keely. Er verrate sein Geheimnis an niemanden, auch nicht an Herrn Edison.[65] Um Mrs. Bloomfield-Moore zu beruhigen, präsentierte er ihr ein beeindruckendes Diagramm, übersät von Kreisen, Linien und seltsamen Figuren. Das, so Keely, sei das Geheimnis seiner Erfindung.

Im Jahr 1888 platzte den Investoren endgültig der Kragen, und sie ließen Keely wegen Investitionsbetruges ins Gefängnis werfen. Dort blieb er allerdings nicht lange, woran Clara Bloomfield-Moore vermutlich nicht ganz unschuldig ist. Er bekam von den Investoren einen Aufschub, den er wie üblich großzügig überzog.

Sein Ruf litt unter der Inhaftierung kaum Schaden, da er es längst verstanden hatte, daß die kleinen Lokalzeitungen im Lande für die Meinungsmache weitaus wichtiger waren als die großen, überregionalen Journale und die Großstadtzeitungen. Der *Scientific American* verfaßte bereits 1884 einen Schmähartikel, ohne das wirkliche Geheimnis Keelys enthüllen zu können. Statt dessen zerrte man schmutzige Wäsche hervor, indem man u. a. erwähnte, durch welche Manipulationen die *Keely Motor Co.* es geschafft hatte, die eigenen Aktien von einem auf den anderen Tag von neun auf 15 Cent steigen zu lassen. Dem Vernehmen nach handelte es sich dabei um eine vollkommen legale Transaktion, die mit großer Wahrscheinlichkeit ohne Wissen Keelys von den Investoren vorgenommen wurde. Aber die Fronten waren nun klar definiert, und man nutzte jede Gelegenheit, um Keelys Image zu demontieren.

Durch Hinweise eines ehemaligen Mitarbeiters kam man einem großen Druckbehälter auf die Spur, der sich im Keller von Keelys Labor befand. Als Experten nun vermuteten, daß die angebliche Keely-Kraft in Wirklichkeit Preßluft sei, eröffnete der Erfinder, daß

65 – Man muß Keely hier recht geben, da Edison dafür bekannt war, die Erfindungen anderer auszuschlachten, ohne sie daran zu beteiligen.

es sich lediglich um die Überreste eines frühen Experimentes handle, die er bislang nicht beseitigt hatte.

Um 1893 tauchte das Gerücht auf, Keely habe dem amerikanischen Verteidigungsministerium einen Flugapparat vorgeführt, der sich mittels der *ätherischen Kraft* in die Luft erhoben habe, und die damals absolut unvorstellbare Geschwindigkeit von 750 km/h erreichte.

Die Beschreibung des Apparates liegt in erstaunlich detaillierter Form vor. Demnach bestand er aus einer Plattform von rund zwei Metern Durchmesser, auf der neben dem Hocker für den Piloten 100 Stimmzungen angebracht waren. Die Stimmzungen erzeugten *diatonische* und *enharmonische*[66] Tonskalen. Auftrieb und *Vorschub* wurden durch Dämpfung verschiedener Frequenzen erzeugt, das Geheimnis des Fluges steckte laut Keely in dem dadurch erzeugten *ätherischen Polarstrom*, der eine *negative Anziehung* verursachte.

Bewegliche Teile enthielt das Luftgefährt nicht, und es sank zu Boden, sobald alle Stimmzungen gedämpft wurden. Beschleunigungseffekte traten nicht auf, und Mr. Keely saß während des Fluges vollkommen entspannt auf seinem Hocker, ohne daß es eines Sicherheitsgurtes oder anderer Hilfsmittel bedurft hätte.

Diese sagenhafte Geschichte endete damit, daß das Verteidigungsministerium die Maschine als viel zu kompliziert befand, und damit war die Angelegenheit erledigt. Sie wurde nur in einigen Lokalzeitungen verbreitet, was eine plausible Erklärung dafür sein mag, warum sie niemals vom Verteidigungsministerium dementiert wurde.

Natürlich ist es jedem überlassen, diesen Vorfall in seiner Gesamtheit ganz anders zu interpretieren. So gibt es Anhaltspunkte dafür, daß Keely im Jahre 1887 nach Fort Lafayette berufen wurde, und also durchaus Beziehungen zu höchsten Regierungskreisen angeknüpft haben könnte. Die Entwicklung eines Luftgefährts könn-

66 – Diatonische Skalen sind einfache Tonleitern aus sieben (bzw. acht) Tönen mit mathematisch exakten Tonabständen. Enharmonische Skalen basieren auf einem chromatischen Zwölftonsystem, das *wohltemperiert* gestimmt ist. Alle heutigen Instrumente sind enharmonisch gestimmt, da sich so jede beliebige Tonart spielen läßt.

te dabei durchaus im Vordergrund gestanden haben, da Keely sich ab 1886 nicht mehr mit den Kräften des Wassers befaßte, sondern sich zunehmend für die der Luft zu interessieren begann.

Zum Zeitpunkt dieser angeblichen oder tatsächlichen Vorführung litt Keely bereits unter der *Brightschen Krankheit*. Wenige Jahre später verschlechterte sich auch seine finanzielle Situation, die schon seit langen Jahren größtenteils von Mrs. Bloomfield-Moore getragen wurde. Seine treueste Sponsorin hatte sich aber von ihm abgewandt, nachdem sie 1895 auf die Idee gekommen war, den englischen Physiker *Professor Lascelles-Scott* nach Philadelphia zu bestellen. Lascelles-Scott sollte eine Expertise zu Keelys Experimenten verfassen, die aber niemals veröffentlicht worden ist.

Man mag es als bezeichnend empfinden, daß Mrs. Bloomfield-Moore nach Lascelles-Scotts einmonatigem Aufenthalt in Philadelphia Keely ohne weitere Angabe von Gründen ihre Unterstützung entzog. Als John Ernst Worrell Keely am 18. November 1898 starb, betrug das in seine Experimente investierte Gesamtvolumen etwa 5 000 000 US-$.[67]

Nach Keelys Tod gab es einige merkwürdige Vorkommnisse, die den Gesamteindruck seiner Persönlichkeit und seines Stellenwertes in der Öffentlichkeit unterstreichen. So wurde im *Scientific American* ein erstaunlich detaillierter Nachruf abgedruckt[68], wobei man sich über die erstaunliche Aktualität dieser Wissenschaftszeitung nur wundern kann: Zwischen Keelys Tod und der Veröffentlichung vergingen gerade einmal 14 Tage. Berücksichtigt man die üblichen Vorläufe für den damals üblichen Bleisatz und Druck, dann besteht kaum Zweifel, daß der Nachruf schon zu Keelys Lebzeiten verfaßt wurde.

Keinesfalls kann man hier also von einem Lückenbüßer sprechen; offenbar stand Keely im Rampenlicht[69] der Wissenschafts-Clique. Der Konsens des Artikels ist ebenso merkwürdig, da man trotz einiger bissiger Anmerkungen anfänglich versucht, ein faires Bild des Erfinder zu zeichnen.

67 – Diese Summe erwähnt sein Nachruf im *Scientific American vom* Dezember 1898.

68 – A. a. O.

69 – Das Wort »Kreuzfeuer« wäre hier vielleicht ebenso angebracht.

So wird zunächst erwähnt, daß Keely in gewisser Hinsicht ein *bemerkenswerter*[70] Mann gewesen sei. Er wird weiter als *Experte* in der Musiktheorie und -kunst geschildert, der außerdem sogar ein Komponist gewesen sei. Anschließend taucht eine kurze Beschreibung von Keelys Vorführungen und Behauptungen auf, die der Autor als *Seancen* bezeichnet. Eine Widerlegung findet sich dagegen nicht, nur der Hinweis, daß alle von Keely behaupteten Effekte sich auch *auf andere Weise erzielen ließen.*

Keelys Vermächtnis

Kurz nach seinem Tod bat der Vorstand der *Keely Motor Co.* seine Witwe Anna M. Keely darum, das Laboratorium nach etwaigen Hinweisen auf das Geheimnis der *ätherischen Kraft* durchsuchen zu dürfen. Sie willigte ein, und eine Abordnung von Kaufleuten und Experten begab sich erwartungsvoll nach Philadelphia. Darunter befanden sich der Physikprofessor *Arthur W. Goodspeed* und Professor *Carl Hering* von der Universität Pennsylvania, einer der angesehensten Elektroingenieure seiner Zeit. Zusätzlich hatte man auch Professor *Lightner Witmer* bemüht, der den Fachbereich Experimentelle Psychologie an der Universität Pennsylvania leitete.

Fast auf Anhieb fand man dort den stählernen Druckbehälter, von dem man ja bereits wußte. Er stand mitten in einem Haufen von Gerümpel und war stark verdreckt. Als man ihn einigermaßen freigeräumt hatte, stellte man fest, daß er von dicken Balken getragen wurde und ein Gesamtgewicht von etwa drei Tonnen aufwies. Der Behälter war massiv genug, um einem extrem hohen Innendruck standzuhalten.[71]

70 – *Scientific American*, a. a. O. Der Autor des Nachrufs verwendet das Wort *remarkable*, das in diesem Zusammenhang als positive Eigenschaft zu verstehen ist.

71 – *Scientific American* vom 28. Januar 1899. Hier ist die Rede von mehreren Tonnen pro Quadratzoll, was auf mindestens 400 bis höchstens 800 Atmosphären hinausläuft. Eine nähere Angabe wird nicht gemacht. Aufgrund der sehr vagen Angabe kann man nur davon ausgehen, daß eine wirkliche Druckberechnung nicht durchgeführt wurde.

Auf der Oberseite des kugelförmigen Behälters befand sich ein Loch, das in ein Innengewinde überging, dessen Durchmesser sich allmählich zum Zentrum des Behälters hin erweiterte. In der Nähe fand man auch ein Stahlrohr, das etwa fünf Meter in eine versteckte Aussparung im Boden von Keelys Labor mündete.[72]

Einen Teil seiner Ausrüstung war offenbar erst kurz vor der Untersuchung verbrannt worden. In der Asche fand man einige Reste, die man zunächst für Draht hielt, die sich aber bei näherer Untersuchung als dünne Messingröhrchen entpuppten. Auch Reste von Glasrohren wurden gefunden, aber insgesamt erweckte das Labor den Eindruck, als ob sich jemand alle Mühe gegeben hatte, Rückschlüsse auf die Funktionsweise der Apparatur unmöglich zu machen.

Im weiteren Verlauf der Untersuchungen wurden durch den Boden geführte Messingrohre entdeckt, die nach Meinung der Experten ursprünglich mit dem Druckbehälter im Keller verbunden waren. Das Urteil der Experten war einhellig: Mr. Keelys angeblich ätherische Kraft war in Wirklichkeit Preßluft, die aus dem Druckbehälter im Keller in sein Labor geleitet wurde. Man vermutete nun, daß er bei den Demonstrationen über Fußschalter Ventile ausgelöst hatte, um im richtigen Moment die komprimierte Luft freizugeben.

Zu einem ähnlichen Schluß war bereits Anfang der 1880er der Chefredakteur des Magazins *Scientific American* gelangt. Ihm war es gelungen, einige von Keelys Demonstrationen durch Verwendung von Preßluft nachzuahmen.

War Keely also tatsächlich ein Scharlatan und Betrüger? Auf den ersten Blick ist man geneigt, diese Frage vorsichtig zu bejahen. Sie werden aber in den nächsten Abschnitten einigen Erfindungen begegnen, die Ernest Worrell Keelys Behauptungen in einem etwas anderen Licht erscheinen lassen.

72 – Die genaue Untersuchung wurde von Julius Moritzen in einem Artikel in der Zeitschrift *Cosmopolitan*, April 1899, veröffentlicht.

Die Kraft des Wassers

Ob Keelys Behauptungen nun ein Betrug waren oder nicht, sie führten jedenfalls niemals zu einer praktisch verwertbaren Erfindung. Etwas ganz anderes gilt für den österreichischen Wasserforscher *Viktor Schauberger*, der seine kaum weniger abenteuerlichen Überlegungen durch handfeste Beweise untermauern konnte.

Schauberger wurde am 30. Juni 1885 in Holzschlag bei Plöckenstein geboren, kann deshalb also nicht mehr unbedingt als Zeitgenosse von Keely gelten. Als Kind eines einflußreichen Försters im Dienste der Habsburger war ihm sein späterer Beruf in die Wiege gelegt, aber der junge Viktor interessierte sich ohnehin für alles, was mit der Forstwirtschaft zu tun hat.

Nach der Ausbildung übernahm er ein mehr als 20 000 Hektar großes Revier in der Nähe von Steyerling, wo er sich neben seinen eigentlichen Aufgaben auch mit intensiven Naturbeobachtungen beschäftigte. Sein Interesse galt vor allem den Wildbächen, die er zunächst auf ihren Fischreichtum erforschte. Im Laufe seiner Untersuchungen stellte er fest, daß es bestimmte Wechselwirkungen zwischen der Fauna der Gewässer und deren Strömungseigenschaften gab. Welche Fische in einem bestimmten Abschnitt eines Gewässers vorkommen, konnte er bald anhand der Strömungen bestimmen.

Dabei fiel ihm auch auf, daß man die Vorgänge in komplexen Wasserläufe nicht allein durch die Prinzipien des Flusses und Auftriebs erklären konnte. Offensichtlich spielte die Erzeugung von *Wirbeln* eine große Rolle in der gesamten Dynamik des Wasserlaufes.

Wie vor ihm auch Keely entwarf er eine mit der herkömmlichen Wissenschaft nicht unbedingt deckungsgleiche Terminologie, sprach von *zykloiden, planetaren Raumkurvenbewegungen*; einem *nichteuklidischen Geometrieprinzip der Natur, Erzeugung von Kräften durch Implosion* und dergleichen mehr. Im Gegensatz zu Keely hatte Schauberger aber durch den Besuch der Forstschule das notwendige Wissen erworben, um seine Theorie zumindest ansatzweise mathematisch zu untermauern. Zwar lieferte er keine nach den Maßgaben der herkömmlichen Wissenschaft formell vertretbare Theorie, verstrickte sich aber auch nicht in widersprüchliche Aussagen wie Keely.

Schaubergers große Stunde kam, als der Fürst *Schaumburg-Lippe* zügig einen entlegenen Holzbestand in seinem Revier schlagen lassen mußte. Der Abstransport der Stämme war so problematisch, daß der Fürst einen Wettbewerb ausschrieb, um eine rentable Lösung zu finden. Während Schaubergers Konkurrenten sich mit kaum realisiserbaren Nivellierungen und Gewässerumleitungen befaßten, baute er eine Holzschwemmanlage, die äußerlich gewisse Ähnlichkeiten mit jenem Bewässerungssystem aufwies, das im Film *Alexis Sorbas* eine zentrale Rolle einnimmt. Nur führte er gleichzeitig mehrere Rinnen zu Tal, die sich anschließend vereinten.

Die Konstruktion hatte den Querschnitt eines Frühstückeis mit abgeschlagener Spitze, und war weitaus schmaler als die üblicherweise zu diesem Zweck benutzten Rinnen. Der Boden der Rinnen bestand aus gehobelten Planken, während die Seiten rauh waren – auf dieses Detail legte der Konstrukteur hohen Wert, da er so ein Anschlagen oder Verkanten der Stämme vermeiden wollte. An bestimmten Stellen waren von Schauberger entworfene Sperrventile eingebaut worden, die zum Austausch des durch die Reibung der Stämme erwärmten Wassers gegen kaltes Frischwasser dienten. Außerdem wurde das Wasser durch spezielle Strömungsführungen verwirbelt, was vermutlich ein sehr wichtiges, wenn nicht sogar das wichtigste Konstruktionsdetail an Schaubergers Holzschwemmanlage war.

An den Zusammenführungen der Einzelrinnen sorgte er durch spezielle Strömungsführungen für eine Verwirbelung von Wasser und Luft, um die Stämme so weit abzubremsen, daß sie sich behutsam einschleusten und nicht die Einführungsstelle zerfetzten.

Die Anlage funktionierte nicht nur wie versprochen, sie löste auch einige prinzipielle Probleme der Beförderung von Holz über den Wasserweg. So brachte Schauberger das Kunststück fertig, auch solche Stämme schwimmen zu lassen, deren spezifische Wichte höher war als die des Wassers. Das eigentliche Prinzip der Anlage behielt er aber klugerweise für sich, und ein von einigen Ingenieuren unternommener Versuch des Nachbaus scheiterte kläglich.

Schaubergers Ruf verbreitete sich in kürzester Zeit über ganz Europa, und er galt bald als der begehrteste Konstrukteur derartiger Anlagen. Aber auch seine Ernennung zum Reichskonsulenten für

Holzschwemmanlagen versperrte ihm keineswegs den Blick auf die Natur. Er war vermutlich der erste, der auf die Gefahr der Abrodung hinwies, aber auch auf die Folgen der monokulturellen Agrarwirtschaft und andere potentielle Gefahren für die Umwelt.

Auch auf anderen Gebieten war er aktiv und stellte unter anderem Versuche im Bereich des Ackerbaus an, die den Gebrauch von Kunstdünger überflüssig machen sollten. Aus dem Prinzip seiner Holzschwemmanlage entwickelte er eine Turbine für die Stromerzeugung und versuchte normales Wasser durch spezielle Wirbelanlagen in Heilwasser umzuwandeln. Daneben betätigte er sich noch auf zahlreichen anderen Gebieten, wobei er immer wieder erstaunlich praktikable Lösungen vorstellte.

Zentraler Teil seiner Theorien aber blieb der Wirbel, der für ihn eine absolut wichtige kosmische Bedeutung hatte. Von der spiraligen Verwirbelung der Milchstraße über den Tornado bis zum Schnekkenhaus fand er dieses eigenartige Phänomen in der gesamten Natur wieder. Er war überzeugt davon, daß dies die eigentliche Urkraft des Universums sei, zumal er wiederholt festgestellt hatte, daß sich in der Natur bei starken Wasserwirbeln elektrische Entladungen bilden können.

Als er seine Entdeckungen Adolf Hitler vorstellte, war der für seine esoterische Ader bekannte Diktator durchaus angetan. Schauberger wurde ab 1938 verstärkt in einige der relativ friedfertigen Sonderprojekte eingespannt, die sich die Nazis aus den unterschiedlichsten – zumeist eher persönlichen – Gründen leisteten. Er beschäftigte sich unter anderem mit der direkten Erzeugung von elektrischem Strom durch Wasserströmungen unter hohem Druck, was zumindest aus theoretischer Sicht zu interessanten Resultaten führte. Ab 1943 wurde er an der SS-Hochschule Wien-Rosenhügel im Bereich der Flugzeugtechnik eingesetzt, wo er sich an der Entwicklung unkonventioneller Levitations-Antriebe[73] versuchte.

Hier berühren wir eines der geheimnisvollsten Projekte der letzten Kriegsjahre, in denen durch eine nach dem Streuprinzip angelegte Forschung auf breiter Ebene jene Geheimwaffe entwickelt

73 – Die man in der Laiensprache der Science Fiction als *Antigravitations-Antriebe* bezeichnen würde.

werden sollte, mit der man den Verlauf des Krieges zu deutschen Gunsten wenden wollte. Dem Vernehmen nach experimentierte man mit scheibenförmigen, zum Teil auch sphärischen Flugkörpern, die allerdings niemals über das Modellstadium hinauskamen. Diese Forschungen nahmen ihren Ausgang in der Wiener Neustadt, von wo aus das Projekt wahrscheinlich im Laufe des Jahres 1943 in die BMW-Werke nach Prag verlagert wurde.[74] Das paßt also recht gut zu Schaubergers eigenen Darstellungen.

Im Jahre 1952 wurde Professor *Franz Pöpel* von der TH Stuttgart beauftragt, Schaubergers Behauptungen im Labor zu überprüfen. Das Ganze stand unter keinem guten Vorzeichen, da der Auftraggeber das Ministerium für Wasserwirtschaft war, das sich offensichtlich des unbequemen Mahners entledigen wollte. Daß man Pöpel als beinharten Dualisten mit dieser Prüfung betraute, spricht gewiß Bände. Der sah durch Schaubergers Behauptungen die Lehren der Mechanik und Bewegungslehre auf den Kopf gestellt und riet sogar von der Prüfung ab, da sie nichts technisch Verwertbares erbringen würde.

Schauberger fragte Pöpel unverblümt, ob er sich denn nie Gedanken darüber gemacht hätte, wie sich das Wasser in einer Badewanne verhält, nachdem es strudelnd im Ausguß verschwunden ist. Pöpel entpuppte sich als fairer Tester und schlug vor, den Vorgang durch ein Experiment offenzulegen.

Zu seinem Erstaunen mußte Pöpel feststellen, daß sich das Wasser absolut nicht so verhielt, wie man meinen sollte. Durch den spiraligen Strudel bildete sich offensichtlich eine *stehende Welle*[75],

74 – Die geheimen Forschungen wurden Mitte der 1950er Jahre in verschiedenen deutschen Zeitungen vorgestellt. Zumeist gehen sie auf die Aussage einer einzigen Person zurück, des Flugkapitäns Rudolf Schriever. Seine Behauptungen wurden später durch verschiedene Quellen bestätigt, zumindest soweit es die Behauptungen von Schauberger betrifft. Siehe u. a. das Buch *Intercept but don't shoot* von Renato Vesco.

75 – Eine zwischen zwei Grenzflächen eingefangene Schwingung. Vereinfacht gesagt schwingt die Wassersäule auf einer bestimmten Frequenz, gibt jedoch keine Bewegungsenergie ab. Dadurch kann der Vorgang durch eine minimale Energiezufuhr – m. e. die Fallenergie des Wassers aus der Badenwanne – aufrecht erhalten werden.

in der sich drei auf und ab pulsierende Strömungen entwickelten.[76] Zudem wurden unerklärliche Lichteffekte wahrgenommen, und das Wasser erfuhr unter bestimmten Bedingungen eine *Aufwärtsbewegung.*

Wegen seiner Geheimforschungen für die Nazis wurde Schauberger ständig observiert, und seine Unterlagen befanden sich komplett im Besitz der US-Geheimdienste. Erst 1957 hatte man sie soweit gesichtet, daß man eine Entscheidung fällen konnte. Ein US-Geheimdienst[77] lud Schauberger ein und muß dem alten Mann reichlich zugesetzt haben. Der Geheimdienst wollte ihn für acht Jahre in den USA behalten und verlangte zudem einige Unterschriften von ihm, die er nicht zu leisten bereit war. Er weigerte sich strikt, auf die Forderungen einzugehen.

Man erklärte sich schließlich dazu bereit, ihn nach Gegenzeichnung einer Schweigeverpflichtung frei zu lassen. Als er schließlich nach Deutschland zurückkehrte, beklagte er sich, daß man ihm alles genommen habe.[78]

Viktor Schauberger starb am 25. September 1958, nur fünf Tage nach seiner Rückkehr aus den USA.

Wirbel um Nichts?

Vergleicht man die Geschichte des Viktor Schauberger mit der des John Keely, dann finden sich einige interessante Übereinstimmungen. Beide setzten sich zunächst mit Wasser auseinander und behaupteten, daß in diesem nahezu überall auf der Erde verfügbaren Grundstoff ein unentdecktes Kraftpotential steckt.

76 – Vereinfacht schwingt der äußere Teil der Wassersäule als stehende Welle, ohne daß das Wasser wie erwartet nach unten fließt. Nur im inneren Teil findet eine Strömung statt, die aber nicht in einer linearen Bewegung nach unten verläuft, sondern in drei Spiralen pulsierend auf- und abwärts.
77 – Es ist umstritten, um welchen Geheimdienst es sich handelte. Neben dem CIA käme auch das DOD (*Department of Defense*, ein Nachrichtendienst des Verteidigungsministeriums) in Frage.
78 – »Aus dem Leben und Vermächtnis des Viktor Schaubergers«, *Magazin 2000*, April/Mai 1996, S. 43 ff. Dieser Artikel bietet eine sehr gute Einführung in die Arbeiten Schaubergers.

Aus heutiger Sicht der Wissenschaft ist diese Erkenntnis keineswegs so abwegig, wie man meinen sollte. So nimmt Wasser in der Chemie heute den Stellenwert eines universellen Stoffes ein, der sich in den letzten Jahren als geradezu unersetzbares Lösungsmittel entpuppt hat. Selbst Autolacke und die Druckfarben des Buches, das sie gerade lesen, basieren auf Wasser.

Die Wirbel des Viktor Schauberger zeigen aber, daß strömendes Wasser – und somit auch jede andere Flüssigkeit – besondere Eigenschaften aufweisen kann, die sich nicht allein durch das kinetische Verhalten und die chemischen Wirkungen erklären lassen. Es kommt unter anderem zu elektrischen Effekten und Wellenphänomenen, die den Verdacht nahelegen, daß Flüssigkeiten und Gase eine ganze Reihe sehr interessanter elektrodynamischer Eigenschaften aufweisen.

Auf solche Ungereimtheiten stoßen nicht nur österreichische Oberförster, auch Wissenschaftler stolpern bisweilen über »Löcher« im Fundament der Wissenschaft. Man sollte nur nicht den Fehler begehen, diese Lücken als totales Versagen der Methodik zu bewerten, mit der das naturwissenschaftliche Weltbild insgesamt hinfällig wird. Die Naturwissenschaft ist dazu verpflichtet, den Ingenieurswissenschaften praktisch anwendbare Modelle zu liefern. Gewisse Vereinfachungen lassen sich da gar nicht vermeiden: Wenn man berechnen will, was passiert, wenn man einen Luftballon aufpustet, muß man ja nicht gleich die Relativitätstheorie zu Rate ziehen.

Daß dabei eine Reihe von Effekten unter den Tisch gekehrt wurden, läßt sich nicht vermeiden. Problematisch wird es nur, wenn neue Erkenntnisse einfach ignoriert werden, weil es unbequem ist, sie in die bestehende Theorie einzuarbeiten.

Wären Keely und Schauberger Naturwissenschaftler gewesen, hätten sie oder andere zumindest einen Teil ihrer Erkenntnisse mit wissenschaftlichen Methoden geprüft und gegebenenfalls eine entsprechende Erweiterung des theoretischen Fundaments vorgenommen. Als reine Autodidakten konnte man sie dagegen leicht ignorieren, indem man ihre Findungen nötigenfalls durch den Vorwurf des Betruges entkräftete.

Während der Fall Keely den Verdacht nahelegt, daß diese elitäre

Form der Ignoranz in manchen Fällen eine gewisse Berechtigung haben könnte, liegt die Sache bei Schauberger etwas anders. Ich finde es besonders bedrückend, daß dieser Erfinder während der Nazizeit durchaus akzeptiert wurde, während er heute in die esoterische Ecke abgeschoben wird.

Eigentlich hätte ich das Gegenteil erwartet. Zumal Schaubergers Erkenntnisse sich in jüngster Zeit auf geradezu erstaunliche Weise zu bestätigen scheinen.

Nun sind die in Schaubergers Experimenten beobachteten stehenden Wellen in der Strömungslehre und auch in der Akustik keineswegs unbekannt. Bislang hat man nur gemeint, daß es sich um Sonderfälle handelt, die sich zudem nicht in besonders stark auswirken, so daß man sie ohne weiteres ausklammern kann.

Wenn ich Schaubergers Holzschwemmanlage richtig beurteile, dann sind hier mehrere verschiedene Phänomene wirksam:

1. Die kinetische Kraft des Wassers, wie man sie auch in der herkömmlichen Physik nutzt. Während sie bei konventionellen Schwemmanlagen *direkt* genutzt wird, um die Stämme ins Tal zu schwemmen, geht Schauberger einen *indirekten* Weg: Er modifiziert einen Teil der durch das Gefälle erzeugten linearen Strömungskraft, um Rotationseffekte zu erzielen.
2. Die durch Umsetzung eines Teiles der linearen Fallenergie verursachte Wirbelbildung. Sie erzeugt vermutlich im Zentrum der Rinne Fliehkräfte, die eine Konzentration der Strömung im inneren Bereich der Wassersäule verursacht. Dadurch wird die Gefahr vermindert, daß die Stämme die Wände der Rinne berühren und dabei Bewegungsenergie verlieren. Mithin verhält sich das Wasser auch wie der Zug[79] im Lauf eines Gewehres, der für eine Stabilisierung der Bewegungsrichtung sorgt.

79 – Eine Art Gewinde, das das Projektil in eine Rotation versetzt, deren Achse lotrecht zur Bewegungsrichtung verläuft. Dadurch erhält das Projektil die Eigenschaften eines Kreisels (Gyroskop), wird also unempfindlicher gegenüber seitlichen Kräften.

3. Kontrolle des Auftriebs – und möglicherweise auch der Wirbelbildung – durch Veränderungen der Temperatur und Mischung mit Luft.
4. Rätselhafte elektrodynamische Effekte wie Blitze, die sich nicht unbedingt auf die Wirkungsweise der Anlage auswirken.

Schwierigkeiten bereitet der herkömmlichen Physik hier zunächst das Ausmaß der Wirbelkräfte, das angesichts des relativ geringfügigen Energieaufwandes der Holzschwemmanlage doch recht erstaunlich erscheint. Hier berühren wir einen Bereich, der zwar nicht unbedingt im Widerspruch zur herkömmlichen Physik steht, aber einige durchaus berechtigte Fragen aufwirft.

Vom Wasser wissen wir, daß es in drei Aggregatzuständen auftreten kann: fest (Eis), flüssig (normaler Zustand), gasförmig (Dampf). Weniger bekannt ist der vierte Zustand (Plasma), in dem die Materie sich wie ein elektrisch aktives Gas verhält.

Wichtig ist, daß der Übergang von einem in den anderen Zustand auf zwei verschiedene Arten erreicht werden kann: *thermisch* und *mechanisch.* Um Wasser thermisch in den gasförmigen Zustand überzuführen, müssen wir es erhitzen. Dadurch wird die Molekularbewegung angeregt, und die Wassermoleküle streben auseinander.

Das Gleiche läßt sich erreichen, indem man das Wasser einem Unterdruck aussetzt. Beispielsweise erreicht Wasser bereits unter 100 Grad den Siedepunkt, wenn wir es im Hochgebirge kochen.

Jeder Stoff kann in jeden der beschriebenen Aggregatzustände gebracht werden. So kann man Eisen verflüssigen, indem man Wärme zuführt. Erhöht man die Temperatur weiter, verwandelt es sich in ein Gas, und schließlich in ein Plasma. Es gibt also eine *energetische* Ordnung in aufsteigender Reihenfolge: fest, flüssig, gasförmig, plasmatisch.

Im Umkehrschluß müssen wir dem Stoff Wärme entziehen, um ihn in einen niedrigeren Aggregatzustand zu überführen. Wenn wir ein Gas zu Eis verwandeln wollen, müssen wir seinen Druck erhöhen. Auf diese Weise arbeitet beispielsweise ein Kühlschrank, der durch Kompression einem speziellen Kühlmittel die Wärme entzieht.

Nun muß man nicht unbedingt die Grenze zu einem anderen Aggregatzustand überschreiten, um die Auswirkungen einer Verdichtung oder Ausdehnung feststellen zu können. Wenn Sie einen Fahrradreifen aufpumpen, merken Sie bereits, daß die Verdichtung des Gases zu einer deutlichen Abstrahlung von Wärmenergie führt: der Reifen wird schlichtweg heiß.

Wirbel sind nun ein Phänomen, das sich aus Zonen unterschiedlicher Strömungsgeschwindigkeit und unterschiedlichen Drucks zusammensetzt. Dabei kann es durchaus passieren, daß der in der Luft enthaltene Wasserdampf – oder sogar die Luft selbst – den Aggregatzustand wechselt. Beispielsweise führen einige Meteorologen die vor allem in England auftauchenden *Kornkreisel* weder auf UFOs noch auf die Betrüger Doug & Dave zurück, sondern auf Mini-Tornados.[80] Diese Tornados sollen so kräftig sein, daß in ihnen sogar Plasmaeffekte auftreten.

Die Gegenseite – die sich interessanterweise sowohl aus UFO-Anhängern wie auch aus beinharten Skeptikern zusammensetzt – behauptet nun, daß die Theorie des Wirbelsturms keinesfalls dazu ausreicht, um alle bei Kornkreiseln beobachteten oder auch nur vermuteten Effekte zu erklären. Ein Wirbelwind sei, so argumentiert man, aus wissenschaftlicher Sicht ein reines Strömungsphänomen, das sich von einem normalen Sturm lediglich durch seine Stärke und seine begrenzte Wirkung unterscheidet.

Daß diese Ansicht nicht zutrifft, kann man mit einem einfachen Experiment beweisen. Kernstück dieses Versuches ist das sogenannte Wirbelrohr. Dabei handelt es sich um einen Apparat, dessen wichtigster Teil einer kleine Kammer ist, die mit einem Einlaßstutzen für komprimierte Luft versehen ist. Das Innere der Kammer ist mit einer spiralförmigen Wendel versehen, die die einströmende Luft in eine Wirbelbewegung versetzt. Außerdem sind zwei Auslaßrohre am oberen Ende der Kammer angebracht, von denen eines mit einem primitiven Absperrhahn ausgestattet ist. Dieser dient nur dazu, den Querschnitt des Austrittsrohres zu verkleinern.

80 – Die im übrigen noch niemand gesehen hat. Ganz im Gegensatz zu *Doug & Dave* und den UFOs, die ebenfalls als tatverdächtig gelten.

Läßt man nun komprimierte Luft einströmen, dann wird man feststellen, daß sich das eine Rohr stark erhitzt, das mit dem Absperrhahn dagegen eiskalt wird.

Das Wirbelrohr wurde von einem französischen Ingenieur namens *Georges Ranque* erfunden[81], der zusammen mit dem deutschen Physiker *Rudolph Hilsch* die Wirkung des Apparates auf Reibungseffekte zurückführte. Ihre Theorie war die, daß sich die inneren Luftschichten des Wirbels an den äußeren rieben, dadurch Bewegungsenergie verloren und sich abkühlten.

Das erklärt allerdings nicht, wieso der innere Teil des Luftstroms wesentlich *kälter* ist als die einströmende Luft. Würde die am anderen Auslaßrohr austretende Hitze durch Reibung des Luftstroms an den Innenwänden des Apparates entstehen, dann müßte sich der gesamte Luftstrom erwärmen, auch wenn er innen etwas kälter ist als außen.

Der japanische Forscher M. *Kuroseks*[82] war mit dieser Erklärung nicht zufrieden und stellte eigene Versuche an. Dabei fiel ihm auf, daß der Apparat im Betrieb nicht nur hörbare Strömungsgeräusche, sondern auch einen gleichmäßigen, reinen Ton produziert. Die Tonhöhe hängt von den Abmessungen der Wirbelkammer zusammen, was keineswegs ungewöhnlich ist, da dies auch bei Orgelpfeifen und ähnlichen Klangerzeugern der Fall ist.

Da ein Ton durch Schwingungen der Luftmoleküle selbst entsteht, wirkt er sich im allgemeinen nicht auf den Luftstrom selbst aus und wird in der Strömungstechnik vernachlässigt. Kurosaka wußte, daß die Geschwindigkeit des Luftstroms in einem Tornado nahe des Zentrums nahezu Null ist, am äußeren Rand relativ klein und in der Zwischenschicht am höchsten. Was die Vorgänge im Wirbelrohr von einem Tornado unterscheidet, konnte seiner Meinung nach nur durch den Ton verursacht werden.

Er montierte das Wirbelrohr also in einen einstellbaren Schalldämpfer, der sich genau auf die Frequenz des Wirbelrohrs abstimmen ließ. Nachdem er den Schalldämpfer richtig abgeglichen hatte,

81 – *Journale de Physique et Radium,* Ausgabe 4/1933, S. 112 f.
82 – *Journal of Fluid Mechanics,* Augabe 124, S. 139 f.

verschwand erwartungsgemäß auch der merkwürdige Effekt des Wirbelrohrs.

Kurosaka erklärte die Wirkung nun damit, daß der Luftstrom im Wirbelrohr durch den Ton so verändert wird, daß seine Geschwindigkeit allmählich von innen nach außen hin zunimmt. Er stellte fest, daß dieses Phänomen durchaus von der herkömmlichen Theorie erfaßt wird. Seine Auswirkungen sind allerdings in den meisten Fällen so geringfügig, daß man es schlichtweg ignoriert hat.

Geheimnisvolle Verbindungen

Der erstaunlich einfache Mechanismus des Wirbelrohrs eignet sich durchaus für ernsthafte technische Anwendungen. So kann es als Kühlaggregat verwendet werden, mit dem sich ohne großen mechanischen Aufwand Temperaturen bis rund –250° Celsius erzielen lassen. Mag es auch effizientere Kühlmaschinen geben, für das Wirbelrohr spricht jedenfalls, das es störungsfrei arbeitet und ganz ohne umweltschädigende Kühlmittel auskommt.

Aber es bietet auch einen schlüssigen Beweis dafür, daß doch etwas an der Wirbeltheorie dran sein könnte. Erstaunlicherweise haben wir dem eigentlich vorwiegend für seine Entwicklungen auf dem Gebiet der Elektrotechnik bekannten Erfinder *Nikola Tesla* eine Erfindung zu verdanken, die sich lückenlos in das Mosaik einfügt: die schaufellose *Grenzflächenturbine.*

Eine normale Turbine ist prinzipiell nichts anderes als eine Weiterentwicklung des Wasserrades, das bereits vor vielen Jahrhunderten benutzt wurde, um die kinetische Energie eines Wasserlaufes nutzbar zu machen. Moderne Turbinen arbeiten allerdings nicht mehr mit normal temperiertem Wasser, sondern mit heißen Flüssigkeiten oder Gasen, die unter hohem Druck stehen.

Gleich geblieben ist dagegen der Aufbau des Turbinenrades für die Kraftumsetzung, der heute noch an die Wasserräder des Mittelalters erinnert: Eine komplexe Anordnung aus Schaufeln, die im Hinblick auf die heute verwendeten Temperaturen und Drücke aus erstklassigem Material gefertigt werden muß. Wenn im Betrieb eine der Schaufeln abreißt, kann meist das ganze Aggregat abgeschrieben werden, weil die Trümmer aufgrund der hohen Drehgeschwindigkeit großen Schaden anrichten.

Außerdem wird der Wirkungsgrad herkömmlicher Turbinen durch ihre schlechte Wärmebilanz verringert. Bekanntlich läßt sich Wärme nicht beliebig schnell übertragen, und da das für den Antrieb der Turbine genutzte Medium – beispielsweise Heißwasserdampf – die Turbine nur ganz kurz durchläuft, tritt es mit kaum verminderter Temperatur wieder aus.

Nun läßt sich die Effektivität der Wärmeausnutzung einer Turbine sehr einfach durch die sogenannte *Carnotsche Gleichung*[83] errechnen. Demnach ist der Wirkungsgrad um so höher, desto stärker die durch die Turbine verursachte Abkühlung ist.

Als Nikola Tesla 1911 den Lesern des *Scientific American* seine Grenzflächenturbine vorstellte, zeigte sich wieder einmal, welch ein brillanter Querdenker dieser vielseitige Erfinder war. Er hatte das Prinzip des Schaufelrades vollkommen eliminiert[84] und nutzte statt dessen die *Oberflächenhaftung* und *Viskosität* des antreibenden Mediums aus. Tesla verkündete weiter, daß seine Turbine die herkömmlichen Schaufelturbinen vollständig ersetzen konnte, da sie gleichermaßen zur Stromerzeugung als auch für den Antrieb von Boden- und Luftfahrzeugen geeignet sei.

Seine Turbine bestand aus einer Reihe kreisrunder Stahlscheiben aus 0,7 Millimeter starkem Material, die auf der Antriebswelle angeordnet waren. Das antreibende Medium strömte am äußeren Rand der Scheiben ein und bewegte sich auf den Auslaß zu, der sich in der Mitte der Scheiben befindet. Wenn die Turbine aus dem Stillstand anläuft, ist der vom Medium zurückgelegte Weg bis zum Auslaß sehr kurz. Mit zunehmender Umdrehungsgeschwindigkeit wird das Medium aber in eine *Spiralbewegung* versetzt und umrundet mehrmals die Welle, bevor es den Auslaß erreicht. Dadurch verlängert sich der vom Medium zurückgelegte Weg um ein Vielfaches, und die Wärme wird wesentlich besser ausgenutzt.

83 – Wen es interessiert: Der Wirkungsgrad ergibt sich, wenn man die Differenz aus der Einlaß- und Auslaßtemperatur bildet und diese durch die Einlaßtemperatur teilt.

84 – Eine bekannte Anekdote berichtet, daß er bereits als Kind ein schaufelloses Wasserrad gebaut hat.

Auch hier stoßen wir also wieder auf die rätselhafte *Wirbelbewegung*, die Tesla ohne große Geheimniskrämerei in einer nachvollziehbaren Maschine nutzte. Zwar war die Wissenschaft seiner Zeit über seinen revolutionären Ansatz erstaunt, konnte seiner Theorie aber durchaus folgen. Daß sich die Turbine nicht durchgesetzt hat, liegt in erster Linie daran, daß man nicht über geeignete Materialien verfügte. Daran hat sich seit Teslas Zeit einiges geändert, und meines Wissens nach wird die Turbine seit einigen Jahren von einem US-Hersteller in kleineren Stückzahlen gefertigt und erfolgreich vermarktet.

Tatsächlich sprechen gewisse Anhaltspunkte dafür, daß sich weitere Erfinder mit Turbinen beschäftigt haben, die Wirbel und Grenzflächeneffekte ausnutzten. Eine solche Entwicklung wird dem Amerikaner Richard Clem zugeschrieben.

Clem soll 1972 behauptet haben, er hätte seinen Wagen mit einer komplett neuartigen Antriebsturbine ausgestattet, dic mit normalem Speiseöl betrieben wird. Dafür wurden etwa 30 Liter[85] Öl benötigt, das lediglich als Antriebsflüssigkeit diente. Das Öl mußte etwa alle 220 000 Kilometer[86] gewechselt werden, ein Treibstoff war nicht notwendig.

Eine Beschreibung von Clems Turbine gibt es auch, so soll sie aus einer konusförmigen Einheit bestanden haben, in der *spiralförmige* Kanäle die Antriebsflüssigkeit zu Randdüsen[87] am breiten Ende des Konus beförderten.

Im weiteren Verlauf der Geschichte wird es allerdings doch etwas fantastisch, da unter anderem davon berichtet wird, daß diese Turbine von selbst weiterlief, wenn man sie erst einmal auf Touren gebracht hatte. Eines seiner Aggregate soll sogar einbetoniert worden sein, und Zeugen schwören Stein auf Bein, daß man seine Laufgeräusche noch einige Jahre später hören konnte.

Diese Behauptung klingt nicht nur unglaublich, sie zeigt auch,

85 – Es wird von acht amerikanischen Gallonen (1 Gallone = 3,79 Liter) berichtet.

86 – Im Original 150 000 Meilen (1 Meile = 1,53 Kilometer).

87 – Hier ist von sogenannten *Rimjets* die Rede, die man sich wie die Wasserdüsen eines Rasensprengers vorstellen kann.

daß es um den Wahrheitsgehalt der Geschichte nicht allzu gut bestellt ist. Eine Maschine, die ohne jede ersichtliche Energiezufuhr jahrelang läuft und dabei auch noch kinetische Energie in Form von Rotationskraft abgibt, ist nun einmal nichts anderes als ein *Perpetuum mobile.*

Selbst wenn man die Existenz eines solchen Apparates nicht *per se* in Abrede stellt, zeigt der Fall Clem, daß man einen Schwindel durch logische Überlegung entlarven kann. Dazu muß man sich nur vorstellen, daß die einbetonierte Maschine ihre Kraft ja nicht weitergeben konnte. In diesem Fall würde sie aber in der Maschine selbst zur Anwendung kommen und als Beschleunigungskraft auf die Rotation einwirken. Dadurch würde sich die Umdrehungszahl ständig erhöhen, bis die Maschine infolge mechanischer Überlastung auseinanderbricht.

Bezeichnenderweise liefen Nachforschungen der privaten Forschungsgruppe *Vangard Sciences* über den ominösen Mr. Clem ins Leere, da er angeblich bereits im Jahr seines Triumphes das Zeitliche gesegnet haben soll. Soweit ist nur über ihn bekannt, nur daß er um 1934 geboren wurde und in den 1970er Jahren bei der Stadt Dallas als Baumaschinenführer angestellt war.

Wesentlich besser belegt ist die Geschichte, daß auch Viktor Schauberger eine Grenzflächenturbine entwickelte, deren Funktionsweise er allerdings mit dem etwas irreführenden Schlagwort der *Implosion* umschrieb. Auch bei ihm durchläuft das antreibende Medium eine Spirale, um sich seiner Beschreibung zufolge von den Wänden zu lösen und dabei eine besondere Kraftwirkung zu entfalten.

Auch Schaubergers Turbine werden wundersame Funktionen zugeschrieben, die zu unseren physikalischen Gesetzen im Widerspruch stehen. Ich lasse mich gerne eines Besseren belehren, sehe aber derzeit keinen Grund, diesen Behauptungen etwas anderes als Skepsis entgegenzubringen. Das hat den einfachen Grund, daß Teslas Turbine zweifelsohne die ausgereifteste Variante des Wirbelapparates darstellte und trotzdem von ihm als konventioneller Apparat bezeichnet wurde.

Nun war Tesla dafür bekannt, daß er sich keineswegs in Bescheidenheit hüllte, wenn es um die Eigenschaften seiner Erfindungen ging. Hätte er einen unerklärlichen Effekt festgestellt, so hätte er ihn auch publiziert.

Obwohl ich nicht der Ansicht bin, daß sich das Wirbelphänomen auf irgendeine Weise zur Freisetzung bislang unbekannter Antriebsenergien eignet, halte ich es für eines der beachtenswertesten Gebiete der alternativen Energietechnik. Wenn sich damit bessere, einfachere Maschinen konstruieren lassen, dann sollte in diesem Gebiet auch entsprechende Forschung betrieben werden.

Wenden wir uns aber nun einem anderen Effekt zu, der möglicherweise nichts mit den Wirbeln selbst zu tun hat, aber bei Experimenten mit verwirbelten Flüssigkeiten immer wieder beobachtet wurde. Damit spreche ich natürlich die elektrischen Entladungen an, die Schauberger nicht nur in seinen Experimenten, sondern auch in der Natur wahrgenommen hatte.

Welche Beziehung haben Flüssigkeiten – insbesondere Wasser – eigentlich zur Elektrizität?

Diese Frage ist keineswegs leicht zu beantworten.

Wasser und Hochspannung

Aus dem Chemieunterricht wissen Sie vielleicht noch, daß Wasser ein elektrischer Halbleiter ist, der bei Durchfluß eines Stromes durch die sogenannte Elektrolyse in seine Bestandteile – zwei Teile Wasserstoff, ein Teil Sauerstoff – zerlegt wird. Diese beiden Gase treten als hochexplosives Gemisch aus, daß bezeichnenderweise *Knallgas* genannt wird und beim geringsten Funken explodiert. Als Produkt der Verbrennung entsteht natürlich wieder *Wasser*.

Nun könnte man diese Explosion natürlich zum Antrieb eines Verbrennungsmotors nutzen, da Wasser ja aus ökologischer Sicht vollkommen unbedenklich ist. Das Abgasproblem würde damit auf einen Schlag eliminiert, und die Ozeane der Welt enthalten mehr Treibstoff, als wir jemals verbrauchen können zumal die Verbrennung ja Wasser produziert, das sofort wieder in den Kreislauf eingeht.

Das Hauptproblem liegt aber nicht in der Verbrennung, sondern in der Zerlegung des Wassers in seine Bestandteile. Das oben beschriebene Verfahren kostet reichlich Energie und ist zudem zeitaufwendig. Außerdem müssen dem Wasser bestimmte Stoffe wie beispielsweise Schwefelsäure zugeführt werden, um seine elektrische Leitfähigkeit zu erhöhen. Das führt wieder zu ökologischen Problemen, so daß Wasser beim derzeitigen Stand der Erkenntnisse keineswegs die langgesuchte Lösung des Energieproblems darstellt.

Ein denkbarer Weg, die Zerlegung des Wassers auf umweltfreundliche Weise zu bewerkstelligen, läge in der Verwendung eines *Katalysators.* Als Katalysator bezeichnet man in der Chemie Stoffe, die einen chemischen Prozeß bewirken, ohne sich selbst dabei zu verändern. So ist es durchaus möglich, die Verbrennung von Knallgas auch auf *katalytischem* Wege zu bewirken. Dabei wird sowohl Elektrizität als auch Wärme frei. Solche Brennstoffzellen wurden beispielsweise bei der *Apollo*-Mission der NASA zur Stromerzeugung in Raumschiffen verwendet.

In Deutschland spielen die Brennstoffzellen übrigens auch im militärischen Bereich eine wichtige Rolle. Nach dem Zweiten Weltkrieg wurde von den Alliierten die maximale Größe für U-Boote auf einen Wert begrenzt, der weit unterhalb der technisch notwendigen Mindestgrenze für nuklear betriebene U-Boote liegt. Bis vor kurzer Zeit wurden deutsche U-Boote deshalb nach der konventionellen Methode betrieben, bei der ein Dieselaggregat während aufgetauchter Fahrt Akkumulatoren auflädt, die dann im untergetauchten Betrieb als Energiequelle dienen. Seit neuestem werden hier mit Erfolg Brennstoffzellen eingesetzt, die auch weitaus geräuscharmer laufen als alle konventionellen Antriebe.

Würde man einen geeigneten Katalysator zur Umwandlung von Wasser in Knallgas finden, wäre das Energieproblem auf elegante und umweltfreundliche Weise gelöst. Die Wahrscheinlichkeit dafür ist allerdings äußerst gering, und man konzentriert sich deshalb in der Forschung darauf, effektivere Wege zur herkömmlichen elektrolytischen Zerlegung des Wassers zu finden.

Vor einigen Jahren trat ein amerikanischer Erfinder namens *Stanley Meyer* mit einem solchen Apparat an die Öffentlichkeit. Meyer führte einen Konverter vor, der Wasser schnell und mit relativ geringfügigem Energieaufwand in Knallgas zersetzt. Seine Experimente wurden strengstens von der Patentbehörde untersucht, und man kam zu dem erstaunlichen Schluß, daß sein Konverter tatsächlich das bewirkt, was er versprochen hatte.

Nun ist ein solcher Konverter keineswegs das lang gesuchte und mit einer an Sicherheit grenzenden Wahrscheinlichkeit nicht existierende *Perpetuum mobile.* Er benötigt zur Aufspaltung des Wassers Energie, die wir irgendwie bereitstellen müssen. Der Vorteil läge eher darin, daß wir den Straßenverkehr komplett auf einen ökologisch vertretbaren Treibstoff umstellen können.[88] In der derzeitigen Umweltpolitik der *viel zu kleinen Schritte* würde das immerhin einem gewaltigen Fortschritt gleichkommen.

Meyers Verfahren arbeitet mit ganz normalem Wasser; umweltschädliche Zusätze zur Erhöhung der Leitfähigkeit entfallen also. Während die herkömmliche Elektrolyse mit niedrigen Gleichspannungen und hohen Strömen arbeitet, wählte Meyer den umgekehrten Weg. Seine Patentschrift läßt leider mehr Fragen offen, als sie beantwortet, aber ich will trotzdem versuchen, die Funktionsweise des Meyer-Konverters offenzulegen.

Der eigentliche Konverter[89] ähnelt in seinem mechanischen Aufbau einer einzelnen Zelle einer Autobatterie. Er besteht aus dem Flüssigkeitsbehälter selbst und zwei parallel gegenüberstehenden Flachelektroden aus rostfreiem Stahl, unterscheidet sich also funktionell kaum von einem herkömmlichen Elektrolysegerät. Ein alternativer Aufbau mit zwei konzentrisch angeordneten Ringelektroden wird ebenfalls vorgeschlagen; aber das ist ebenfalls nicht ungewöhnlich. Auffällig ist allenfalls der relativ geringe Abstand der beiden Elektroden, der laut Meyers Patent etwa 1,5 Millimeter[90] betragen sollte.

88 – Ein Problem ergibt sich aber durch die leichte Entzündlichkeit eines Wasserstoff-/Sauerstoff-Gemischs. Als die Idee wasserstoffgetriebener Autos zum ersten Mal in der amerikanischen Öffentlichkeit diskutiert wurde, sprachen Gegner von *Highway-Hindenburgs.* Diese sarkastische Bezeichnung verweist auf das größte Luftschiffunglück der Geschichte, bei dem die ebenfalls mit Wasserstoff gefüllte Hülle des deutschen Zeppelins *Hindenburg* auf bislang ungeklärte Weise bei der Landung in Flammen aufging.

89 – Von Meyer wird der Apparat als WFC bezeichnet, was als Abkürzung für *Water Fuel Cell* (Wasser-Treibstoff-Zelle) steht.

90 – *Electronics & Wireless World,* Ausgabe Januar 1991.

Gravierende Unterschiede findet man allerdings im Netzteil, das bei der herkömmlichen Elektrolyse als Spannungsquelle ausgeführt ist, die bereits für Laborversuche einige Ampere pro Volt Ausgangsspannung liefern sollte. Meyer geht einen weitaus komplizierteren Weg, indem er der Konverterzelle – die wie eine Autobatterie einen Kondensator darstellt – eine Spule parallelschaltet.

Ein solcher Parallelschwingkreis schließt Frequenzen unter- und oberhalb seiner Resonanzfrequenz kurz. Im Bereich der Resonanzfrequenz entsteht je nach Auslegung der Spule ein relativ schmaler Durchlaßbereich. Durch eine genaue Anpassung der Spule kann man eine extrem spitze Resonanzstelle erzielen, die eine maximale Leistungsabgabe an die Last – in diesem Falle die gleichzeitig als Kondensator wirkende Konverterzelle – ermöglicht.

Eine solche Anordnung ergibt bei einer Einspeisung einer konstanten Gleichspannung keinen Sinn. Deshalb ist es auch nicht verwunderlich, daß Meyer zur Speisung des Konverters eine *gepulste* Gleichspannung verwendet. Gepulste Gleichspannungen kann man beispielsweise erzeugen, indem man die von einer Batterie gelieferte Gleichspannung sehr schnell mit einem Schalter unterbricht und wieder zuschaltet. Sinnvollerweise setzt man dazu natürlich eine elektronische Schaltung ein, die dieses *Zerhacken* gleichmäßig und beliebig schnell vornimmt.

Das Ausgangssignal eines solchen Zerhackers besteht aus einem beständigen Fluß von Gleichspannungsimpulsen (*Strom an!*), die durch Pausen (*Strom aus!*) getrennt sind. Im Gegensatz zur reinen Gleichspannung hängt der maximal fließende Strom hier nicht mehr von der Höhe der Spannung und dem Innenwiderstand der Last ab, sondern von der Dauer der Stromimpulse (*Pulsweite*). Ähnliche Schaltungen verwendet man auch zur Steuerung der Geschwindigkeit von Elektromotoren.

Fakt ist, daß der Meyer-Konverter normales Leitungswasser ohne besondere Zusätze mittels einer gepulsten Gleichspannung von einigen zehntausend Volt in seine Bestandteile zerlegt. Der Leistungsverbrauch ist um einiges geringer als bei der herkömmlichen Elektrolyse, außerdem wird der Apparat im Gegensatz zu herkömmlichen Elektrolysegeräten nicht warm, was auf einen sehr guten Wirkungsgrad[91] schließen läßt. (Erklärung der Fußnote 91 auf S. 106)

Meyers Patentschrift macht aus der Schaltung selbst kein Geheimnis. Seine Beschreibung der Details ist allerdings reichlich irreführend, da er seiner recht simplen Schaltung eine Verhaltensweise zuschreibt, die Elektroniker nicht unbedingt nachvollziehen können. Auch ist nicht bekannt, welche Frequenz die von Meyer verwendete Pulsfolge aufweist. Einige Forscher vermuten, daß es sich um ein hochfrequentes Signal um 40 Megahertz handelt, also im oberen Kurzwellenbereich liegt. Bestimmte Schaltungsdetails weisen aber darauf hin[92], daß die Frequenzen mit hoher Wahrscheinlichkeit weitaus niedriger sind.

Geradezu nebulös erscheint die theoretische Begründung des Meyer-Effektes, die auf geradezu gespenstische Weise an jene Behauptungen erinnert, die Keely von sich gab. Meyers Beschreibung kulminiert in der Behauptung, die Zersetzung nutze die Effekte der *Verzerrung* und *Polarisation* von Wassermolekülen, die durch eine *Resonanz* in den Molekülen verstärkt werde.

Meyer macht keinen Hehl daraus, daß man seine Erfindung nicht einfach nachbauen kann, ohne daß der Erfinder selbst Hand anlegt. Die von ihm vergebenen Lizenzen beinhalten einen entsprechenden Passus, in dem Meyer sich verpflichtet, die nach seinen Vorgaben gefertigten Nachbauten durch ein geheimgehaltenes Verfahren zum laufen zu bringen.

Bislang ist nicht bekannt, ob er bereits auf nennenswerte Geschäftsabschlüsse zurückblicken kann. Anonyme Quellen sprechen von einem großen US-Automobilkonzern, der Meyers Konverter allerdings nicht für zivile Fahrzeuge, sondern ausschließlich für militärische Zwecke einsetzen will. In welchem Stadium sich dieses Projekt befindet, entzieht sich meiner Kenntnis.

Andere Gerüchte werfen ein weniger positives Licht auf Meyers Erfindung. So behauptet der Privatforscher *Norman Horwood*, daß Meyer bereits mehrere Investoren aufs Glatteis geführt haben soll.

91 – Bei der herkömmlichen Elektrolyse wird fast die Hälfte der elektrischen Energie in Wärme umgesetzt.

92 – Dies bezieht sich vor allem auf die in der Zuführung zum Elektrolysebehälter liegende Diode vom Typ 1Nl198. Diese hochbelastbare Gleichrichterdiode dürfte bereits bei einigen Kilohertz ihren Dienst versagen.

Darunter soll sich eine irische Forschungsgruppe befinden, die einen fertiggestellten Großkonverter zwecks »Aktivierung« an Meyer schickte, der bei ihm aber angeblich niemals auftauchte. Auch eine englische Limonadenfabrik soll sich unter den von Meyer Geschädigten befinden.

Das mag wahr oder erlogen sein, aber es ändert nichts an der Tatsache, daß Meyers Konverter zweifelsfrei funktioniert. Seine Erklärung der Funktionsweise mag falsch sein und seine Geschäftspraktiken zweifelhaft, aber das Gerät scheint zu halten, was er verspricht.

Der Wissenschaftler mag sich um die Wahrheit betrogen fühlen, aber was letztlich zählt, sind Resultate.

Beweise?

Es gibt gewisse Anhaltspunkte, daß Meyers Lösung zur Zerlegung des Wassers in ähnlicher Form auch von anderen Forschern durchgeführt wurde. So wird von einem *Dr. Andrija Puharich* berichtet, einem ursprünglich im US-Bundesstaat Virginia ansässigen Forscher. Puharich soll behauptet haben, er könne Wasser mit einem Wirkungsgrad von etwa 90 Prozent in seine Bestandteile zerlegen, was etwa in derselben Größenordnung liegen dürfte wie Meyers Methode.

Besonders interessant sind die von Puharich überlieferten technischen Angaben. Sein Konverter soll demnach mit Wechselspannung funktionieren, was auf gewisse Ähnlichkeiten mit Meyers Verfahren schließen läßt.[93] Puharichs Verfahren wird so erklärt, daß die Wechselspannung eine *Resonanz* in den Wassermolekülen anregt, die ihren Zerfall herbeiführt.

Die ideale Anregungsfrequenz soll 600 Hertz betragen haben. Interessanterweise gab auch Keely verschiedene *Resonanzfrequen-*

93 – Die von Meyer verwendete gepulste Gleichspannung ähnelt in ihrem Verhalten eher einer Wechselspannung als einer reinen Gleichspannung.

zen an, bei denen Wasser in seine Bestandteile zerfällt.[94] Diese von Keely angegebenen Schlüsselfrequenzen liegen bei 620, 630 und 12 000 Hertz. 12 000 Hertz ist eine Harmonische von 600 Hertz, und somit liegt das Puharich-Verfahren erstaunlich nahe an Keelys Vorhersagen.

Was aus Dr. Puharich und seinem Konverter geworden ist, ist unbekannt. Da in den USA keine Meldepflicht herrscht, könnte seine Person frei erfunden sein, ohne daß man dies nachweisen könnte. Der amerikanische Privatforscher Jerry W. Decker, der das Puharich-Verfahren vor einigen Jahren über diverse Computernetze verbreitet hat, behauptet aber, Puharich persönlich zu kennen. Decker gibt zudem an, daß Puharich im Jahre 1988 als Sprecher an einer viertägigen Vortragsreihe teilnahm, die Deckers Forschungsgruppe *Vangard Sciences* zusammen mit *MUFON*[95] *Metroplex* veranstaltete.

Man muß allerdings nicht auf wissenschaftliche Außenseiter zurückgreifen, um Argumente dafür auszugraben, daß es gerade im Bereich der Energieforschung unbekanntes Territorium zu erkunden gibt. Die Frage, ob es bei Flüssigkeiten und insbesondere bei Wasser zu absonderlichen elektrischen Effekten kommen kann, bewegt mittlerweile auch einige jener Forscher, die sich mit den herkömmlichen naturwissenschaftlichen Methoden und Ansätzen soweit zufriedengeben.

Einer davon ist Peter Graneau, ein im Forschungszentrum für Elektromagnetismus beschäftigter Physiker an der *Northeastern University*. Graneau hatte sich schon einige Zeit mit der Entwicklung elektromagnetischer Waffen befaßt, bei denen ein Projektil nicht mehr durch eine chemische Explosion, sondern durch elektroma-

94 – Bücher oder ausführlichere Artikel zu Keelys Theorien sind hierzulande meines Wissens nach nicht erschienen. Wer Zugang zum *Internet* hat und über sehr gute Kenntnisse der englischen Sprache verfügt, findet unter dem Stichwort *Keely* eine wahre Fundgrube an Informationen, um deren Wahrheitsgehalt es allerdings nicht immer gut bestellt ist. Dasselbe gilt auch für andere in diesem Buch behandelte Erfindungen.

95 – MUFON ist eine weltweit verbreitete UFO-Organisation, die sich mit diesem populären Phänomen auf wissenschaftlicher Weise auseinandersetzt.

gnetische Kräfte beschleunigt wird. Die Idee zu dieser Waffengattung stammt möglicherweise aus den Anfängen des SDI-Programms, wo man sich über alle möglichen Waffen Gedanken gemacht hat, die für den Krieg außerhalb der irdischen Atmosphäre geeignet sind.

So sollten auch Satelliten entwickelt werden, die über die Möglichkeiten verfügen, fremde Satelliten oder auch bemannte Raumfahrzeuge zu beschädigen oder zu zerstören. Dazu benötigt man nicht unbedingt Raketen; es reicht etwas, das so funktioniert wie eine Kanone mit nicht allzu großem Kaliber.

Probleme bereiten hier die Treibladungen, die zu ihrer Verbrennung Sauerstoff benötigen. Den kann man der Ladung zwar beimischen, aber das beansprucht Platz. Außerdem ist es sehr schwierig und kostspielig, einen solchen Killersatelliten wieder nachzuladen, da dazu ein bemannter Shuttle-Einsatz durchgeführt werden müßte.

Statt dessen überlegte man, ob man nicht auf ein mechanisches oder elektrisches Prinzip zurückgreifen könnte. Geschosse ohne Treibladung nehmen weitaus weniger Platz weg. Strom kann jeder Satellit über Solarzellen oder kleine Kernkraftwerke in ausreichender Menge bereitstellen.

Was fehlte, war ein geeignetes Waffenprinzip. Elektromagnetische Kanonen wurden bereits während des Zweiten Weltkriegs erprobt und sind im internationalen Sprachgebrauch der Militärs als *KEWS*[96] bekannt Das Funktionsprinzip erinnert an den Magnetschalter aus der Kfz-Technik, der zum Start des Anlassers benutzt wird. Die ersten elektromagnetischen Kanonen waren aus einer langen Spule aufgebaut, die mit einem kurzzeitigen, sehr kräftigen Stromimpuls betrieben wird. Dadurch baut sich ein sehr kräftiges Magnetfeld auf, das ein Projektil im Innern der Spule beschleunigt.

Dieser Apparat erwies sich als sehr unhandlich und konnte auch nicht die gewünschten Mündungsgeschwindigkeiten erzielen. Graneau beschäftigte sich deshalb mit einem vollkommen anderen Prinzip, das allgemein als *Railgun*[97] bezeichnet wird. Dabei wird ein

96 – *Kinetische-Energie-Waffen*; wird *Kiuhs* ausgesprochen.

97 – Was soviel wie *Schienengewehr* oder *-kanone* heißt.

Geschoß durch einen kurzen Stromimpuls beschleunigt. Graneau stellte nun Versuche an, um herauszufinden, wie sich die Beschleunigung in verschiedenen flüssigen und gasförmigen Medien verändert.

Zu seinem Erstaunen war die Reaktion in Flüssigkeiten wie Wasser weitaus heftiger, als er es erwartet hatte. Die unter Zuhilfenahme der *Lorentz-Transformationen* berechneten Mündungsgeschwindigkeiten lagen weit unter denen, die er im praktischen Experiment erzielen konnte: Die theoretisch ermittelten Kräfte wurden um das Tausendfache übertroffen![98]

Für Graneau gab es nur einen plausiblen Grund für dieses Phänomen: Die für die Berechnung der elektromagnetischen Kräfte notwendige *Lorentzsehe Kraftregel* wies entweder Fehler auf oder war nicht allgemeingültig. Damit war aber gleichzeitig einer der Eckpfeiler der *Relativitätstheorie* in Frage gestellt, die auf der Lorentzschen Betrachtungsweise des Elektromagnetismus aufbaut.

Mit dieser Auffassung steht Peter Graneau nun keineswegs allein da, sondern schließt sich einem illustren Kreis brillanter Denker an, zu denen – wie bereits erwähnt – auch der Mathematiker Bertrand Russell gehörte. Der hatte in seinen späteren Jahren starke Zweifel daran geäußert, daß Einsteins größte Schöpfung wirklich ein für alle denkbaren Fälle anwendbares Naturgesetz war. Genau wie Graneau vermutete er einen Fehler in den von Lorentz übernommenen elektromagnetischen Kraftregeln, den er aber niemals nachweisen konnte.

Später fand Graneau heraus, daß sich das Verhalten der *Railgun* weitaus besser mit der Vor-Einsteinschen Physik erklären ließ. Bei seinen Berechnungen kam er zu ganz erstaunlichen Ergebnissen. Unter anderem stellte er fest, daß eine 350 Meter lange *Railgun* mit einem kurzzeitigen Stromstoß von zwei Millionen Ampere ein Geschoß von 20 Kilogramm Gewicht auf eine Geschwindigkeit von 13 Kilometer pro Sekunde bringen könnte.[99] Das entspricht etwa

98 – Chappell Brown in *Electronic Engineering Times,* Ausgabe vom 14. September 1987, S. 58.

99 – Chappell Brown in *Electronic Engineering Times,* Ausgabe vom 31. August 1987, S. 37 f.

dem 38fachen der Schallgeschwindigkeit und übertrifft die Geschwindigkeit einer Gewehrkugel um fast das 20fache.

Derartige Geschwindigkeiten sind hoch genug, um einen Satelliten in eine stabile Erdumlaufbahn zu katapultieren. Gegenüber der Verwendung einer Trägerrakete wäre der finanzielle Aufwand geradezu lächerlich gering.

Obwohl Graneaus Berechnungen soweit plausibel sind, werden seine Behauptungen über die Unzulänglichkeiten der relativistischen Physik von den meisten Physikern nicht geteilt. Dahinter steckt nicht unbedingt Starrsinn, sondern die berechtigte Ansicht, daß Graneaus Entdeckung nur ein Spezialfall sein könnte, der die Gültigkeit der modernen Physik nicht komplett in Frage stellt.

Sicher ist es denkbar, daß man das Theoriengebäude der Physik durch eine bauliche Maßnahme am tragenden Fundament retten kann. Aber der Schaden ist bereits geschehen, da Generationen von Physikern sich von diesen unvollständigen Ansätzen ausbremsen ließen. Sollte Graneau recht behalten, dann würden auch einige von Tesla beobachtete Welleneffekte in einem anderen Licht stehen, auf die ich im weiteren Verlauf dieses Buches noch eingehen werde.

Steckt also in Flüssigkeiten, besonders im Wasser, ein unbekanntes Kraftpotential? Mit einiger Vorsicht möchte ich behaupten, daß dies in der Tat der Fall ist. Wasser läßt sich nicht nur als ökologisch unbedenklicher Verbrennungstreibstoff verwenden, es bietet sich offensichtlich auch zur Verstärkung elektromagnetischer Effekte an und verfügt möglicherweise über eine Reihe von bislang unbekannten Eigenschaften, die wir uns zunutze machen können.

So hat Schauberger unter anderem Versuche mit der direkten Stromerzeugung aus hochgespanntem Wasser angestellt. Es spricht einiges dafür, daß diese Methode effizienter arbeitet als die von uns bislang eingesetzten Turbinen. Das ist keine Fantasterei, es kann jederzeit im Laborversuch überprüft werden.

Kommen wir aber noch einmal auf John Keely zurück, der nicht den Beweis antreten konnte, ob er nun ein Genie oder ein Blender war. Vieles an seinen Behauptungen erscheint unlogisch oder zu fantastisch, aber seine Ideen zur Zerlegung des Wassers sind zum Teil durchaus nachvollziehbar. Ich habe bereits erwähnt, daß er kein sehr gebildeter Mensch war. So mußte er mit begrenzten sprachlichen Mittel eine eigene Fachterminologie schaffen, was zu manchen herben Stilblüten geführt hat.

Es fällt leicht, seine Behauptungen deshalb als unsinnig abzutun oder sie ins Lächerliche zuziehen. Nur hat er zweifellos als erster erkannt, welches Potential im Wasser steckt. Er hat versucht, diese Kraft gezielt freizusetzen, ohne auf eine wissenschaftliche Ausbildung zurückblicken zu können.

Also tat er das Naheliegende: Er nutzte das naturwissenschaftliche Grundwissen auf dem Gebiet der Akustik, das er sich als *Musiker* zugelegt hatte.

Sein Kenntnisstand auf diesem Sektor wurde selbst von seinen Gegnern positiv hervorgehoben und kann selbst heute noch als überdurchschnittlich bewertet werden.[100] Das Phänomen der Resonanz faszinierte Keely ganz besonders, und er vermutete darin den geheimen Schlüssel des Universums, der die Tür zum unendlichen Kraftpotential des Wassers eröffnet.

Erstaunlicherweise gibt es sogar seit einiger Zeit eine Bestätigung für die von Schauberger beobachteten elektrischen Entladungen, die auch einige von Keelys Behauptungen zu untermauern scheinen. Tatsächlich hatten einige amerikanische Wissenschaftler bereits gegen Ende der 1920er Jahre bei Schallexperimenten an Flüssigkeiten merkwürdige Entladungsphänomene beobachtet.[101] Bei genügend starkem Schallfluß bildeten sich zunächst Gasbläschen, die spontan zusammenfielen und dabei blaue Blitze hervorriefen. Deutschen Physikern scheint dieser Effekt nur selten bekannt zu sein, obwohl es sogar seit langem einen Fachausdruck dafür gibt: *Sonolumineszenz*[102].

Erst 1990 gelang es an der Universität von Mississippi, den Schall so zu steuern, daß man die Blitze gezielt erzeugen konnte. Das veranlaßte den Physiker *Seth J. Putterman* und seinen Studenten *Bradley P. Barber* im Labor der *University of California* weitere Versuche und Messungen anzustellen. Der benutzte Versuchsaufbau kostete nur wenige hundert Dollar und nutzte ausschließlich

101 – *Wall Street Journal* vom 15. Oktober 1991.

102 – Übersetzt etwa *Schalleuchten.*

Geräte, die seit über 50 Jahren bekannt sind. Nur für die Messungen selbst wurde die neueste Technik eingesetzt.

Das Forscherteam stellte fest, daß es sich in Wirklichkeit nicht um Einzelblitze, sondern um kleine Gewitter handelte, die sich aus zahllosen kleinen Blitzen zusammensetzten, die nicht länger als eine Trillionstel Sekunde dauerten. Diese Minigewitter wiederholten sich exakt 10 000mal in der Sekunde – und zwar mit der Präzision eines Uhrwerks.

Die beiden Forscher fanden zunächst keine wirklich plausible Erklärung für den Vorgang, stellten aber die Hypothese auf, daß die Energie der Blitze letztlich von den Schallwellen kommen mußte, die sie in das Gefäß einleiteten. Sie stellten einige Berechnungen an, deren Ergebnis noch rätselhafter war als der Vorgang selbst:

Die gemessene Energie war eine Trillion mal so hoch wie der Energieanteil, den jedes einzelne Atom der Flüssigkeit von den Schallwellen aufnehmen konnte.

Geradezu schockierend ist aber die von Dr. Putterman aufgestellte Hypothese: Seiner Meinung nach ist das Phänomen nur dadurch zu erklären, daß eine *Implosion* auftritt, die die kleinen Gasbläschen auf ein Hunderttausendstel ihres normalen Umfanges zusammenschrumpfen läßt.

Damit wiederholt dieser Wissenschaftler der Neuzeit aber nur, was ein österreichischer Förster bereits vor *mehr als 50 Jahren* behauptet hat!

Somit erübrigt sich wohl die Frage, ob die etablierte Wissenschaft der Förderung des Fortschritts dient. Wenn Sie wirklich wissen wollen, wo es lang geht, sollten Sie vielleicht besser einen Förster, den Leiter eines Schrammelorchesters oder den Insassen eines Irrenhauses[103] fragen.

103 – Der Gebrauch des rohen Wortes *Irrenhaus* sei mir verziehen, da ich hier nur ein sehr altes französisches Sprichwort zitiere, das aus einer Zeit stammt, als es noch keine moderne Psychotherapie gab.

Magneten und Motoren

Motor ohne Stromverbrauch

Vielleicht sagt Ihnen der Begriff des *schwarzen Monolithen* auf Anhieb etwas, da Sie *Stanley Kubriks* epochalen Film *2001 – Odyssee im Weltall* oft genug gesehen haben, um die geheime Botschaft der schwarzen Monolithen zu verstehen. Sie tauchen immer dann im Film auf, wenn die Menschheit dabei ist, einen bedeutenden Schritt nach vorn zu machen.

Nun müssen solche Monolithen nicht unbedingt von Außerirdischen aufgestellt werden, da die Natur uns oft genug mit Rätseln konfrontiert, deren Lösung unser Weltbild verändert. Ein »echter« schwarzer Monolith ist beispielsweise der seltsame schwarze *magnes lapis,* der nach der kleinasiatischen Stadt Magnesia benannt ist. Magnesia war eine der bedeutendsten Fundstellen für diesen Wunderstein. Er besteht aus einer besonderen Form des Eisenoxids, das als Magnet-Eisenerz oder Magnetit bekannt ist.

In der westlichen Welt wurde der Nutzen des Magnetismus für die Navigation erst relativ spät erkannt. Davor galt er als merkwürdige Erscheinung, die einigen Philosophen als der langgesuchte Beweis diente, daß auch Steine eine Seele haben können. Allgemein gilt *Thales von Milet* (um 600 v. Chr.) als erster westlicher Forscher, der sich mit der magnetischen Kraft befaßt hat. In der Geschichte des Magneten finden sich allerdings zahlreiche Ungereimtheiten, da sich die Historiker keineswegs einig zu sein scheinen, wer nun auf diesem Gebiet etwas Bedeutendes geleistet hat und wer nicht.

In deutschen Fachbüchern wird die erste naturwissenschaftliche Analyse des Magnetismus meist einem Engländer namens *Gilbert* zugeschrieben, der von 1540 bis 1603 lebte. Und das wahrscheinlich nicht schlecht, denn er war Leibarzt der Königin Elisabeth.

In einer Monographie schilderte er die heute jedem Kind bekannte Entdeckung, daß Magneten sich teilen lassen und daß jeder Magnet zwei Pole aufweist, in denen die magnetischen Kräfte sich konzentrieren, während die dazwischenliegende Zone nicht magnetisch ist.

Im englischsprachigen Raum kursiert dagegen eine recht interessante Anekdote, die diese Erkenntnisse einem französischen Offizier namens *Pietrus Peregrinus* zuschreibt. Dieser soll Mitte des 13. Jahrhunderts gelebt haben. Wenn die über ihn erzählte Geschichte einen wahren Kern hat, so hat er nicht nur das Phänomen der magnetischen Pole entdeckt, sondern auch die bis heute übliche Bezeichnung als *Nord-* und *Südpol* eingeführt. Und im Jahr 1269 soll er sogar versucht haben, einen *Magnetmotor* zu bauen.

Falls daran etwas Wahres ist, dann war *Peregrinus* der erste Mensch, der sich mit diesem eigenartigen Gedanken befaßt hat. Unter einem Elektromotor kann man sich ja etwas vorstellen, auch wenn man nicht weiß, wie er funktioniert. Was aber ist ein Magnetmotor?

Bevor ich dazu die Erklärung liefere, muß gesagt werden, daß die Bezeichnung etwas irreführend ist. Eigentlich müßte es *Dauermagnetischer Kraftgenerator* heißen, da er die Magnetkraft in eine rotierende Antriebskraft umsetzen soll. Prinzipiell kann man sich einen solchen Generator aber auch als Elektromotor vorstellen, der ohne Strom läuft. Wie dieser funktionieren soll, wird schnell klar, wenn man die Funktionsweise eines Elektromotors kennt.

Die einfachste – oder jedenfalls für den Laien verständlichste Form des Elektromotors ist der Gleichstrommotor mit dauermagnetischem *Rotor*. Einen solchen Rotor kann man leicht selbst bauen, indem man sich einen Stabmagneten besorgt und in seiner Mitte eine Achse anbringt (siehe Bild 1).

Der andere Teil des Motors heißt *Stator* und besteht im einfachsten Fall aus zwei Elektromagneten.[104] Ein Elektromagnet hat gegenüber einem Dauermagneten den Vorteil, daß man seine beiden Pole durch Änderungen der Stromrichtung vertauschen kann. Dazu wird einfach die Spule des Magneten umgepolt.

Die Drehbewegung kommt nun dadurch zustande, daß beide Elektromagneten mit dem Lauf des Rotors synchronisiert werden, so daß sie immer gleichpolig zu dem ihnen gegenüberliegenden Teil des Stabmagneten sind. Da sich gleiche Magnetpole abstoßen, wird

104 – Eigentlich würde ein Elektromagnet reichen, aber für die Erklärung ist es einleuchtender, wenn man von zweien ausgeht.

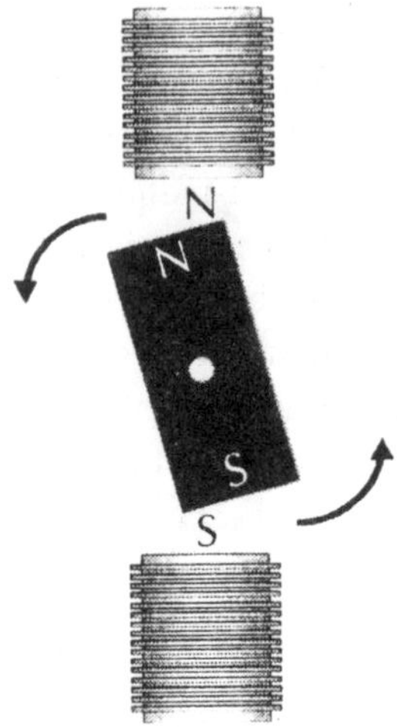

Bild 1: *Der Rotor eines einfachen Elektromotors besteht nur aus einem Stabmagneten.*

der Rotor seitlich aus dem magnetischen Feld der Elektromagneten herausgedrückt.

Die Umschaltung der Elektromagneten kann elektronisch vorgenommen werden oder über einen sogenannten Kommutator. Das ist ein Umschalter, der auf der Achse des Motors angebracht wird. Viel einfacher wird es aber, wenn man den Motor mit einer Wechselspannung betreibt. In diesem Fall werden die Pole der Elektromagneten automatisch durch die wechselnde Stromrichtung der Betriebsspannung gewendet.

Dieser simple Motor hat einige Nachteile, da er sich nur mit maximaler Kraft dreht, wenn sich die Pole des Stabmagneten in der Nähe der Elektromagneten befinden. Das magnetische Feld nimmt nämlich mit der Entfernung rapide ab. Dieser Mangel kann aber leicht behoben werden, wenn man einfach die Anzahl der Magnetpole erhöht. Das kann beispielsweise dadurch erfolgen, daß man weitere Elektromagneten anbringt.

Das Prinzip läßt sich auch umkehren, indem man die Elektromagneten als Rotor ausführt und den Stator aus Dauermagneten aufbaut. So sind beispielsweise die meisten Motoren aufgebaut, die für Kinderspielzeuge wie Autorennbahnen gedacht sind. Auch die

Rollen von Rotor und Stator können vertauscht werden, da für Motoren das Newtonsehe Prinzip gilt, daß jeder Kraft eine gleichgroße Gegenkraft gegenübersteht – *actio* und *reactio.* Bewegt wird also, was beweglich ist – was fest ist, bleibt unbeweglich.

Aus diesem Grund kann man auch den innenliegenden Teil als Stator ausführen, um den sich der Rotor dann dreht. Das ist beispielsweise bei den in Computernetzteilen eingebauten Lüftern der Fall. Bei ihnen ist der Rotor als Ringmagnet ausgeführt, der um die in einem Kreis angeordneten Elektromagneten des Stators rotiert.

Da Elektromagneten und Dauermagneten vollständig austauschbar sind, kann man Motoren auch komplett aus Elektromagneten aufbauen. Elektromagneten weisen bei kompakteren Abmessungen wesentlich höhere Magnetkräfte auf als selbst die besten Dauermagneten. Außerdem leiden sie nicht unter dem Phänomen der *Entmagnetisierung*, die bei allen Dauermagneten mit der Zeit auftritt.

Auf der anderen Seite erhöht sich durch den Betrieb des Elektromagneten der Stromverbrauch; der Wirkungsgrad ist also nicht ideal. Die Technik des Motorenbaus ist aber bereits seit langem so ausgereift, daß sich diese Verluste nicht nennenswert auswirken.

Womit wir genau beim Thema wären. Natürlich kann man einen Elektromotor nur betreiben, wenn man über eine Stromquelle verfügt. Die Energie des Stroms wird zum überwiegenden Teil in eine rotierende Bewegung umgesetzt. Gewisse Konvertierverluste lassen sich auch hier nicht vermeiden. Wenn wir die Reibungsverluste einmal vernachlässigen, dann entstehen diese Verluste im wesentlichen durch die vom Stromdurchfluß verursachte Erwärmung der Spulen.

Die Erwärmung ist eigentlich nichts anderes als Reibungswärme. Zum besseren Verständnis schlage ich ein kleines Experiment vor, das Sie mit einfachen Mitteln durchführen können.

Sie benötigen lediglich eine einigermaßen gesunde Lunge, einige Trinkhalme, eine Rolle Isolierband und ein Einwegfeuerzeug.[105] Ihre Lunge soll bei diesem Versuch eine Batterie darstellen, die Luft

105 – Am besten sind hier die bekannten, billigen Feuerzeuge mit rechteckigem Gehäuse geeignet.

den Elektronenfluß und die Trinkhalme den Draht. Das Feuerzeug dient als »Meßgerät«. Ein Küchentisch oder jede andere Tisch – dient als Labor.

Zunächst kleben Sie mit Hilfe des Isolierbandes fünf der Trinkhalme zu einem langen Rohr zusammen. Das geht einfacher, wenn Sie sich vorher vier kleine Stücke Isolierband von der Rolle abschneiden oder -reißen und Sie so an die Tischkante kleben, daß sie herunterhängen. Dann kann man sie einfach im Bedarfsfall abziehen, ohne eine dritte oder gar vierte Hand zu benötigen.

Wenn Ihr Rohr fertig ist, legen Sie das Feuerzeug so auf den Tisch, daß es mit der unteren Seite zu Ihnen weist. Versuchen Sie zunächst, durch einen einzelnen Strohhalm so gegen die Unterseite des Feuerzeuges zu pusten, daß es sich bewegt.

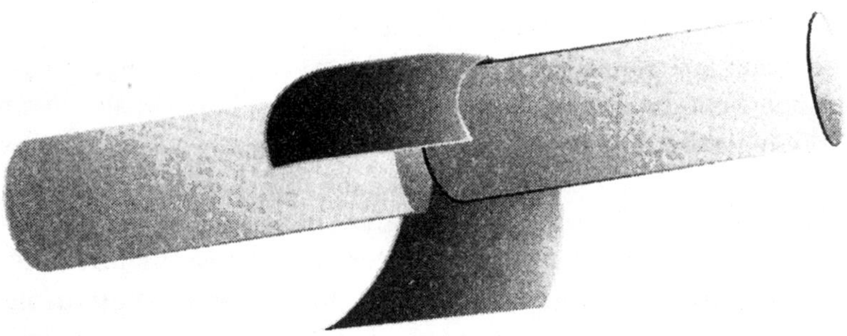

Bild 2: *Ein einfaches Experiment zeigt, wie beim Stromdurchfluß Energie in Wärme umgesetzt wird.*

Anschließend können Sie dasselbe einmal mit dem selbstgebastelten »Draht« versuchen. Sie werden merken, daß Sie sich deutlich mehr anstrengen müssen, um das Feuerzeug zu bewegen. Wenn Sie noch mehr Trinkhalme verwenden, ist irgendwann die Grenze erreicht, bei der auch die kräftigste Lunge scheitert – oder eine der Nahtstellen sich auflöst. Außerdem werden Sie bemerken, daß sich die Trinkhalme schnell erwärmen.

Was Ihnen das Pusten so erschwert, ist die Reibung der Luft an den Wandungen der Halme. Dieser Reibungswiderstand steigt mit zunehmender Länge des selbstgebastelten Rohres, und so steigen auch die Verluste an. Man muß deshalb zusätzlich Kraft aufwenden, nur um die Reibungskräfte zu überwinden.

Der elektrische Widerstand, der sich im Draht dem Elektronenfluß entgegenstellt, steigt – bei *gleichbleibendem* Querschnitt – also mit zunehmender Länge des Drahtes. Wenn Sie nun versuchen würden, durch ein Stück Gartenschlauch von etwa gleicher Länge zu pusten, wäre der Widerstand weitaus geringer als bei den Trinkhalmen. Der Widerstand fällt also mit wachsendem Querschnitt. Zum Transport großer elektrischer Ströme verwendet man deshalb auch extrem dicke Kabel und versucht, den Transportweg möglichst kurz zu halten.

Was für den Transportweg gilt, muß aber keineswegs auch für die elektrische *Last* gelten. Ein hoher Widerstand wirkt sich hier unter Umständen sogar günstig auf den Leistungsverbrauch aus.

So hängt die Stärke eines Elektromagneten nicht nur von dem durch seine Spule fließenden Strom ab, sondern genauso von der Anzahl der Windungen, die pro Zentimeter Spulenlänge aufgebracht sind.

Eine Spule mit 100 Windungen und einem Stromverbrauch von zehn Ampere bewirkt dabei genauso viel wie eine mit 1000 Windungen und einem Ampere Verbrauch. Zwar muß man bei der Auslegung der Spule auch die zur Verfügung stehende Betriebsspannung berücksichtigen und darüber hinaus den Draht so auslegen, daß er nicht bei der erforderlichen Stromstärke durchbrennt. Aber insgesamt läßt sich sagen, daß ein Elektromagnet um so effektiver arbeitet, je mehr Windungen seine Spule aufweist.

Der Energieverbrauch eines Motors hängt also in erster Linie von der Auslegung der verwendeten Elektromagneten ab. Was passiert aber, wenn man den Motor ganz ohne Elektromagnet aufbaut?

Prinzipiell scheint das durchaus möglich zu sein. Dazu muß man sich nur vorstellen, daß die Elektromagneten eines einfachen Motors mit dauermagnetischem Stabanker ebenfalls durch Dauermagneten ersetzt werden. Bei einer bestimmten Stellung stoßen sich die gleichen Pole des Stators und des Rotors ab – die wichtigste Voraussetzung für eine Bewegung ist also gegeben.

Nur kann man einen Dauermagneten nicht so einfach umpolen wie einen Elektromagneten. Der logischste Weg wäre, ihn einfach um 180° zu drehen. Diese naheliegende Idee wird ebenfalls *Peregrinus* zugeschrieben, der angeblich im Jahr 1269 einen Magnetmotor auf diese Weise konstruiert hat.

Seine Konstruktion bestand aus insgesamt 17 Magneten, die auf drei Rädern angebracht waren. Die außenliegende Räder entsprechen dem Stator, sie fungieren also als *Wendemagneten.* Das mittlere Rad stellt den Rotor dar, der über sein Achse eine antreibende Kraft abgibt.

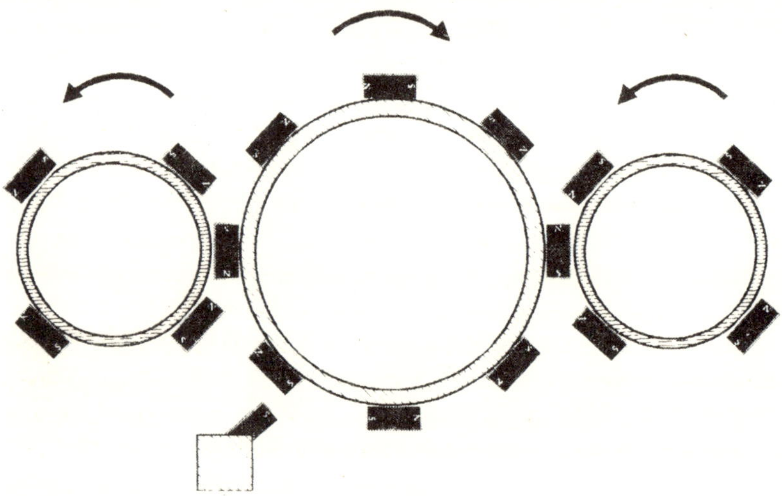

Bild 3: *Der Magnetmotor des Peregrinus.*

Wenn diese Konstruktion tatsächlich aus dem 13. Jahrhundert stammt und nicht, wie ich es vermute, eine Fälschung aus späterer Zeit ist, muß dieser Peregrinus wirklich ein Genie gewesen sein. Seine Maschine weist einige Konstruktionsmerkmale auf, die auf ein sehr gutes Verständnis der Gesetze der Kraftübertragung schließen lassen.

So sind die Wendemagneten wesentlich kleiner ausgeführt als der Rotor, um die Belastung zu verringern. Zudem sind alle drei Räder durch Zahnräder synchronisiert, womit die relative Stellung der Magneten zu jedem Zeitpunkt genau definiert ist. Außerdem wurde ein zusätzlicher Ungleichgewichts-Magnet vorgesehen, der dafür sorgt, daß sich die Apparatur nicht in einen Gleichgewichtszustand einpendelt. Und genau hier liegt auch das eigentliche Problem.

Die herkömmliche Physik bestreitet, daß man einen Motor bauen kann, der nur aus Dauermagneten besteht. Die am häufigsten verwendete Argumentation ist die, daß eine solche Maschine gegen den *Energieerhaltungssatz* verstoßen würde. Was kein Gegenbeweis ist, sondern ein methodisch unzulässige Verallgemeinerung einer Erfahrungsregel.

Womit ich keineswegs behaupten will, daß die Physiker damit grundsätzlich unrecht haben. Nur ist die benutzte Beweislegung komplett unzulässig, wenn man die wissenschaftliche Methodik zugrundelegt. Die würde zunächst einmal fordern, daß man klärt, ob die Magnetkraft zu anderen uns bekannten Kräften kompatibel ist.

Nach Meinung der Physiker ist beispielsweise die Gravitation keine kompatible Energieform, weil es keine *Gegenkraft* gibt. Nach unserer Vorstellung ist Gravitation eine anziehende Kraft, und wenn es eine gleichartige *abstoßende* Kraft geben sollte, dann haben wir sie bislang noch nicht gefunden.

Beim Magnetismus ist dies Sache nicht ganz so einfach, da ein Magnet auf nicht magnetische, aber magnetisierbare Gegenstände grundsätzlich eine Anziehungskraft ausübt. Zwischen Magneten können aber sowohl anziehende als auch abstoßende Kräfte auftreten.

Auf diesem Prinzip beruhen ja auch unsere Elektromotoren, bei denen wir durch Umkehren der magnetischen Wirkung eine Drehbewegung erzeugen. Dazu wird der »Umweg« über den elektrischen Strom genutzt, was eben zu Wärmeverlusten in den Spulen des Motors führt. Bei der Überwindung der Schwerkraft beschreiten wir ebenfalls einen indirekten Weg, der darin besteht, daß wir eine große kinetische Energie aufwenden, um der Schwerkraft entgegenzuwirken.

Einen Weg, die Schwerkraft einfach abzuschalten, kennen wir dagegen nicht. Beim Magnetismus gibt es dagegen verschiedene Möglichkeiten, die Wirkung umzupolen oder aufzuheben. Letzteres kann dadurch geschehen, daß wir einen Elektromagneten ausschalten oder einen Dauermagneten erhitzen, bis er seine Wirkung verliert.

Wir werden uns noch eingehender damit beschäftigen, was die Wissenschaft über den Magnetismus weiß. Vorerst aber möchte ich einen Mann vorstellen, der behauptet, daß er wahre Wunderdinge mit Magneten vollbringen kann. Seine Aussagen stoßen bei Wissenschaftlern durchweg auf Ablehnung.

Was ja nichts heißen muß.

Die Untertassen des John Searl

Wie Sie noch im weiteren Verlaufe dieses Buches sehen werden, kommt es gar nicht so selten vor, daß irgend jemand mit der Meldung an die Öffentlichkeit tritt, er habe eine vollkommen neue Energiequelle entdeckt. Aber es ist schon etwas Besonderes, wenn dieser jemand ein waschechter Professor ist. Daß als Abfallprodukt seiner Erfindung auch noch die Antigravitation ermöglicht wird, stellt die Erkenntnisse des englischen Professors *John Roy Robert Searl* nun doch in den Mittelpunkt unseres Interesses.

Seiner offiziellen Biographie zufolge wurde John R. R. Searl am 2. Mai 1932 als Kind einer armen englischen Familie geboren. Seine Kindheit verbrachte er in verschiedenen Waisenhäusern. Im Alter von viereinhalb Jahren begann er in bestimmten Abständen von fliegenden Maschinen zu träumen[106]: diese Träume kehrten in regelmäßigen Abständen bis zu seinem zehnten Lebensjahr wieder.

Im Alter von 14 Jahren stellte er als Lehrling beim *Midland Electricity Board* im Rahmen seiner Ausbildung einen Dauermagneten her.[107] Dabei kam ihm der Gedanke, daß sich die freien Elektronen in rotierenden Metallkörpern aufgrund ihrer Massenträgheit zum Rand des Körpers hin bewegen müßten. Dadurch, so überlegte er weiter, müßte sich zwischen dem Zentrum und dem

106 – Andere Quellen sprechen von sieben Jahren. Siehe *Magazin 2000*, Ausgabe 103, S. 25 ff.

107 – *Magazin 2000*, a. a. O. Diese Angabe ist nicht gerade glaubwürdig, da die Herstellung einer ferromagnetischen Legierung erstens die Kenntnisse eines Lehrlings weit übersteigt und zweitens nicht zum Ausbildungsplan für Elektromonteure gehört.

Rand der Scheibe eine Potentialdifferenz bilden, so daß man die Scheibe zur Stromgewinnung einsetzen kann.[108]

Ein älterer Herr aus Wales namens George Hines[109] erklärte sich daraufhin bereit, John Searls Forschungen finanziell zu unterstützen. Searl begab sich an die Konstruktion des ersten Prototyps jenes Apparates, den er später als *Searl-Effekt-Generator* (SEG) bezeichnete.

Die Experimente wurden bei Searl daheim durchgeführt. Sein Apparat bestand aus ringförmigen Magneten, der von einem Rotor umgeben war, auf dem sich wiederum eine Anzahl drehbarer Zylinder befand. Die Magneten waren allerdings nicht etwa von der Sorte, die ein Elektrolehrling mal eben aus der Werkstatt mitgehen lassen kann. Vielmehr bestanden sie aus einem speziellen Material mit genauestens kalkulierten Einschlüssen, das durch eine Magnetisierung mit einem starken Gleichspannungsfeld mit überlagerten Hochfrequenzanteilen[110] informiert wurde.

Searl stellte nun fest, daß es eine kritische Drehzahl gibt, ab der die Zylinder des Rotors beschleunigen. Gleichzeitig fand eine Abkühlung des Apparates statt, was darauf hinweist, daß der Apparat gegen den Energieerhaltungssatz verstößt.

Leider erwies sich der Energiegewinn der Apparatur als so hoch, daß Searls Versuchsaufbau durch das Dach flog und nie mehr gesehen ward. Dasselbe passierte auch bei den nächsten neun Versuchen, bis er eine kompliziertere Anordnung aus mehreren Ringen

108 – Wir werden später noch sehen, daß ähnliche Effekte durchaus nachweisbar sind. Nur beruhen sie nicht auf der Massenträgheit von Teilchen, sondern auf dem elektrischen Phänomen der Induktion.

109 – Verschiedene Quellen geben auch die Schreibweise *Haynes* an, die bei diesem englischen Namen weitaus häufiger vorkommt. Die Aussprache ist bei beiden Namen fast dieselbe.

110 – Eine Hochfrequenz-Magnetisierung hebt die Gleichspannungsmagnetisierung zum Teil wieder auf. Deshalb speist man auch den Löschkopf eines Tonbandgerätes mit einem hochfrequenten Signal. Interessanterweise überträgt der dem Löschkopf folgende Aufnahmekopf neben den Tonsignalen auch ein Gleichspannungs-Bias-Feld, das zur Vormagnetisierung des Bandes verwendet wird. Jeder Kassettenrekorder enthält also genau den Mechanismus zur Magnetisierung, den Searl beschreibt.

entwickelt hatte, die besser zu kontrollieren war. Mr. Hines scheint dagegen bereits beim mißglückten Versuch Nummer sechs die Nase von der Angelegenheit voll gehabt zu haben und sah von einer weiteren Unterstützung des Projektes ab.

Searl stieß zufällig auf eine Kontrollmöglichkeit, als ihn ein Kamerateam des Fernsehens besuchte.[111] Gerade noch hatte er dem Moderator erzählt, daß sich sein SEG ewig weiterdrehen und niemals anhalten würde, als das Unfaßbare geschah: Beim Heranfahren der Kamera setzte die Rotation des SEG aus!

Searl untersuchte den Vorfall und stellte fest, daß die Kamera hochfrequente Signale[112] abstrahlte, die das SEG zum Stillstand brachten. Er schloß daraus, daß dieselbe Hochfrequenz, mit der er seine Magneten behandelte, auch eine vorübergehende Umpolung der Magneten bewirken kann. Daraus entwickelte er schließlich auch seine Theorie des SEG, die auf Betrachtungen über die *Gesetzmäßigkeiten von Quadratzahlen*[113] basiert.

Die verwendeten Magneten ließ Searl in Deutschland herstellen und nach dem von ihm erfundenen Verfahren patentieren. Die Legierung der Magneten besteht laut Searls eigener Aussage aus Neodym, Titan und Bakelit. Searl und seine Befürworter haben immer wieder hervorgehoben, daß er in seinen Magneten schon lange Zeit Neodym einsetzte, bevor die ausgezeichneten magnetischen Eigenschaften dieses Elementes von der Wissenschaft erkannt wurden.

Nachdem Searl die Flugscheiben im Griff hatte, versah er sie mit Abnehmerspulen und war nun in der Lage, die Rotationsbewegung in Strom umzusetzen. Bis Ende der 1970er Jahre baute er etwa 40 seiner Apparate, von denen die meisten auf die beschriebene Weise verschwanden. Wenn ein Test dagegen erfolgreich verlief,

111 – Angeblich haben die *BBC-Nachrichten* fast ein ganzes Jahr lang wöchentliche Zwischenberichte über Searls Fortschritte ausgestrahlt, in denen u. a. ein fliegendes SEG zu sehen gewesen sein soll.

112 – Hier kann es sich eigentlich nur um die Zeilenfrequenz oder ein Vielfaches davon handeln. Zur mutmaßlichen Zeit des Vorfalls wurde in Großbritannien noch ein TV-Standard mit 405 Zeilen (*Taschenlexikon Elektronik/Funktechnik*, Leipzig 1985) verwendet. Die Zeilenfrequenz betrug damit 10 125 Hertz.

113 – Im Original ist die Rede vom *Law of Squares*.

demontierte er das SEG, um seine Technologie vor Nachahmern zu schützen.

Searl lebte bis Anfang der 1980er Jahre mit seiner Frau und sechs Kindern in der zur Grafschaft Berkshire gehörenden Kleinstadt Mortimer.[114] Über viele Jahre hinweg hatte er sein Haus überwiegend mit der kostenlosen Energie versorgt, die er seinem SEG entnehmen konnte. Das örtliche Elektrizitätswerk beschuldigte ihn nun, auf illegalem Weg dem Versorgungsnetz Strom entnommen zu haben. Das Elektrizitätswerk ließ die gesamte Verkabelung aus seinem Haus entfernen und einen SEG beschlagnahmen, der ihm nicht wieder ausgehändigt wurde.

1982[115] wurde er wegen verschiedener Anklagen verhaftet. Die Verhandlung fand vor dem Gericht in Reading statt, und Searl verbrachte insgesamt zehn Monate im Gefängnis. In dieser Zeit verließ ihn auch seine Frau, nicht ohne zuvor in einer viereinhalbtägigen Aktion seine gesamten Unterlagen und Notizen zu verbrennen.[116] Ein wirklich tragisches Erfinderschicksal. Fragt sich nur, inwiefern sich Searls Behauptungen auch belegen lassen.

In alten Jahrgängen englischer Tageszeitungen[117] finden sich tatsächlich einige Berichte über seine Aktivitäten zwischen den Jahren 1969 und 1971. So berichte der *Sunday Mirror* vom 28.11.1971, daß Searl zusammen mit 24 Kollegen an einer neuartigen Flugscheibe arbeitete, von der bereits ein flugfähiges Modell existieren würde. Daneben ist ein Foto zu sehen, das Searl und eine Assistentin mit dem fliegenden Modell zeigt.

Der Artikel erwähnt auch den Namen der Assistentin: *Mrs. Susan Justice.* Weiterhin berichtet der *Sunday Mirror*, daß *Mr. Searl* Investoren sucht, die 12 000 000 englische Pfund für die Entwicklung einer größeren Flugscheibe bereitstellen, die den Mond in zwei

114 – Die volle Adresse: *Mortimer, Berks., 17 Stephen's Close.*

115 – Gegenüber dem Privatforscher *Anders Heerfordt* nannte er den Juni oder Juli 1981.

116 – Bei anderen Anlässen hat Searl auch behauptet, das Haus wäre in Brand gesetzt worden.

117 – Die Pressemeldungen wurden zum Teil oder ganz von dem Journalisten *Phil Sanders* verfaßt, die dazu abgebildeten Fotos von *John Hocknell* angefertigt.

Sekunden erreichen würde. Zu dieser Zeit konzentrierte er sich ganz offensichtlich auf die Antigravitations-Effekte des SEG und firmierte unter dem schwungvollen Namen *Searl National Space Research Consortium.*

Das Interessante an dieser Zeitungsmeldung ist, daß John Searl hier ausdrücklich als *Mister Searl* erwähnt wird. Demnach muß er nach 1971 zum Professor ernannt worden sein. An welcher Universität dies geschah, und ob er als Dozent tätig war, ist nicht bekannt.

Bei anderen Anlässen stellte er die zusätzlichen Vorteile des SEG heraus, zu denen auch der wohltuende Einfluß auf die Atemluft zählt, die das Gerät zu einem Therapiemittel gegen Asthma und andere Erkrankungen der Atemwege erheben.

Searl bietet sein Wissen in einem mehrbändigen Werk an, die als *Bücher* zum Einzelpreis von 50 bis 60 US-Dollar verkauft werden. Mr. Searl besteht darauf, daß man alle fünf Bände studieren muß, um über sein Werk vollständig informiert zu sein. Der Vorzugspreis für dieses Informationspaket beträgt stolze 260 US-Dollar, und wem das noch nicht reicht, der darf sich auf ein vierstündiges VHS-Video über einen von John Searl 1989 in München gehaltenen Vortrag zum Preis von weiteren 60 US-Dollar freuen.

Wer sich allerdings von dieser kostspieligen Angelegenheit Rückschlüsse auf die Funktionsweise eines SEG erhofft, wird schwer enttäuscht. Bei den »Büchern« handelt es sich um unkorrigierte Manuskripte, die lediglich das wiedergeben, was Searl auch bei anderen Gelegenheiten erzählt.

Im Jahr 1990 besuchte der Privatforscher *Anders Heerfordt* einen von John Searls Vorträgen. Searl berichtete dort von seinen Experimenten, konnte seine Flugscheiben aber nicht demonstrieren, da der britische Zoll die Magneten beschlagnahmt hatte. Weiterhin erwähnte er auch, daß der an der Universität von Sussex tätige Wissenschaftler *Gunnar Sandberg* das SEG bereits in Aktion gesehen hätte.

Heerfordt beschloß darauf hin, nach Sussex zu fliegen, um Sandberg direkt zu befragen. Tatsächlich kannte der Wissenschaftler Searl und hatte auch einige der Magneten gesehen. Das SEG sei ihm aber niemals vorgeführt worden. Nebenbei merkte Sandberg an, daß er einen der Söhne John Searls aufgespürt hätte, der allerdings niemals Zeuge der von Searl behaupteten Effekte geworden war. Allerdings war er angeblich dabei gewesen, als sein Vater die Flugscheiben an Drähten aufgehängt und fotografiert hatte.

Heerfordt sprach nun Searl direkt mit der Bitte an, ihm das SEG zu demonstrieren. Searl lehnte das mit der Begründung ab, daß einige der Magneten verlorengegangen seien. Auch konnte er Heerfordt keine Namen von Zeugen nennen, die bei seinen Experimenten zugegen gewesen waren. Alle seine Mitstreiter der vergangenen Jahre seien, so wörtlich, entweder tot oder verschwunden. Er hätte sogar Tausende von englischen Pfund darauf verwendet, Zeugen über Anzeigen in Tageszeitungen aufzuspüren. Als Heerfordt nun Gunnar Sandberg erwähnte, riet Searl ihm davon ab, mit dem Wissenschaftler Kontakt aufzunehmen.

Das geschah sicher nicht ohne Grund, da man ausgerechnet an Sandbergs Arbeitsplatz, der Universität von Sussex, Searls Magneten einer eingehenden Untersuchung unterzogen hatte. Was dabei herauskam, war keineswegs die etwas obskure, von Searl beschriebene Legierung, sondern ein handelsübliches Standardgemisch aus Eisen und Titan, das lediglich Spurenanteile von Neodym enthält. Solche Zusätze waren auch in den 1950er Jahren üblich – sie dienten ganz einfach dem Korrosionsschutz.

Heerfordt ließ nicht locker und fragte Searl, ob denn nicht wenigstens dessen Frau oder Kinder das SEG im Betrieb gesehen hätten. Searl entgegnete, daß seine Frau eine sehr böse Person sei, die seine Experimente lächerlich gemacht hätte, und außerdem sogar die Kinder davon abgehalten hätte, dabei zuzusehen. Es fällt nicht schwer sich vorzustellen, daß Anders Heerfordt mit diesen Antworten alles andere als zufrieden war.

Bei weiteren Nachforschungen stieß er auf einen Louis Avilio, der fünf Jahre lang für Searl gearbeitet hatte. Auch Mister Avilio konnte sich nicht daran erinnern, jemals einen der von Searl beschriebenen ungewöhnlichen Effekte gesehen zu haben. Eine ganz ähnliche Aussage kam von einem anderen Mitarbeiter, der noch vor Avilio für Searl tätig gewesen war.

Heerfordt bekam auch heraus, daß der am Anfang dieses Kapitels erwähnte *George Hines* (oder *Haynes)* einen Sohn hatte, mit dem Searl befreundet war. Searl hatte die Experimente zusammen mit Hines Sohn durchgeführt, und deshalb hatte George Hines wohl auch die Finanzierung vorgenommen. Als er Searl auf diesen Jugendfreund ansprach, konnte dieser sich weder an dessen Vornamen noch daran erinnern, wo die Familie Hines gewohnt hatte.

Im Juni 1991 besuchte Anders Heerfordt die Stadt Mortimer, um weitere Nachforschungen anzustellen. Er besah sich das Haus, in dem die Searls gelebt hatten und sprach auch mit einigen Nachbarn. Einer davon konnte sich daran erinnern, daß Searl manchmal Plakate aufgehängt hatte, in denen er eine Demonstration der Flugscheiben auf dem benachbarten Kirmesplatz ankündigte. Er kassierte bei diesen Vorführungen viel Eintrittsgeld, wobei allerdings niemand auf seine Kosten kam, da Searl sich mit Wetterproblemen herausredete.

An einen Brand im Haus der Searls konnte sich dieser Zeuge nicht erinnern, kannte dafür aber den Grund, warum Searl Ärger mit dem Elektrizitätswerk bekommen hatte: Er hatte doch tatsächlich versucht, einen Hochspannungsmast in der Nähe seines Hauses zu fällen!

So unwahrscheinlich es klingen mag, an diesen bemerkenswerten Vorfall konnte sich auch ein anderer ortsansässiger Zeuge erinnern. Was insgesamt den Verdacht nahelegt, daß John Searl nicht nur ein schamloser Betrüger ist, sondern die Grenze zwischen Genie und Wahnsinn in der unvorteilhafteren Richtung überschritten hat.

Bewegung ohne Energie?

Aber trotzdem hat Searls Idee, eine nur aus Dauermagneten bestehende Konstruktion als Energiequelle zu benutzen, etwas für sich. Und sie wird nicht nur von dubiosen Scharlatanen verfolgt, sondern auch von engagierten Amateuren und seriösen Wissenschaftlern.

Folgt man der wissenschaftlichen Lehrmeinung, sind solche Versuche natürlich nicht möglich. Aber damit haben sich auch die Gebrüder Wright abfinden müssen, denen nach dem ersten gelungenen Flugzeugstart mitgeteilt wurde, daß sie soeben etwas vollbracht hätten, das wissenschaftlich vollkommen unmöglich sei.

Ich habe bei meinen Recherchen zu diesem Buch teilweise auf Quellen zurückgegriffen, die mehr als hundert Jahre alt sind. Zu meiner Überraschung stellte ich fest, daß die neuesten Bücher zum Thema Magnetismus nichts zu berichten haben, was nicht bereits in den ältesten zu finden war. Sogar die Zeichnungen sind bis aufs i-Tüpfelchen identisch.

Unsere Vorstellung von der magnetischen Wirkung beruht demnach auf einem Atommodell, in dem die Elektronen wie kleine Planeten um den Atomkern kreisen. Diese Rotationsbewegung verursacht eine magnetische Feldlinie, oder besser gesagt wirkt sich die hypothetisch im Mikrokosmos stattfindende Rotation in unserer großen Welt wie eine Feldlinie aus.

Man kann die Feldlinien abbilden, indem man einen Magneten mit einem Stück Zeichenkarton abdeckt und darauf Eisenspäne streut. Klopft man nun leicht gegen den Karton, dann ordnen sich die Späne zu Mustern an. Dieser Versuche wurde zuerst von Michael Faraday durchgeführt, dessen Namen Sie vielleicht vom Begriff des *Faradayschen Käfigs* kennen.

Michael Faraday war einer der bedeutendsten Pioniere des Elektromagnetismus. Als Amateurforscher führte er zahlreiche bahnbrechende Experimente durch, aus deren Ergebnissen er mit rasiermesserscharfer Logik die Grundlagen der modernen Elektrizitätslehre schuf.

So schloß er aus dem Experiment mit den Eisenspänen, daß die magnetischen Kraftlinien wie Gummibänder die Tendenz haben, sich auf die kürzeste Länge zusammenzuziehen. Gleichzeitig stoßen sie sich aber gegenseitig ab, was dazu führt, daß sie sich zwischen den Polen des Magneten ausbreiten.

Ein ziemlich unglaubwürdiger Vorgang, aber man muß zu Faradays Entschuldigung anführen, daß er damit nur das wiedergab, was er in seinen Experimenten feststellte. Allerdings ging er davon aus, daß diese Feldlinien wirklich existieren, und daß sie Verdichtungen des Weltäthers darstellen. Damals war der Äther noch groß in Mode, und so bestand für Faradays Zeitgenossen kein Grund, die tatsächliche Existenz der Feldlinien anzuzweifeln.

Als Albert Einsteins Relativitätstheorie schließlich den stofflichen Weltäther durch die weniger greifbare Raumzeit ersetzte, lösten sich die Feldlinien keineswegs in Wohlgefallen auf. Seitdem müssen wir viel mehr mit der Meinung leben, daß die Feldlinien nicht existieren, obwohl sie praktisch nachweisbar sind.

Aber was macht das schon? Schließlich werden die nicht existierenden Feldlinien ja durch nicht stattfindende kreisförmige Elektronenbewegungen hervorgerufen. Mit derartigen Widersprüchen muß man halt leben.

Übrigens ist es nicht von der Hand zu weisen, daß die Elektronen tatsächlich etwas mit dem Magnetismus zu tun haben. Zum Beweise ordnet man alle bekannten Elemente nach ihrem Atomgewicht und trägt darüber den Grad ihrer Magnetisierbarkeit ein. Wenn man diese Funktion als Kurve abbildet, dann verläuft sie sehr sprunghaft. Das kann als Beweis dafür dienen, daß die Magnetisierbarkeit nicht mit dem Atomgewicht zusammenhängt.

Eine genauere Betrachtung der Zusammenhänge offenbart aber, des sich das Auf und Ab mit einer gewissen Regelmäßigkeit wiederholt. Aus dem Verlauf kann man schließen, daß Elemente mit ähnlicher Elektronenpaarung gleichartige magnetische Eigenschaften aufweisen. Da alles so schön zusammenpaßte, hat man den Magnetismus eben durch das Kreisen der Elektronen erklärt.

Nun besteht nach der herkömmlichen physikalischen Lehre jeder Stoff aus Atomen, um deren Kern Elektronen kreisen. Eine feststellbare magnetische Wirkung zeigt sich nach außen aber erst dann, wenn möglichst viele Elektronenbahnen exakt parallel verlaufen. Man hat festgestellt, daß diese Elektronen nicht gleichmäßig über das Kristallgefüge eines Stoffes verteilt sind, sondern in kleinen Paketen, die man als Weißsche Bezirke bezeichnet.

Weiter oben habe ich bereits Michael Faraday erwähnt, mit dessen Erkenntnissen wir uns noch eingehender befassen werden. Faraday war einer der ersten Forscher, die erkannten, daß auch ein stromdurchflossener Draht ein Feld erzeugt, das dem eines Magneten ähnelt. Heute werden beide Phänomene einander allgemein gleichgestellt, wofür es auch triftige Gründe gibt. So benötigt der Elektromagnet zur Aufrechterhaltung seines Magnetfeldes keinen Energiezufluß. Die für den Betrieb benötigte Leistung wird ausschließlich in Wärme umgesetzt.[118] (Erklärung der Fußnote 118 auf Seite 131).

Daraus schließen die Physiker, daß ein Magnet für sich betrachtet keine Leistung abgeben kann. Ganz einleuchtend ist dieser Standpunkt nicht, da der Elektromotor ja ein Anwendungsbeispiel dafür liefert, daß durch die Begegnung von Magnetfeldern Arbeit geleistet wird. Der Motor *verbraucht* dafür ja keine Magnetkraft, und die Umsetzung von elektrischem Strom in Wärme ist letztlich nur ein unerwünschter Nebeneffekt.

Wozu benötigt man den Strom also überhaupt?

Diese Frage ist recht einfach zu beantworten: Man benötigt ihn, weil man auf diese Weise unkompliziert ein Magnetfeld mit wechselnder Polarität erzeugen kann. Nur dadurch kann der Rotor in eine gleichförmige Drehbewegung versetzt werden. Auch der Vorgang des Umpolens verbraucht keine Leistung.

Könnte man einen umpolbaren Dauermagneten herstellen, dann würde die leistungfressende Spule entfallen, und der Motor könnte ohne Energiezufluß in Rotation versetzt werden. Das allein würde keineswegs dem Energieerhaltungssatz widersprechen, solange man einem solchen Motor keine Antriebsleistung entnehmen kann.

Ich halte es allerdings für recht wahrscheinlich, daß ein solches Gebilde auch Leistung abgeben würde. Fraglich ist eher, ob es sich wirklich dreht.

Aber man kann diesen Gedanken auch in einer anderen Richtung weiterspinnen. So ist es heute möglich, spezielle Legierungen herzustellen, die auch den Bau umpolbarer Dauermagneten erlauben. Die Umpolung kann durch eine Temperaturveränderung oder durch elektrische Impulse herbeigeführt werden, was natürlich eine zusätzliche Energiequelle erfordert. Was würde passieren, wenn man damit einen Motor aufbaut, der sich mit viel geringerem Leistungsaufwand betreiben läßt als herkömmliche elektromagnetische Konstruktionen?

Da beim herkömmlichen Motor fast die gesamte Betriebsleistung in Wärme umgesetzt wird, könnte man den Wirkungsgrad eines

118 – In der Praxis können allerdings auch magnetische Verluste auftreten, die zum Beispiel dadurch entstehen, daß lose Windungen der Spule sich gegenseitig anziehen. Diese lassen sich allerdings durch bestimmte Verfahren auf äußerst geringe Werte reduzieren.

Magnetmotors nicht unter denselben Voraussetzungen ermitteln. Er würde aber nicht unbedingt im Widerspruch zum Energieerhaltungssatz stehen, der sich auf anderen Gebieten bestens bewährt hat. Der Magnetmotor könnte genau die Ausnahme sein, nach der viele Wissenschaftler und Laien seit Jahrzehnten suchen.

Das TOMI

Wenn Sie gerne basteln, dann lade ich Sie jetzt zu einem einfachen Experiment ein. Dafür brauchen Sie kein gut ausgerüstetes Labor, sondern nur einige billige Materialien und eine halbe Stunde Zeit.

Am Ende der Bemühungen sind Sie stolzer Besitzer eines TOMI. Ein TOMI ist eine kleine Maschine, die im Widerspruch zu der Behauptung zu stehen scheint, daß ein ausschließlich aus Dauermagneten aufgebauter Motor nicht funktioniert. Das TOMI scheint aber genau wie ein Motor zu arbeiten. So ähnelt unser einfacher Versuchsaufbau einem sogenannten *Linearmotor*, bei dem der Rotor sich nicht um seine Achse dreht, sondern eine – im Idealfall beliebig lange – Strecke zurücklegt.

Das Prinzip des Linearmotors wird beispielsweise bei Magnetschwebebahnen eingesetzt. Hier ist natürlich zum Betrieb elektrischer Strom erforderlich, der als sogenannter Dreiphasen-Wechselstrom ein magnetisches Wanderfeld erzeugt.

Beim TOMI wird dagegen ein magnetisches Wanderfeld verwendet, das keinen Betriebsstrom benötigt. Ein Physiker wird das zunächst für unmöglich halten, aber das TOMI bewegt sich doch.

Der Streit um TOMI fängt bereits damit an, daß niemand exakt weiß, wann und von wem diese Maschine eigentlich erfunden wurde. Deshalb hat sie auch verschiedene Namen. Am häufigsten wird sie aber als TOMI bezeichnet, und dieser Name geht auf einen gewissen *Pat Harris* zurück, der bereits vor etwa 20 Jahren ein erstes Versuchmodell baute. TOMI steht als Abkürzung für *Theory of Magnetic Instability*; also Theorie der magnetischen Instabilität.

Ein TOMI können Sie für ein paar Euro selbst bauen. In Deutschland sind die wichtigsten Teile allerdings nicht ganz einfach zu bekommen. Es handelt sich dabei um kleine Ringmagneten, die in den USA von der Firma *Tandy/Radio Shack* verkauft werden. Da es beim Bau eines TOMI nicht auf die exakte Größe der Magneten ankommt, kann man auch Ringmagneten von Lautsprechern verwenden.

Sie benötigen folgende Teile:

– 30 kleine Ringmagneten (20 bis 30 mm Durchmesser)
– 1 Zeichenkarton
– 1 Rolle Isolierband

Die Ringmagneten schichten Sie zu drei Türmchen mit jeweils zehn Magneten auf. Dabei müssen immer die gegensätzlichen Pole aufeinanderliegen. Ob das der Fall ist, merken Sie ganz einfach daran, daß die Magneten sich anziehen und nicht abstoßen. Umwickeln Sie die Magnettürmchen mit Isolierband. Das Ganze sieht dann aus wie eine Bonbonrolle.

Die absolute Polung der Magneten ist nicht wichtig, Sie müssen bei den fertigen Rollen nur die relative Lage der Pole feststellen. Nehmen Sie dazu zwei Rollen, und halten Sie die Enden gegeneinander. Wenn die Magneten sich anziehen, drehen Sie eine der Rollen um. Die Pole der Rollen stoßen sich jetzt ab, markieren Sie sie beide mit dem Kugelschreiber als Nordpol.[119]

Nehmen Sie nun eine der beiden markierten Rollen und stellen Sie fest, welches Ende der dritten Rolle abstoßend auf den Nordpol der markierten Rolle wirkt. Das ist dann der Nordpol der dritten Rolle.

Aus dem Karton knicken Sie eine kleine Rampe zurecht. Sie sollte nicht allzu steil sein, ideal sind etwa 30°. An den Seiten der Rampe werden zwei der Rollen mit entgegengesetzter Polung befestigt. Diese Rollen bezeichnen wir als Statoren. Ihr Abstand zueinander sollte ein wenig größer sein als die Breite der dritten Rolle, die wir als Rotor bezeichnen.

119 – Ob es auch wirklich der Nordpol ist, können Sie mit einem Kompaß feststellen. Die mit »Nord« markierte Seite der Nadel wird vom Nordpol eines Magneten abgestoßen, die mit »Süd« markierte angezogen. Tatsächlich ist der Nordpol der Erde ein magnetischer Südpol. Aber wer hat behauptet, daß alles auf dieser Welt logisch sein muß?

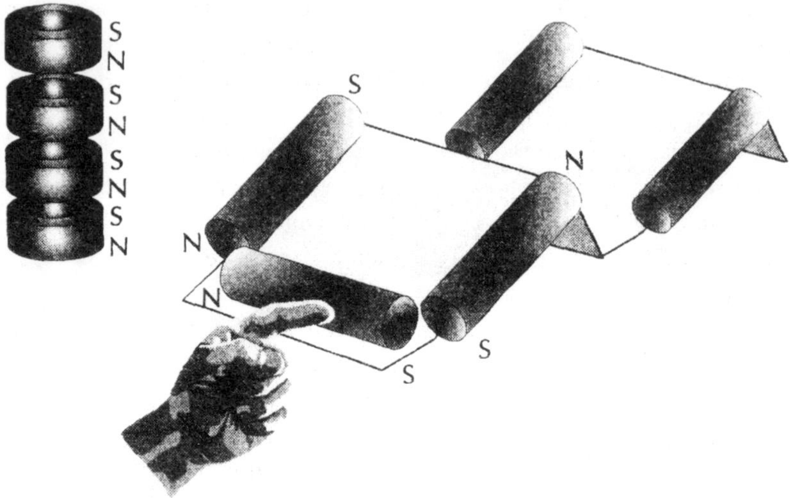

Bild 4: *Das TOMI entsteht aus Pappe, Isolierband und Ringmagneten.*

Wenn das TOMI fertig ist, setzen Sie die dritte Rolle an den Anfang der Rampe, und zwar so, daß sie gleichpolig mit den Statoren ist. Schieben Sie sie mit den Fingern vorsichtig über den Anfang der Rolle. Wenn alles seine Richtigkeit hat, sollte der Rotor nun die Rampe hochsausen, um auf der anderen Seite wieder herunterzurollen.

Es gibt zahlreiche Versuche, das merkwürdige Verhalten des TOMI zu erklären. Die am häufigsten geäußerte naturwissenschaftliche Erklärung ist die, daß der Experimentator selbst die Kraft für den Antrieb des TOMI aufbringt, indem er den Rotor entgegen der Abstoßungskraft zwischen die Statoren schiebt. Die Magneten werden bei dieser Erklärung als Energiespeicher angesehen, die die Kraft des Experimentators zunächst aufnehmen und dann wieder abgeben.

Diese Erklärung ist nicht unbedingt falsch, aber auf jeden Fall unzureichend. Sie ignoriert die Magnetpole am oberen Ende der Rampe, die eine anziehende Kraft auf den Rotor ausüben. Diese Kraft ist – wenn man Reibungsverluste einmal außer Acht läßt – exakt genauso groß wie die abstoßende Kraft der unteren Magnetpole.

Eine Erklärung fällt einfacher, wenn wir die drei Magnetrollen des TOMI als absolut identische Stabmagneten betrachten, was sie ja von ihrer Wirkung her auch sind. Nun ist die Wirkung eines Stabmagneten ja nicht auf den Bereich seiner Pole beschränkt. Vielmehr kann man sich vorstellen, daß die untere Hälfte der Statoren abstoßend wirkt, die obere dagegen anziehend. Natürlich gleichen sich die Kräfte im dazwischenliegende Bereich zunehmend aus, und in der Mitte zwischen beiden Polen gibt es einen neutralen Punkt.

Betrachtet man nur Steigung und Reibung, dann muß für beide Hälften der zurückgelegten Strecke die gleiche Arbeit aufgewendet werden. Das Problem liegt aber darin, daß die Beschleunigung am Anfangspunkt der Steigung am größten ist, bis zur Mitte kontinuierlich abnimmt, und ab da wieder ständig zunimmt.

Tatsächlich wird der Rotor nur anfänglich die Rampe hinaufgeschoben. Seine Beschleunigung muß nur so groß sein, daß er etwas mehr als die Hälfte der Strecke zurücklegt. Den Rest erledigt die anziehende Kraft vom oberen Ende des Stators.

Womit nur noch zu klären wäre, warum der Rotor nicht an einem der oberen Magnetpole hängenbleibt. Zum Teil trägt dabei die ungewöhnliche Anordnung der jeweils einander zugeordneten Magnetpole von Rotor und Stator bei, die ja rechtwinklig zueinander stehen. Dadurch ist nur eine relativ geringe Kraft erforderlich, um den Punkt der maximalen Anziehungskraft zu überwinden.

Viel größer ist meiner Ansicht nach aber die Auswirkung der Reibungsgesetzte. Der walzenförmige Rotor läßt sich ja wesentlich einfacher rollen als zur Seite wegziehen. Ein erwachsener Mensch kann ja ohne größere Probleme ein Auto auf einer geraden Strecke anschieben. Aber es ist vollkommen unmöglich, dasselbe Auto seitlich in eine Parklücke zu schieben.

Die Vorgänge in einem TOMI sind also keineswegs unerklärlich. Es handelt sich, wenn man so will, wirklich um einen Magnetmotor mit automatischer Kommutation. Nur ist nicht zu leugnen, daß man eine gewisse Kraft aufwenden muß, um diesen Motor überhaupt in Bewegung zu setzen.

Durch das Gefälle auf der anderen Seite der Rampe gewinnt der TOMI-Rotor genug Bewegungsenergie, um den magnetischen Eingangswiderstand einer zweiten Rampe zu überwinden. Wenn man sorgfältig vorgeht, kann man durchaus ein funktionierendes TOMI mit vier oder sogar mehr Rampen aufbauen.

Der Johnson-Motor

Einen dem TOMI sehr ähnlichen Magnetmotor hat der Amerikaner *Howard Johnson* entwickelt. Als Johnson seine Erfindung Ende der 1970er Jahre zum Patent anmeldete, konnte er bereits auf eine langjährige Karriere in der Wissenschaft und eine beachtliche Zahl von Patenten zurückblicken, die ihm für verschiedene physikalische und chemische Erfindungen erteilt wurden. Das US-Patent Nr. 4.151.431 vom 24. April 1979 fällt aber in gewisser Weise aus dem Rahmen, da die darin beschriebene Erfindung etwas vollbringt, was nach Auffassung der Patentbehörde nicht funktioniert und deshalb auch nicht patentiert werden kann.

Nun ist dieser Umstand selbst keineswegs so bedeutsam, wie man meinen sollte. Ein Patent beschreibt lediglich, wie eine Maschine aufgebaut ist und was sie überhaupt macht. Kann der Antragsteller beweisen, daß er der erste Erfinder ist, der so eine Maschine in nachvollziehbarer Weise erbaut hat, wird ihm das Patent erteilt.

Eine wissenschaftlich haltbare Theorie wird dagegen nicht gefordert. Zwar lehnen die westlichen Patentbehörden es heute durchweg ab, solche Patentanträge anzuerkennen, die den anerkannten wissenschaftlichen Erkenntnissen widersprechen, aber dagegen kann der Antragsteller gerichtlich angehen. Kann er beweisen, daß ein Prototyp seiner Erfindung so funktioniert, wie es in der Patentschrift erläutert wird, dann stehen seine Chancen recht gut, daß ihm das Patent auch über den Widerstand der Patentbehörde hinweg erteilt wird.

Ähnlich verlief es auch im Fall Howard Johnson, der die Patenterteilung für seinen Magnetmotor gerichtlich erzwang. Das beweist soweit, daß sein Magnetmotor wie beschrieben funktioniert – mehr nicht. Dem Patentamt wurde lediglich das Modell eines Linearmotors vorgeführt, aber in der Patentschrift selbst beschreibt Johnson auch die Realisierung eines selbsttätig rotierenden Magnetmotors.

Beschäftigen wir uns zunächst einmal mit dem, was zumindest im Laborversuch den Praxistest bestanden hat. Das Versuchsmodell von Johnsons Erfindung ähnelt unserer Bastelei aus dem letzten Abschnitt. Es besteht aus einem Schienengleis, das sich aus flachen Magneten zusammensetzt. Ein kleines Wägelchen, das ebenfalls mit Magneten in einer genau festgelegten Anordnung versehen ist, wird an den Anfang der Schiene gesetzt und beschleunigt darauf mit erstaunlicher Vehemenz bis über das andere Ende der Schienenstrecke hinaus.

Im Gegensatz zum Rotor des TOMI überwindet das Wägelchen dabei keinen Höhenunterschied. Es bewältigt aber durchaus beträchtliche Steigungen, wenn man das Gleis neigt.

Eine insgesamt ziemlich einfache Anordnung, die man mit ein wenig Geschick sicher einfach nachbauen kann. Johnson hat die Schienen seines Prototypen aus selbstklebendem Magnetband aufgebaut, das man in gut sortierten Bastelläden bekommt. Die bananenförmigen Magneten wurden ebenfalls auf diese Weise hergestellt.

Es gibt weitere Anhaltspunkte dafür, daß Johnson einiges unternommen hat, um sich nicht in die Karten schauen zu lassen. So ist die Gleisstrecke leicht gekrümmt, und die Magneten sind in unregelmäßigen Abständen angebracht. Zu denken gibt auch die Anordnung der Gleismagnete. Laut Johnsons Beschreibung sollen unbedingt die Nordpole des Schienengleises nach oben weisen; obwohl die Physik davon ausgeht, daß die Magnetpole vertauschbar sind.

Johnsons hat in seiner Patentschrift auch eine Hypothese zur Funktionsweise seines Motors veröffentlicht. Seine Ausführungen liegen erstaunlich nahe an den Erkenntnissen der herkömmlichen Physik – aber das ist ja mehr oder weniger Voraussetzung für die Erteilung eines Patents. Johnson *vermutet*, daß Dauermagneten nichts anderes sind als natürliche *Supraleiter*.

Das Phänomen der Supraleitung beschäftigt die Physiker bereits seit einigen Jahrzehnten. Es tritt in erster Linie bei sehr tiefen Temperaturen auf, die nahe des absoluten Nullpunktes (–273° Celsius) liegen. Diese Temperatur wird einerseits in der Wissenschaft als tiefste überhaupt erreichbare Temperatur angesehen. Da wir andererseits Hochtemperaturen von etlichen Millionen Grad und mehr kennen, erscheint es zunächst verwunderlich, daß es über-

U.S. Patent Apr. 24, 1979 Sheet 2 of 2 4,151,431

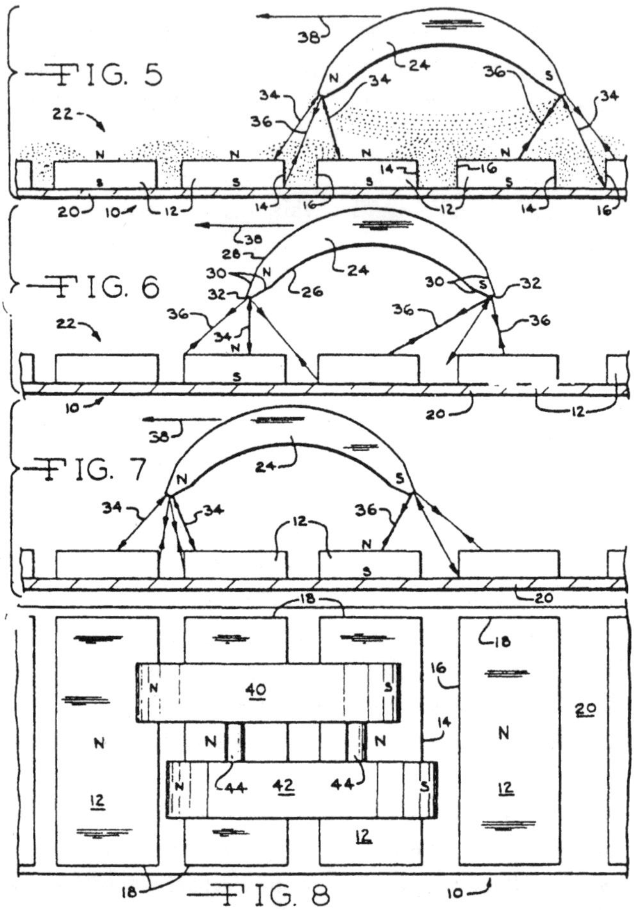

***Bild 5:** Johnsons Magnetmotor.*

haupt so etwas wie eine absolut tiefste Temperatur gibt. Der absolute Nullpunkt ist aber keineswegs aus der Luft gegriffen, sondern eine ganz zwangsläufige Folge jenes Vorgangs, den wir als Temperatur bezeichnen und messen können. Temperatur beruht auf der Reibung von Materieteilchen. Wenn Wärme auf einen Stoff übertragen wird, dann werden die Teilchen in immer heftigere Bewegungen versetzt. Dieser nach ihrem Entdecker als *Braunsche Moleku-*

larbewegung bezeichnete Vorgang macht sich in unserer makroskopischen Welt als Temperatur bemerkbar.

Entzieht man einem Stoff dagegen Wärme, dann kommt die Braunsche Bewegung immer mehr zum Stillstand. Der absolute Stillstand ist bei –273° Celsius[120] erreicht. Ab diesem Punkt kann man dem Stoff keine Wärmeenergie mehr entziehen, und deshalb kann es auch keine kälteren Temperaturen geben.

Übrigens ist es in der Praxis wahrscheinlich unmöglich, einen Stoff auf den absoluten Nullpunkt abzukühlen. Verantwortlich dafür ist wieder die Quantenfluktuation, die jeden Stoff in unmerkliche Schwingungen versetzt. Es ist aber heute durchaus möglich, Temperaturen zu erzielen, die nur winzige Bruchteile eines Grades vom absoluten Nullpunkt entfernt sind.

Die Supraleitung ist wahrscheinlich das wichtigste Phänomen, das bei Versuchen mit solchen Tiefsttemperaturen entdeckt wurde. Setzt man bestimmte elektrisch leitende Stoffe sehr tiefen Temperaturen aus, dann verringert sich ab einem gewissen Punkt ihr elektrischer Widerstand auf nahezu Null. Da unter diesen Voraussetzungen kaum noch Strom in Verlustwärme umgesetzt wird, lassen sich beispielsweise Elektromagneten realisieren, die nach Abschaltung der Stromversorgung über einen sehr langen Zeitraum ihr magnetisches Feld erhalten. Der Strom kreist dabei nahezu ohne Reibungsverluste durch die Spule, und da ein magnetisches Feld selbst keine Leistung verbraucht, lassen sich mit verhältnismäßig geringem Energieeinsatz sehr hohe Feldstärken erzielen.

Leistung wird allerdings im Kühlsystem verbraucht, und so sind die Anwendungsmöglichkeiten für die Supraleitung bislang recht begrenzt. Der Wunschtraum vieler Wissenschaftler wäre ein Supraleiter, der bereits bei Zimmertemperatur funktioniert. Damit ließen sich nicht nur hocheffiziente elektrische Maschinen, sondern auch superschnelle Computer bauen.

Johnson behauptet nun in seiner Patentschrift, daß Dauermagneten in Wirklichkeit universelle Supraleiter sind, die erst bei

120 – An diesem Punkt beginnt die *wissenschaftliche* Temperaturskala, die in *Kelvin* angegeben wird. –273° Celsius entsprechen also 0 Kelvin, während 0° Celsius gleich 273 Kelvin sind.

sehr hohen Temperaturen ihre Wirkung verlieren. Das magnetische Feld ist seiner Ansicht nach nichts anderes als ein kurzgeschlossener Stromimpuls, der ohne nennenswerte Wärmeverluste durch das Kristallgefüge des Magneten kreist.

Obwohl es sich dabei um eine unbewiesene Behauptung handelt, würde Johnsons Hypothese einige bekannte Phänomene des Ferromagnetismus erklären. So ist zum Beispiel bekannt, daß jeder Dauermagnet mit der Zeit seine Wirkung verliert. Das könnte auf die unvermeidlichen Wärmeverluste zurückzuführen sein, die auch in einem idealen Supraleiter existieren. Auch die Tatsache, daß der Dauermagnetismus sich nur auf ferromagnetische Stoffe übertragen läßt, könnte damit erklärt werden, daß sich nur bestimmte Kristallstrukturen in diesen besonderen Zustand der Supraleitung überführen lassen.

So einleuchtend Johnsons Theorie und seine Experimente aber auch sein mögen, sie haben bislang noch nicht zu einem praktisch verwertbaren Apparat geführt. Bislang konnte er nur den Beweis antreten, daß sein Linearmotor über begrenzte Strecken funktioniert. Die Betriebssicherheit seines Prototypen ist kaum höher als die eines TOMI, das zudem wesentlich einfacher aufgebaut ist.

Die größten Probleme bereitet wohl die rotierende Version seines Motors, die nur sehr selten vorgeführt wurde. Es mag als bezeichnend empfunden werden, daß die letzte bekannte Version des rotierenden Johnson-Motors nicht mehr der in der Patentschrift veröffentlichten Version ähnelt, sondern eher einer kreisförmigen Variante seines Linearmotors.

Der amerikanische Forscher *Scott Little* zitiert einen Bekannten, der Johnson vor einigen Jahren besucht hat und sich seine Labormodelle vorführen ließ[121]:

»Johnson baute auch einen rotierenden Motor; wobei es sich im wesentlichen um eine Variante seine Linearmotors handelte, die er im Kreis aufgerollt hatte. Wir (also mein Kollege und ich) besuchten ihn daheim und sahen seinen rotierenden Motor im Betrieb. Um den Motor zu starten, mußte man einen Bedien-Magneten mit der Hand

121 – Den folgenden Erfahrungsbericht veröffentlichte Little im Energie-Diskussionsforum des Datendienstes *Keely-Net.*

an eine Stelle nahe der Mitte des Rotors halten, der selbst mit weiteren Magneten besetzt war (es handelte sich ausnahmslos um Dauermagneten). Der Motor wurde dann mit der Hand angedreht und drehte sich in der Tat so lange, wie man dabei stand und den Bedien-Magneten in die Nähe hielt.

Um mögliche Beeinflussungen von menschlicher Seite auszuschließen, montierten wir den Bedien-Magneten auf einen festen Ausleger ... mit dem Resultat, daß der Motor nicht mehr lief! Augenscheinlich wurde der Motor durch unbewußtes ›Pumpen‹ von menschlicher Seite in Bewegung versetzt.

Wir analysierten auch die lineare Variante des Johnson-Apparates und kamen zu der Ansicht, daß der ›erstaunliche Schwung‹ beim Loslassen des Wägelchens offenbar von dem Menschen stammt, der ihn auf das Gleis setzt. Die (*magnetischen*) Felder am Anfangspunkt (*des Gleises*) sind so angeordnet, daß durch das Aufstellen des Wagens Arbeit geleistet wird. Die daraus resultierende Energie wird in den Magnetfeldern zwischengespeichert und in Bewegungsenergie umgesetzt, sobald man den Wagen losläßt.«

Man sollte sich von diesem niederschmetternden Urteil nicht zu sehr beeindrucken lassen, da es auf einer reinen Schätzung beruht. Messungen wurden nicht vorgenommen, und so steht hier eine Behauptung gegen die andere. Soweit spielt ja auch beim TOMI der Antriebsimpuls eine bedeutende Rolle, weil der Vorgang ohne menschliches Eingreifen nicht anläuft.

Aber was ist damit schon bewiesen?

Weder Howard Johnson noch Pat Harris haben behauptet, daß ihre Apparate *selbststartend* sind. Die Frage ist vielmehr die, ob die gesamte Bewegungsenergie aus dem Startvorgang abgeleitet wird. Andererseits sind sowohl das TOMI als auch Johnsons Motor so primitiv aufgebaut, daß man eigentlich vermuten sollte, daß die Reibungsverluste extrem hoch sind. Das praktische Verhalten der Apparate scheint dieser Auffassung zu widersprechen, was die Behauptungen der Erfinder allerdings weder untermauert noch entkräftet.

Alternative Generatoren

Anscheinend lag die Idee eines mit Dauermagneten aufgebauten Motors Mitte der 1970er Jahre in der Luft. Neben der allein auf einer speziellen geometrischen Anordnung beruhenden Entwicklung von Howard Johnson gibt es auch Vorschläge, die Kommutation eines Magnetmotors durch magnetische Abschirmung oder Umleitung zu bewirken.

Die Umleitung eines Magnetfeldes wird durch ein sogenanntes Joch vorgenommen, und es gibt kaum einen Anwendungsbereich der Magnettechnik, indem dieser Vorgang nicht angewandt wird. Dabei wird der Effekt genutzt, daß die Feldlinien eines Magneten dazu neigen, sich in ferromagnetische Gegenstände hineinzuziehen. Ferromagnetische Materialien weisen einen weitaus geringeren magnetischen Widerstand auf als Luft, und sammeln deshalb die Feldlinien ein.

Dieser Effekt tritt um so stärker auf, je kleiner der Abstand zwischen dem Magneten und dem Gegenstand ist. Werden die beiden Pole eines Magneten durch ein Stück Eisen verbunden, dann verlaufen nahezu alle Feldlinien im Eisen. Man spricht in diesem Fall von einem magnetischen Kurzschluß, da die Wirkung des magnetischen Feldes nach außen hin kaum noch in Erscheinung tritt.

Sägt man nun ein kleines Stück aus dem Eisenjoch heraus, dann entsteht ein magnetischer Widerstand, da die Feldlinien die Luft zwischen den beiden offenen Enden überbrücken müssen. Je kleiner der Querschnitt des Luftspaltes ist, desto mehr werden die Feldlinien zusammengedrängt. Auf diese Weise läßt sich das Magnetfeld auf eine kleine Fläche konzentrieren.

Man kann einen Magnetgenerator nun mit einem geschlitzten Eisenzylinder zwischen Rotor und Stator versehen, der durch unterschiedlich große Luftspalte ein magnetisches Ungleichgewicht verursacht. Ein solcher magnetischer Kommutator stellt sicher eine Verbesserung dar, wenn man einmal davon ausgeht, daß sich ein Magnetgenerator überhaupt realisieren läßt.

Auch der Generator des deutschen Erfinders Heinrich Kunel arbeitet mit der Umleitung von Magnetfeldern. Der ziemlich komplizierte Innenaufbau wurde in einer Offenlegungschrift[122] vor dem Deutschen Patentamt aus dem Jahr 1977 dargestellt. Kunels Generator soll seine Antriebskraft ebenfalls ausschließlich aus dem Magnetfeld beziehen. Leider hört und sieht man nur sehr wenig von seinem Vorschlag, der einige recht interessante Konstruktionsmerkmale enthält.

Insgesamt gehört auch Kunels Generator trotz seines komplexen Aufbaus jedoch zu den Maschinen, deren Funktionsfähigkeit mit der des TOMI steht und fällt. Schließlich fußt sie ja ebenfalls auf der Hypothese, daß man einen Motor mit Permanentmagneten aufbauen kann.

Eine Ausnahmeerscheinung unter den Magnetgeneratoren stellt der Entwurf des Amerikaners *John W. Ecklin*[123] dar. Im Gegensatz zu anderen Erfindungen widerspricht Ecklins Generator nicht den gegenwärtig vorherrschenden Erkenntnissen der Naturwissenschaften. Das Prinzip ist sogar so logisch und einfach, daß man auf den ersten Blick zu der Ansicht neigen könnte, daß hierin der lang gesuchte Stein der Weisen liegt.

Ecklins Generator nutzt die magnetische Abstoßung gleichartiger Pole, die durch ein Abschirmblech gesteuert werden. Der Antriebsteil besteht aus zwei auf Druckfedern montierten Magneten, die mit gleichen Polen aufeinanderweisen. Im Ausgangszustand stoßen sich die Magneten ab, die Federn werden dabei maximal zusammengedrückt.

Bringt man nun ein Plättchen aus einer magnetisch abschirmenden Speziallegierung zwischen die Pole der beiden Magneten, wird die Abstoßung aufgehoben, und die Magneten bewegen sich aufeinander zu. Über Pleuelstangen kann man diese lineare Bewegung in eine Rotation umsetzen.

Der Generator läuft allerdings nicht von selbst an und führt auch keine selbsttätige Kommutation durch. Vielmehr soll die antreibende Kraft – beispielsweise Wasser oder Wind – direkt die Abschirmung steuern und damit den gesamten Generator betreiben. Der mechanisch einfachste und zuverlässigste Weg läge darin, die Ab-

122 – OE 25 56 799 vom 30.06.1977.

123 – US-Patent 3.879.622 vom 29. März 1974.

schirmung als kreisrundes Blech auszuführen, das in magnetisch abschirmende und durchlässige Bezirke eingeteilt wird. Der Materialaufwand ist allerdings recht hoch, da es zwangsläufig zu einer Streuung kommt, die durch zusätzliche Abschirmbleche unterdrückt werden muß.

Entsprechende Speziallegierungen sind seit langem bekannt, und so steht der Realisierung eines Ecklin-Generators eigentlich nichts entgegen. Das Prinzip hat gegenüber anderen Vorschlägen für rotierende Magnetaggregate den Vorteil, daß die magnetisch neutrale Abschirmung nicht entgegen der Wirkung der Feldlinien zwischen die Magneten gebracht werden muß. Die dabei bewirkte Kommutation erfordert weitaus weniger Leistungsaufwand, da lediglich das Gewicht der Abschirmung bewegt werden muß.

Natürlich stellt sich die Frage, ob man Ecklins Generator nicht ebenfalls durch Elektromagneten verbessern könnte. Die naheliegendste Idee wäre die, zwei sogenannte *Solenoiden* zu verwenden. Das sind zylinderförmige Zugmagneten, die einen kleinen Stahlstift in sich hineinziehen. Die gesamte Masse von Spule und Stiftkern wäre kleiner als die eines gleich starken Dauermagneten. Die Leistungsbilanz der elektromagnetischen Variante liegt aber immer höher als die der dauermagnetischen Version, da zusätzlich zum relativ unbedeutenden Gewicht der Abschirmblende auch ein Feld erzeugt werden muß, das stark genug ist, um die Stifte zu bewegen. Die Wärmeverluste könnten beliebig klein ausfallen, aber sie sind nicht zu eliminieren.

Offenbar arbeitet der Ecklin-Generator wirklich besser, wenn man ihn mit Dauermagneten aufbaut. Nur ist das leider noch kein Grund, in haltlose Euphorie auszubrechen. Auch Ecklins Konstruktion hat mehr als einen Haken, was ihren Sinn letztlich in Frage stellt.

Dazu muß man sich nur vor Augen halten, daß die Abstoßungskraft zweier gleicher Magnetpole mit zunehmender Entfernung schnell abnimmt. Eine theoretisch ideale Feder erfordert aber beim Zusammendrücken eine konstante Kraft, die durch die Abstoßung gar nicht gegeben ist.

Problematisch ist auch die Lagerung der Magneten. Ecklins Entwurf kann eigentlich nur als Kolbenmaschine realisiert werden,

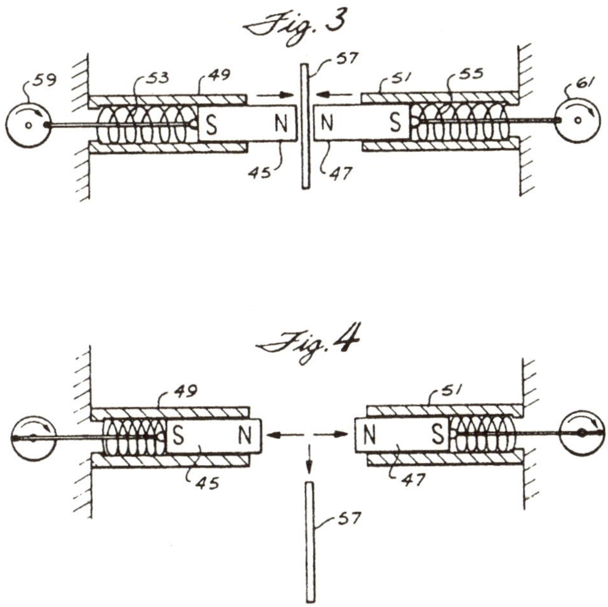

Bild 6: *Ecklins Magnetmotor mit Abschirmblech.*

die etwa wie der Zylinder eines Automotors aufgebaut ist. Der Magnet gleitet dabei auf einem Ölfilm an den Wänden des Zylinders entlang. Ganz ohne Reibungsverluste geht das auch nicht, was die ohnehin zweifelhafte Leistungsbilanz weiter schmälert.

Insgesamt bleibt der Eindruck, daß Ecklins Patent noch weit von einer praktisch realisierbaren Maschine entfernt ist. Zwar mag es möglich sein, damit relativ große Magneten auseinanderzudrücken, aber der geringe Hub vermag keine nennenswerten Antriebsleistungen abzugeben. Es ist zu vermuten, daß der Wirkungsgrad weitaus niedriger liegt als bei herkömmlichen Generatoren.

Gute Idee, schlechtes Engineering, könnte man sagen. Aber ich finde Ecklins Idee trotzdem interessant genug, weil sie den Magnetismus von einem ganz anderen Ausgangspunkt betrachtet. Im Prinzip wird hier auf relativ einfachem Wege ein gesteuertes, unipolares Magnetfeld erzeugt. Ein Ansatz, dessen Bedeutung möglicherweise erst zutage tritt, wenn man ihn mit anderen mißglückten Entwürfen zusammenbringt.

Zu den ebenfalls mit Dauermagneten ausgestatteten Generatoren gehören die Schenkelpol-Maschinen, deren bekanntester Befürworter der 1983 verstorbene Professor Raymond Kromrey war. 1968 erfolgte die Patentanmeldung seines Schenkelpol-Generators in den USA.[124]

Kromreys Erfindung wirkt auf den ersten Blick ziemlich einfach. Erst beim zweiten Hinsehen stellt man überrascht fest, daß sich dieser Generator kaum von einem äußerst primitiven Elektromotor unterscheidet, dessen Rotor aus einem mit zwei Spulen bewickelten Eisenstab besteht, während der Stator aus zwei Dauermagneten aufgebaut ist.

Es spricht auch absolut nichts dagegen, daß sich dieser Apparat nach Anlegen einer kommutierenden Spannung an den beiden Spulen in Bewegung setzen wird. Entsprechend skeptisch wurde der Schenkelpol-Generator auch von der etablierten Wissenschaft aufgenommen. Daß Professor Kromrey seine Maschine auch gerne als *Schwerefeld-Generator* bezeichnete, hat die Popularität seines Entwurfes in diesen Kreisen auch nicht gerade erhöht.

Nun stelle ich mich auf den Standpunkt, daß ein schlechter Motor nicht unbedingt auch ein schlechter Generator sein muß.

So muß man ihm durchaus Recht geben, wenn er behauptet, daß ein leichtgängiger Generator besser funktioniert, weil die antreibende Kraft auf weniger mechanischen Widerstand trifft.

Allerdings ist mir nicht ganz klar, woher diese Leichtgängigkeit kommen soll. Wenn der Schenkel quer zu den Magneten steht, wird der Lauf des Rotors natürlich kaum vom Magnetfeld beeinflußt. Steht er aber genau senkrecht zwischen den Magnetpolen, dann ist der magnetische Kreis fast geschlossen. Dementsprechend müßte eigentlich mehr Kraftaufwand erforderlich sein, um den Schenkel wieder aus dem Magnetfeld herauszudrehen.

Abseits der Magnetpole kann sich der Rotor zwar frei drehen, erzeugt aber keinen Strom. Trotzdem wird etwas mechanische Leistung benötigt, um den Rotor weiterzudrehen. Natürlich erfordert dieses »Durchschleppen« einer toten Last weniger Kraftaufwand, da ja keine magnetischen Feldkräfte zu überwinden sind. Bei einem

124 – US-Patent 3.374.376 vom 19. März 1968.

March 19, 1968 R. KROMREY 3,374,376

ELECTRIC GENERATOR

Filed Jan. 2, 1964 5 Sheets-Sheet 3

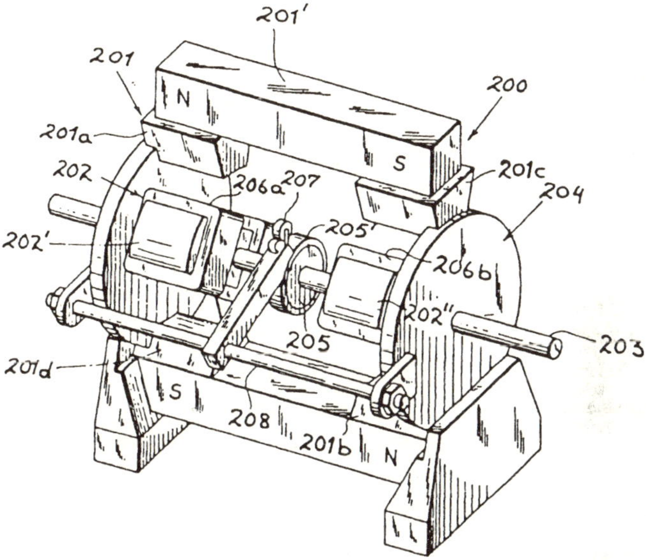

Fig.2

***Bild 7:** Das Prinzip des Schenkelpol-Generators.*

herkömmlichen Generator werden mehrpolige Rotoren und Statoren verwendet, so daß die Bewegung immer im Bereich eines Magnetfeldes erfolgt.

Im Leerlauf läßt sich ein herkömmlicher Generator deshalb sicher weniger leicht drehen als eine Schenkelpol-Maschine. Ganz anders sehen die Verhältnisse aber bei Belastung der Generatorspulen mit einem Stromverbraucher aus. Hier liefert der Schenkelpol-Generator nur in einem sehr kleinen Teil seines Drehbereiches Strom.

Das erklärt auch hinreichend, warum der Kurzschluß der Generatorwicklung einer Schenkelpol-Maschine keine – oder jedenfalls keine nennenswerte – Rückwirkung auf die antreibende Kraft ausübt. Bei herkömmlichen Generatoren würde die kurzgeschlossene Wicklung über den gesamten Drehbereich als magnetische Bremse wirken, und die Leerlaufgeschwindigkeit des Antriebs – beispielsweise ein Dieselmotor – würde entsprechend sinken. Bei der Schenkelpol-Maschine sind die Auswirkungen wesentlich geringer, da der Bereich, indem sich die kurzgeschlossene Rotorwicklung innerhalb eines Magnetfeldes liegt, wesentlich kleiner ist.

Kromreys Erfindung wirkt auf den ersten Blick erstaunlich. Die Skeptiker können also einige durchaus gewichtige Argumente gegen die Schenkelpolmaschine auffahren. Trotzdem will ich auch in diesem Fall kein ablehnendes Urteil fällen, da ich bislang nicht die Gelegenheit hatte, mich eingehender mit einer solchen Maschine zu beschäftigen.[125] Vielleicht gibt es ja doch unerklärliche Effekte, die man aufgrund des simplen Aufbaus dieser Maschine nicht für möglich halten sollte.

An dieser Stelle könnte ich noch etliche Patente und Ideen zur Realisierung von Magnetmotoren beschreiben. Das würde aber wahrscheinlich recht langweilig werden, da sich viele dieser Apparate doch sehr ähneln. Bislang haben sich der Magnetgenerator und seine direkten Abkömmlinge aber überwiegend als Gedankenspielereien entpuppt, deren technischer Nutzen eher fragwürdig ist.

Wirklich *nutzlos* finde ich diese Konzepte aber keineswegs. Schließlich hängt die Erweiterung unserer naturwissenschaftlichen Erkenntnisse nicht davon ab, daß sich eine bestimmte Hypothese als richtig oder falsch erweist.

Faradays N-Maschine

Über Michael Faraday habe ich Ihnen ja bereits einiges erzählt. Seine fundamentalen Entdeckungen zählen zu den wichtigsten in der Geschichte der Elektrotechnik. Als Amateurforscher ging Faraday an seine Experimente ohne jene wissenschaftlichen Vorurteile heran, die den hochdotierten Akademikern oft den Zugang zu den wirklichen Hintergründen eines Vorgangs versperren.

125 – Ob der Nachbau solcher Maschinen zu den Aufgaben eines Wissenschaftsautors gehört, sei dahingestellt.

Faradays bedeutendste Erfindung war der Faraday-Generator, in der deutschsprachigen Literatur bisweilen auch als Dynamo bezeichnet. Während heutige Generatoren als stromliefernden Teil Spulen enthalten, die mit langen Drahtwicklungen versehen sind, besteht dieses Element bei Faradays Generator aus einer simplen Kupferscheibe. Diese ist im Zentrum und am Rand mit zwei Stromabnehmern versehen und wird zwischen den Polen eines Hufeisenmagneten in Rotation versetzt.

Durch die Rotation kommt es zwischen dem Rand und dem Zentrum der Scheibe zu einer sogenannten Potentialdifferenz, in einfachen Worten: einer meßbaren Spannung. Diese kann über die beiden Stromabnehmer einem Meßgerät oder einem elektrischen Verbraucher wie z. B. einer Glühlampe zugeführt werden.

Letztere war allerdings noch nicht erfunden, als Faraday 1831 seine ersten Experimente mit diesem Generator anstellte. Statt dessen nahm er Messungen mit einem primitiven Galvanometer vor. Der Faraday-Generator wird heute in der angloamerikanischen Literatur als *F-Machine* bezeichnet. Bis zum Ende des 19. Jahrhunderts wurden recht häufig F-Maschinen mit Kupferscheiben von mehreren Metern Durchmesser als Generatoren eingesetzt. Heute findet man sie eigentlich nur noch in Schulen, wo sie als Lehrmittel im Physikunterricht dienen.

Im Gegensatz zum modernen Generator produziert eine F-Maschine keine Wechselspannung, sondern eine Gleichspannung. Auch die Funktionsweise ist anders, da hier nicht ein Elektronenfluß quer zur Richtung der Feldlinien, sondern ein Ablenkungseffekt für den Aufbau des Potentials sorgt. Dieses Phänomen ist als *Hall-Effekt*[126] bekannt und lenkt die Elektronen in einem Metallstück in eine gekrümmte Bahn ab.

Soweit widerspricht diese Maschine aber keineswegs der allgemeinen Erfahrung, daß zur Erzeugung eines elektrischen Stroms immer ein Leiter und ein Magnet erforderlich sind, und das entweder der Magnet stillstehen und der Leiter sich bewegen muß oder umgekehrt.

126 – Wird *Holl* ausgesprochen, nach seinem Entdecker *Edwin Herbert Hall.*

Faraday versuchte auch, den Gegenbeweis zu führen, indem er den Leiter zusammen mit dem Magneten rotieren ließ. Dieses Experiment wird heute meist mit einem Lautsprecher-Ringmagneten durchgeführt, wie wir ihn auch aus dem TOMI kennen.

Der Magnet wird auf eine Scheibe aus Kupfer oder Bronze vom gleichen Durchmesser geklebt. Uneinigkeit herrscht bei den Erbauern darüber, ob dazwischen eine Isolationsschicht aus Kunststoff oder einem andern geeigneten Material liegen muß oder nicht. Anscheinend wird die grundsätzliche Funktionsfähigkeit aber davon nicht beeinflußt.

In der Mitte der Kupferscheibe sitzt eine leitfähige Achse. Im Gegensatz zu der Scheibe selbst kann diese auch aus einem magnetisch leitfähigen Material wie Stahl bestehen. Es muß nur gewährleistet sein, daß sie erstens selbst elektrisch leitfähig ist und zweitens leitend mit der Scheibe verbunden ist.

Statt eines Magneten kann man auch mehrere nehmen, die auf beiden Seiten der Scheibe symmetrisch angeordnet werden. Außerdem sind natürlich zwei Mitnahmekontakte notwendig; einer sitzt an der Achse, der andere am Rand der Kupferscheibe. Die Kontakte sollten von möglichst hoher Qualität sein, da die von der F-Maschine abgegebenen Spannungen sehr niedrig sind.

Versetzt man die Scheibe in Rotation, dann kann man an den Bürsten eine kleine Gleichspannung messen. Das Merkwürdige an diesem Apparat ist nun, daß man ihm durchaus beträchtliche Ströme entnehmen kann, obwohl zwischen der Leiterscheibe und dem Magneten keine Relativbewegung stattfindet. Experimente haben gezeigt, daß im Kurzschlußbetrieb keine Belastung des Antriebs festzustellen ist, was ebenfalls im Widerspruch zur herkömmlichen physikalischen Lehre steht.

Der Wirkungsgrad der N-Maschine wird in einschlägigen Kreisen mit etwa 2000 Prozent angegeben, was sich auf den ersten Blick so liest, als ob wir damit die Lösung aller Probleme gefunden haben.

Ein funktionsfähiges *Perpetuum mobile* also? Möglicherweise, wenn man einmal von der Kleinigkeit absieht, daß die N-Maschine weitaus mehr Antriebsleistung verbraucht als sie elektrische Leistung abgibt. Ihr effektiver Wirkungsgrad liegt also deutlich unter dem einer F-Maschine oder eines normalen Generators. Die Befürworter beziehen dagegen nur das Kurzschlußverhalten im Leerlauf ein.

Aus wirtschaftlicher Sicht ist das ein glatter Selbstbetrug. Von der Energie, die man in die N-Maschine hineinsteckt, kommen de facto nur einige Prozent wieder heraus. Trotzdem ist es erstaunlich, daß dieser Apparat *überhaupt* eine elektrische Leistung abgibt. Schließlich besteht die Maschine nicht aus der klassischen Anordnung von Rotor und Stator.

Aus mechanischer Sicht ist die N-Maschine keineswegs unproblematisch. So sind immense Umdrehungsgeschwindigkeiten notwendig, um mit einigermaßen vertretbaren Scheibenabmessungen nennenswerte Leistungen zu erzielen. Die Konstruktion muß deshalb nicht nur äußerst stabil sein, sondern auch mit sehr guten Abnehmerkontakten versehen werden. Der hohe Anpreßdruck der Bürsten sorgt für eine starke Überhitzung des Rotors, und die Oxidbildung am Kontaktübergang bewirkt einen Spannungsabfall, der die Leistungsausbeute weiter herabsetzt. Mit verbesserten Kontakten ließe sich der Spannungsabfall deutlich herabsetzen, was die Leistungsausbeute verbessern würde.

Selbst im Idealfall ist die N-Maschine aber weit davon entfernt, auch nur den bescheidenen Wirkungsgrad eines Fahrrad-Dynamos zu erreichen.

Trotz dieser ernüchternden Bilanz gibt es etliche Forscher, die fest daran glauben, daß sie nur ein winziges Stück davon entfernt sind, die N-Maschine soweit zu verbessern, daß sie *Energie aus dem*

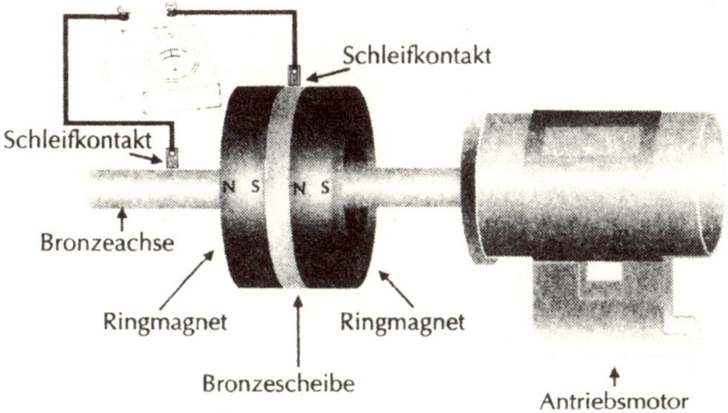

Bild 8: *Die N-Maschine.*

Nichts produziert. Für sie verkörpert die N-Maschine die große Hoffnung, der etablierten Physik ein Schnippchen zu schlagen, oder der Menschheit einen Dienst zu erweisen.

Wo die Energie herkommt, ist rätselhaft. Und obwohl die N-Maschine keinen Nutzen bringt, stellt sie sicherlich ein interessantes Forschungsobjekt dar.

Der Homopolar-Generator

Die Wiederentdeckung der N-Maschine haben wir dem amerikanischen Physiker *Bruce dePalma* zu verdanken. Er hat auch die Weiterentwicklung dieses Apparates vorangetrieben und mit dem Homopolar-Generator eine einfache, aber durchaus geniale Lösung erdacht.

Der Homopolar-Generator ist eine einleuchtende Kombination aus einer N-Maschine und einer F-Maschine, die auf einer gemeinsamen Achse sitzen. Beide Maschinen sind sich ja sehr ähnlich, nur daß die F-Maschine mit feststehenden Magneten arbeitet, die N-Maschine dagegen mit rotierenden.

Die F-Maschine wird hier zunächst nicht als Generator, sondern als Startmotor betrieben. Dazu wird im Moment des Einschaltens eine Hilfsspannung auf den Außenkontakt der F-Maschine gegeben. Dadurch dreht der ganze Apparat an.

Die Hilfsspannung muß so lange anliegen, bis die kritische Drehzahl erreicht wird, bei der die Ausgangsspannung der N-Maschine hoch genug ist, um die F-Maschine zu betreiben.

Wenn dieser Punkt erreicht ist, wird die Hilfsspannung weggenommen und im gleichen Moment der Schalter geschlossen, der die Außenkontakte der Kupferscheiben miteinander verbindet. Somit entsteht ein geschlossener Stromkreislauf, bei dem die N-Maschine als Generator funktioniert, der die F-Maschine versorgt, von dem er wiederum angetrieben wird.

Das gesamte Aggregat gibt dabei keine elektrische Leistung ab, sondern eine Antriebskraft auf der Hauptwelle. Diese kann über geeignete Riemenvorgelege wiederum einen Generator antreiben, der die Bewegungsenergie in Strom verwandelt.

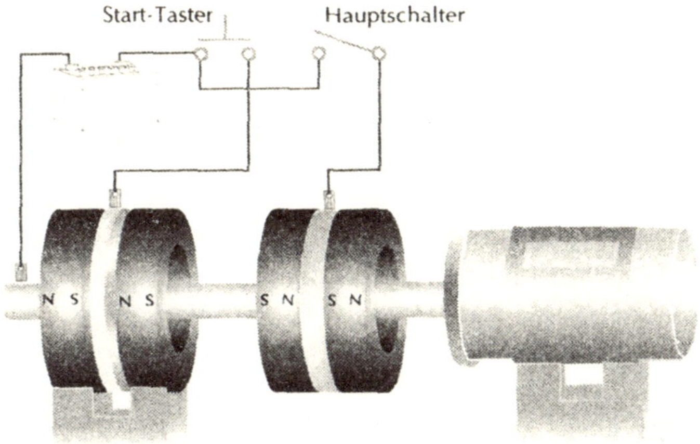

Bild 9: *Der Homopolar-Generator.*

Wenn Ihnen das Ganze etwas suspekt ist, habe ich durchaus Verständnis dafür. Erstens wurde ja bereits im letzten Abschnitt erwähnt, daß die Leistungsausbeute der N-Maschine sehr klein ist, kleiner selbst als die der F-Maschine. Sie kann also gar nicht genug Strom liefern, um die F-Maschine in Gang zuhalten.

Eine andere verbesserte Abwandlung der N-Maschine stellt das ebenfalls von dePalma entwickelte *Omegatron* dar. Die Funktionsweise bleibt die gleiche, aber die Dauermagneten werden durch Elektromagnete ersetzt. Wenn man diese nun mit Wechselspannung betreibt, wird das Feld dauernd umgepolt. Statt einer Gleichspannung kann man an den Bürsten eine Wechselspannung abnehmen.

Der Vorteil liegt hauptsächlich darin, daß die Wechselspannung nahezu verlustfrei hochtransformiert werden kann und somit der Betrieb normaler Elektrogeräte möglich wird. Außerdem können die Frequenz der Wechselspannung und auch die gesamten Betriebsparameter über die Feldspulen beeinflußt werden.

DePalma schlägt für die Feldspulen keine normalen Zylinderwicklungen vor, sondern jene spiralförmigen Flachspulen, die zuerst von *Nikola Tesla* verwendet wurden. Auf diesen speziellen Spulentyp und seine Eigenschaften werde ich später noch genauer eingehen.

Einige Forscher glauben daran, daß es bei N-Maschinen, Omegatrons und Homopolar-Generatoren eine *hyperkritische* Umdrehungsgeschwindigkeit gibt, bei der die Ausgangsleistung dramatisch ansteigt. In diesem Zusammenhang tauchen immer wieder Gruselgeschichten auf, die vor explodierenden Magneten, harter Parastrahlung[127] im Megawattbereich und anderen Phänomenen warnen. Das sind keineswegs direkte Lügengeschichten, sondern eine Variante eines komplexen soziologischen Phänomens, das in der einschlägigen Literatur als FOAF-Geschichte[128] bezeichnet wird.

FOAF-Geschichten zeichnen sich dadurch aus, daß sie mit einem Satz eingeleitet werden, der sinngemäß »Ein Freund hat mir erzählt …« lautet. Sie werden überwiegend an Orten verbreitet, an denen Menschen ihre Freizeit verbringen. Das können Kneipen sein, aber auch Kantinen oder öffentliche Verkehrsmittel. Die Geschichten sind keine freien Erfindungen desjenigen, der sie erzählt. Vielmehr handelt es sich um bewußte oder unbewußte Fehlinterpretationen realer Ereignisse, die von Mund zu Mund überliefert werden und sich dabei ständig leicht verändern.[129]

Auch über den Homopolar-Generator kursieren solche Gerüchte, und man könnte allzu leicht den Eindruck bekommen, daß etliche tausend Leute bereits Erfahrungen mit diesem Apparat gemacht haben.[130] Versucht man aber, die Hintergründe zu durchleuchten,

127 – Im Bereich der innovativen Energieforschung wird der Begriff *Parastrahlung* für eine nicht-elektromagnetische Strahlungsform verwendet, die eine Auswirkung einer angenommenen fünften oder sechsten Dimension darstellt. Wenn Sie die Science-Fiction-Reihe *Perry Rhodan* kennen, wissen Sie genau, was damit gemeint ist, da der Begriff dort in einer ähnlichen Bedeutung angewendet wird.

128 – FOAF steht als Abkürzung für *Friend Of A Friend,* was mit *Freund eines Freundes* zu übersetzen ist.

129 – Ein gutes Beispiel dafür ist das beliebte Kinderspiel *Stille Post,* bei dem ein einfacher Satz von Ohr zu Ohr geflüstert wird. Dabei fließen unterbewußte Informationen ein, die oft zu haarsträubend lustigen Ergebnissen führen.

130 – Die FOAF-Geschichten stellen gerade in den Grenzwissenschaften ein großes Problem dar, weil wahre Ereignisse dadurch bis zur Unkenntlichkeit verändert werden können. Es kann sogar passieren, daß eine Geschichte soweit mutiert, daß sie wieder dem ursprünglichen, realen Ereig-

dann stellt man fest, daß die angeblichen Versuche von dem Urheber nicht durchgeführt, sondern nur weitererzählt wurden.

Meiner Schätzung nach gibt es auf der ganzen Welt nicht mehr als hundert Forscher, die wirklich einen solchen Apparat aufgebaut und untersucht haben. In Deutschland sind es weniger als zehn, in den USA 20 oder 30, in Japan weniger als fünf.

Es ist in manchen Fällen nicht ganz einfach, echte Erlebnisse von erfundenen zu unterscheiden. Die bereits erwähnten explodierenden Magneten sind ein gutes Beispiel, da mit großer Wahrscheinlichkeit ein wahrer Kern dahintersteckt. Dauermagneten werden aus recht brüchigen Legierungen hergestellt, die sich bei den für N-Maschinen durchaus üblichen Rotationsgeschwindigkeiten von 15 000 Umdrehungen pro Minute und mehr in Wohlgefallen auflösen können. Die Splitter werden mit entsprechender Geschwindigkeit durch den Raum schießen, und das ist keineswegs ungefährlich.

Weitaus unglaubwürdiger klingt dagegen die Behauptung, daß die Dauermagneten beim Betrieb ihre Kraft verlieren oder sogar zu Staub zerfallen können. Das wird nicht nur über N-Maschinen erzählt, sondern auch über Howard Johnsons Magnetmotor.

Wenn man einmal akzeptiert, daß die herkömmliche Magnettheorie einige Lücken aufweist oder sogar falsch ist, könnte auch an diesem Gerücht etwas dran sein. Vielleicht entzieht ein Magnetmotor den kreisenden Elektronen wirklich Energie, so daß die Bindungskräfte des Kristallgefüges in Mitleidenschaft gezogen werden.

Wenn das wirklich der Fall sein sollte, kann man die Arbeit an allen auf Dauermagneten beruhenden Konverterkonzepten eigentlich einstellen.

Zweifel am Prinzip

Auf der anderen Seite gibt es ja mit dem Omegatron auch eine Variante der N-Maschine, die ohne Dauermagneten auskommt. Zwar

nis entspricht. Wahrscheinlicher ist aber die Aufsplittung, bei der ein Vorfall mehrere unabhängige Geschichten hervorruft, die den Eindruck erwecken, daß so etwas *öfter passiert.*

habe ich selbst noch nie eine solche Maschine im Betrieb gesehen, sehe aber keinen triftigen Grund, ihre Realisierbarkeit grundsätzlich anzuzweifeln.

Ob Sie nur einen normalen Generator darstellt oder wirklich eine neue Energiequelle anzapft, wird sich erst erweisen müssen. Es gibt aber meiner Ansicht nach gute Gründe, letzteres anzuzweifeln.

Rufen wir uns dazu noch einmal die einfache Variante der mit Dauermagneten aufgebauten N-Maschine ins Gedächtnis. Daß sie Strom produziert, obwohl der für einen Generator notwendige Stator fehlt, hat auch die Physiker verwirrt. Mit viel Mühe haben sie ein relativistisches Denkmodell des Magnetismus entwickelt, das die N-Maschine über abenteuerliche Klimmzüge erklärt.

Es sieht jedoch so aus, also ob es eine lachhaft einfache Möglichkeit gibt, die Funktionsweise der N-Maschine zu erklären. Ganz ohne Relativitätstheorie, nur mit den einfachen Mitteln der Induktionslehre.

Der amerikanische Forscher *William Beaty* hat diese Möglichkeit schon vor Jahren entdeckt und unter anderem im *Internet* publiziert. Er geht davon aus, daß die N-Maschine doch einen primitiven, aber durchaus funktionierenden Stator besitzt: die Abnehmerkontakte selbst.

Diese stehen im Verhältnis zu den Magneten still. Dabei dreht

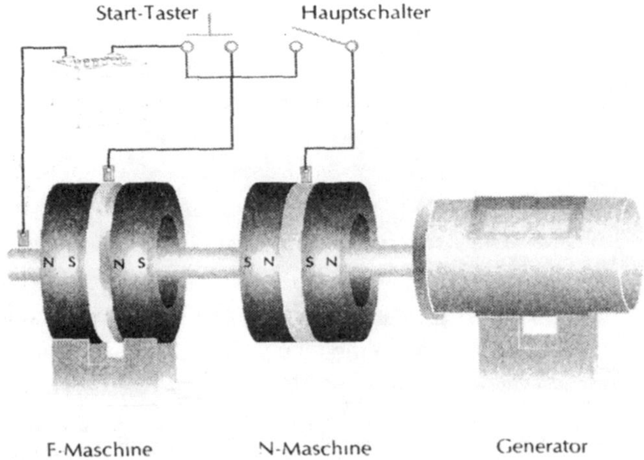

Bild 10: *Eine bürstenlose Variante des Homopolar-Generators.*

das Feld des Magneten sich am Abnehmer vorbei – es handelt sich also um eine simple und schlüssige Umkehrung des ursprünglichen Faraday-Generators, der *F-Maschine.* Das deckt sich auch mit den Erfahrungen einiger Forscher, die entdeckt haben, daß eine N-Maschine nicht funktioniert, wenn sie nicht mit außen liegenden Abnehmerkontakten ausgestattet ist.

Das mag auch erklären, warum es keine praktische Erfahrung mit einer naheliegenden Variante des Homopolar-Generators gibt, die mir bereits beim ersten Anblick des Prinzips einfiel.

Hier werden die gesamte Umschaltung, die Bürsten und die Hilfsspannung komplett eingespart. Statt dessen sind die Scheiben des N- und des F-Aggregats mit einem festen Bügel verbunden. Diese Konstruktion weist eine optimale elektrische Leitfähigkeit auf, die weit über allem liegt, was sich mit Bürsten oder anderen Abnehmern erreichen läßt.

Natürlich kann die Konstruktion nicht mehr durch eine Hilfsspannung gestartet werden. Statt dessen wird sie *angeschleppt*, wozu einfach der vom Homopolar-Generator angetriebene Stromgenerator als Motor zweckentfremdet wird.

Mit dieser Variante des Homopolar-Generators könnte man ein für allemal beweisen, ob die N-Maschinen und ihre Abwandlungen wirklich Energie aus dem Nichts freisetzen.

Oder ist das nur eine Glaubensfrage?

Theorien aus dem Nichts?

Im Zusammenhang mit der N-Maschine wurden einige Schlagworte geprägt, die mittlerweile auch auf andere alternative Energieerzeuger angewendet werden. Andere Begriffe sind den umgekehrten Weg gegangen, und so weist auch der Forschungsbereich der alternativen Energiekonvertierung mittlerweile einen Insider-Jargon auf.

Das Schlagwort *Perpetuum mobile* hört man dagegen nur noch sehr selten, weil es wohl zu eng mit der vorwissenschaftliche Ansicht verknüpft ist, daß man Energie erzeugen und verbrauchen kann. Es gibt nur noch sehr wenige Forscher, die derartige Hypothesen befürworten. Alle anderen meiden diesen suspekten Begriff aus leicht verständlichen Gründen.

Statt dessen hat sich der Obergriff *Freie Energie* (FE) durchgesetzt, der allgemein für alle Energiequellen verwendet wird, die praktisch in unbegrenztem Ausmaß zur Verfügung stehen. Manche Forscher bezeichnen selbst die Solarenergie als FE, allgemein werden damit aber nur solche Energien umschrieben, die unsere herkömmliche Wissenschaft nicht für nutzbar oder schlichtweg für nonexistent hält. Auch die oben erwähnten Magnetgeneratoren gehören also zu den FE-Apparaten.

Wenn eine Maschine FE zur *Verfügung* stellt, dann setzt sie natürlich immer mehr Energie frei, als man in sie hineinsteckt. Der Wirkungsgrad ist also höher als eins (größer als 100 Prozent), was mit dem englischen Begriff *over-unity* (OE) umschrieben wird.

Nun gibt es zu jeder Maschine, die nach Ansicht eines oder mehrerer Forscher FE konvertiert, etliche Hypothesen hinsichtlich ihrer Funktionsweise. Die wegen ihres wissenschaftlichen Ansatzpunktes unumstrittenste Theorie ist die, daß die FE-Maschinen das Potential des flukturierenden Quantenfeldes anzapfen. Da das Quantenfeld überall und damit auch im absoluten *Vakuum* existiert, bezeichnet man sie im deutschsprachigen Raum auch als *Vakuum-Energie.* International gebräuchlich ist aber der Begriff *ZPE*; eine Abkürzung von *Zero-Point-Energy*, übersetzt also *Nullpunkt-Energie.*

Wer mit wissenschaftlichen Begriffen umzugehen versteht, wird gewisse Probleme damit haben, die in diesem Zusammenhang veröffentlichten Hypothesen zu akzeptieren. Eine *vereinheitlichte* Theorie sucht man hier vergeblich, es gibt zu fast jedem Versuch gleich mehrere Erklärungsansätze. Möglicherweise macht das auch den Reiz dieses Forschungsgebietes aus, das undogmatischer nicht sein könnte.

Außer relativistischen oder quantentheoretischen Ansätzen findet man hier auch Hypothesen, die neuartige Teilchen als Ursache der FE ansehen. Eine der bekanntesten FE-Hypothesen ist die *Tachyonen-Theorie*[131] des bekannten Alternativ-Mediziners und

131 – Die man wiederum nicht mit den quantenartigen *Tachionen* des US-Physikers Donald Reed verwechseln darf.

FE-Forschers *Dr. Hans* A. *Nieper.* Er versucht damit die als potentielle Quelle für FE vermuteten Feldeffekte der Quantenphysik auf einer relativistischen Basis zu erklären.

In eine ähnliche Kerbe schlägt auch die *Elfino-Theorie* des Chemikers *Dr. Helmut Hoegl,* der zwei massebehaftete Urteilchen als Grundbausteine des Universums postuliert.

Neben Teilchen und Feldern findet man auch weitaus komplexere Ansätze, die FE mit einer mehrdimensionalen Kosmologie zu erklären versuchen. Die Hyperraum-Hypothese des Physikers *Thomas Bearden* wird von so vielen Forschern akzeptiert, daß man sie fast schon als alternative Lehrmeinung bezeichnen könnte.

Bearden verwendet etwa denselben Ansatz wie der deutsche Physiker *Burkhard Heim,* der eine recht plausible Kosmologie entwickelt hat, mit der sich auch parapsychologische Phänomene erklären lassen.[132] Genau wie Heim geht Bearden davon aus, daß unser Kosmos mehr Dimensionen aufweist als die von Einstein postulierten vier. Dabei handelt es sich um imaginäre Dimensionen, die also nicht mit den drei räumlichen, sondern mit der weniger greifbaren zeitlichen Dimension vergleichbar sind.

Eine ähnliche Hypothese hat auch der japanische Physiker *Shinichu Seike* aufgestellt, der mit elektronischen Schaltungen Strahlungen oder Felder erzeugt haben will, die nur in einem von ihm geschaffenen mehrdimensionalen Vorstellungsmodell existieren können.

Bearden und Seike sehen den sogenannten Hyperraum als potentielle FE-Quelle an. Dazu haben sie recht komplexe mathematische Modelle aufgestellt, die allerdings nicht unbedingt der üblichen wissenschaftlichen Methodik entsprechen. Mithin sind ihre Hypothesen dem Laien kaum zugänglich und können vom Standpunkt der etablierten Wissenschaft auch nicht akzeptiert werden.

Nun bringt es wirklich nichts, sich den Kopf mit Gedanken vollzupacken, die auf bislang zumeist gescheiterten Experimenten basieren. Ich halte den gesamten Bereich der FE-Forschung für eine

132 – Eine auch für mathematisch Unbegabte halbwegs verständliche Erklärung von Heims Theorie bietet *Illobrand von Ludwiger* in seinem Buch *Der Stand der UFO-Forschung*, Frankfurt 1992.

eher praktische Angelegenheit, der man intuitiv oder auch sachlich nachgehen kann. Wenn sich jemand mit dem Bau eines Apparates beschäftigt, ist das seine Privatangelegenheit.

Wirklich gefährlich wird es aber, wenn man versucht, mißlungene Experimente durch eine wacklige Theorie in Erfolge umzumünzen. Das ist beileibe nicht nur im Bereich der FE-Forschung der Fall, es kommt auch immer häufiger in den etablierten Wissenschaften vor. Ein solches Vorgehen ist nicht nur unwissenschaftlich, sondern erfüllt zudem den Tatbestand einer reinen Zeitvergeudung.

Zudem gibt es in diesem Zusammenhang genug Seltsamkeiten, die auch der etablierte Wissenschaftler nicht einfach vom Tisch wischen kann:

1. Die Elektrizitätsphänomene in Flüssigkeiten (*Railgun*, Wasserwirbel)
2. Die energiereiche, aber bislang nicht nutzbare Quantenfluktuation
3. Die Frage, was Magnetismus nun wirklich ist

Gerade beim letzten Punkt gibt es noch eine Reihe interessanter Vorgänge, die mit der herkömmlichen Physik auf Kollisionskurs liegen.

Geheimnisvolle Fernwirkung

Zufälligerweise haben viele meiner Bekannten und Verwandten etwas mit der Elektrotechnik zu tun. Sie bauen Schaltanlagen, verkaufen Elektromotoren, entwerfen komplizierte elektronische Schaltungen und so weiter. Dabei läßt es sich kaum vermeiden, daß man mit einem Gerät in Berührung kommt, das unter dem Namen *Transformator* bekannt ist. Der Transformator ist neben dem Widerstand, dem Kondensator und der Spule das vierte wesentliche Bauelement der Elektrotechnik.

Es gibt zwei Varianten des Transformators: der *galvanisch gekoppelte*, den man auch als *Spartransformator* bezeichnet, und der weitaus häufiger vorkommende *galvanisch getrennte*[133]. (Erklärung der Fußnote 133 auf Seite 161) Das Funktionsprinzip ist durchaus dasselbe, aber die zweite Version eignet sich etwas besser zur Erklärung des Prinzips.

Dieser Transformator besteht aus zwei Spulen, die auf einen gemeinsamen Eisenkern gewickelt werden. Man kann den Transformator also als Elektromagnet mit zwei Spulen betrachten. Nur sind der Nord- und der Südpol des Eisenkerns zusammengeführt.

Da sich zwischen den Polen kein Luftspalt befindet, ist der magnetische Fluß kurzgeschlossen. Wenn wir nun eine der beiden Spulen an eine Stromquelle anschließen, passiert dasselbe wie bei jedem Elektromagneten. Das magnetische Feld wird aufgebaut, und in der Spule wird Strom in Wärme umgesetzt.

Die Erhitzung kann man mit einem Thermometer oder auch mit der Hand feststellen. Auch für das Vorhandensein eines Magnetfeldes gibt es einen einfachen Test, der darin besteht, daß wir einen ferromagnetischen Gegenstand wie beispielsweise einen isolierten Schraubendreher in die Nähe des Eisenkerns halten.

Interessanterweise mißlingt das zweite Experiment. Es läßt sich allenfalls ein sehr schwaches Magnetfeld nachweisen – das aber auch nur dann, wenn der Trafo sehr stark belastet wird. Der Grund ist einfach der, daß alle Feldlinien im Eisenkern verlaufen und somit keine magnetische Wirkung nach außen auftreten kann. Erst bei starker Belastung drängen die Feldlinien aus dem Kern heraus, aber man kann durch einen entsprechend kräftigen Transformator beträchtliche Ströme leiten, ohne eine ausgeprägte magnetische Wirkung feststellen zu können.

Die ideale Form für den Eisenkern eines Transformators ist ein geschlossener Ring, oder exakter gesagt ein *Torus.* Prinzipiell besteht aber kein Unterschied zu einem Transformator mit rechteckigem Kern.

Wenn Sie ein Niedervolt-Halogensystem im Haus haben, können Sie sich selbst davon überzeugen, daß ein Trafo nach außen hin keine nenneswerte magnetische Feldwirkung zeigt. Als Prüfgerät sollten Sie hier aus Sicherheitsgründen auf jeden Fall einen *isolierten* Schraubendreher verwenden.

133 – Galvanisch getrennt heißt, daß der Eingang und Ausgang eines Bauelementes nicht leitend verbunden sind.

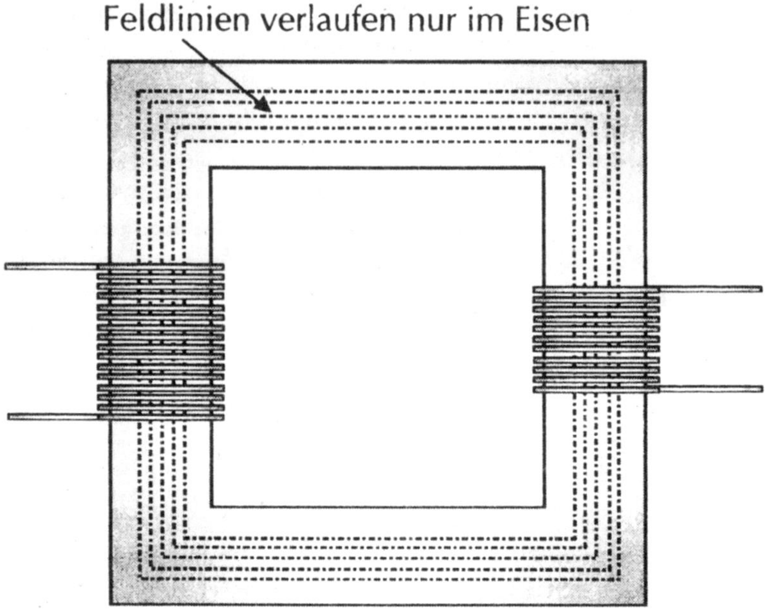

Bild 11: *Ein Transformator mit galvanisch getrenntem Kern.*

Ziehen Sie alle Lampen bis auf eine aus der Fassung, um sicherzustellen, daß der Transformator nur gering belastet wird. Sie können dann mit dem Schraubendreher die Oberfläche des Magneten abtasten. Versuchsweise können Sie dann weitere Lämpchen wieder in die Fassung hineinstecken, um den Stromfluß und damit auch die Feldstärke zu erhöhen.

Der Netztrafos hat die Aufgabe, die hohe Wechselspannung des Stromnetzes (230 Volt) in die niedrige Betriebsspannung der Halogenlämpchen (12 Volt) umzuwandeln. Dazu muß das Verhältnis der Windungszahlen beider Spulen genau so groß sein wie das der Spannungen.

230 dividiert durch 12, das ergibt 19,16. Das können wir der Einfachheit halber auf 19 abrunden. Die Primärwicklung (Netzseite 230 Volt) muß also 19mal so viele Wicklungen enthalten wie die Sekundärseite. Mit dieser einfachen Formeln kann man das Verhalten des Transformators mit hinreichender Genauigkeit berechnen.

Betrachten wir nun einmal die Vorgänge im Trafo. Die Primärwicklung wirkt ja wie ein mit Wechselspannung betriebener Elektromagnet. Sie erzeugt also ein Magnetfeld, das durch den Eisenkern pulsiert. Nach außen hin tritt keine magnetische Wirkung auf.

Wodurch entsteht aber dann die niedrige Spannung in der Sekundärspule?

Am Magnetfeld kann es nicht liegen, das befindet sich ja vollständig im Kern. Man kann übrigens auch die Sekundärspule auf die Primärspule wickeln, was in der Praxis sogar besser funktioniert, und die meisten Transformatoren sind deshalb auch so aufgebaut.

Trotzdem *fehlt* hier etwas, was wir zunächst einmal als zusätzliches *Feld* betrachten können. Es handelt sich offenbar nicht um ein Magnetfeld, und auch nicht um ein elektrisches Feld.

Heureka!

Und damit kommen wir genau zu dem Mann, dessen Namen ich bereits einige Male erwähnt habe, ohne näher auf ihn einzugehen. Ein Buch über innovative Energiekonzepte hätte zweifelsohne das Thema verfehlt, wenn es seine Entdeckungen nicht in ausreichendem Maße würdigt.

Herr der Blitze

Der vergessene Forscher

Sucht man in deutsche Physik- und Elektronikbüchern den Namen Tesla, dann wird man oft genug feststellen, daß die Sachbearbeiter nicht einmal die richtige Schreibweise dieses Namens kennen: Aus Nikola wird *Nicola.* Neben dem Geburts- und Todesjahr findet man noch die Erwähnung des Tesla-Transformators, die Entdeckung des Wechselstrom-Drehfeldes. Mehr aber nicht.

Zur Gegenprobe kann man bei *Marconi* nachschlagen. Dessen Vorname *Guglielmo* geht den Lexikonschreibern offenbar leichter von der Hand als N-i-k-o-l-a, denn er wird fast immer richtig geschrieben. Und dazu erfahren wir, daß er der Erfinder des drahtlosen Nachrichtenverkehrs, *vulgo* Rundfunk, ist.

Was nachweislich falsch ist.

Der Erfinder des Rundfunks ist Nikola Tesla, und Marconi war ein recht begabter Intrigant und Industriespion.[134] Das ist nicht nur geschichtlich belegbar, sondern wurde auch nach jahrzehntelangem Rechtsstreit von einem amerikanisches Gericht entschieden.

Tesla selbst hat davon nicht allzu viel gehabt. Zu diesem Zeitpunkt war er nämlich bereits tot.

Marconi übrigens auch.

Soweit zur Gerechtigkeit. Stellen wir die nächste Frage: Wer hat die Elektronenröhre erfunden, das bis in die 1960er Jahre hinein wichtigste Bauelement der Elektronik?

Richtig – es war *Nikola Tesla*!

Was aber in Ihrem Lexikon steht, hängt unter anderem davon ab, wo Sie wohnen. In England wird *Sir Ambrose Fleming* als Erfinder der *Thermionic Valve*[135] genannt, der aber erst 1905[136] sein Patent

134 – Der sich nicht nur bei Tesla, sondern auch bei seinem ehemaligen Lehrer *Righi* bediente.

135 – Übersetzt etwa *Glühelektronen-Ventil.*

136 – Eine typische Zusammenfassung der angloamerikanischen Sichtweise hat *John Unsley Hood* in der Zeitschrift *Electronics Today International* (Ausgabe August 1989) veröffentlicht.

erhielt, und damit so ungefähr der letzte Forscher war, der wieder einmal die Elektronenröhre erfunden hat. In den USA wird dagegen auch häufig *Thomas Alva Edison* in diesem Zusammenhang erwähnt, offenbar in dem Aberglauben, daß dieser alles erfunden hat, was nicht von Benjamin Franklin erfunden wurde.

In Frankreich gilt dagegen ein Monsieur *Branly*[137] als Erfinder des *Fritters*[138], was nicht etwa ein Schnellkochtopf für ein weltweit beliebtes Kartoffelgericht ist, sondern ebenfalls die Elektronenröhre.

Wenn Sie das alles wissen, dann wird es Sie sicher nicht verwundern, daß Tesla bereits Röntgenstrahlen produzierte, bevor Wilhelm Röntgen jene *X-Strahlen* fand, die wir heute mit seinem Namen bezeichnen.[139] Gerechterweise muß gesagt werden, daß Röntgens Versuche vollkommen unabhängig stattfanden und Tesla die X-Strahlen erst näher erforschte, nachdem Röntgen seine Entdekkung bekanntgegeben hatte.

Aber es gibt viele sehr konkrete Beispiele für Erfindungen, die von Tesla stammen, obwohl sie heute anderen zugeschrieben werden. Das als Grundbaustein der elektronischen Datenverarbeitung bekannte UND-Gatter (US-Patente 723.188 und 725.605 aus dem Jahre 1903), die drahtlose Fernsteuerung (1898) und die Partikelkanone[140] (1934).

Angesichts der Fülle von beweisbaren Erfindungen muß man sich wirklich fragen, warum Nikola Tesla nicht jener Platz in den Annalen der Wissenschaft eingeräumt wird, den er eigentlich verdient hätte. Seine Biographin *Margaret Cheney* schafft es in ihrem gelungenen Standardwerk[141], diesen schwierigen Punkt gekonnt und

137 – Der auch in älteren deutschen Quellen genannt wird, z. B. *Das Erfinderbüchlein* aus der in den 1950er Jahren erschienenen Reihe *Marholds Jugendbücher*, Halle a. d. S., siehe S. 44 f.

138 – Übersetzt etwa *Zusammenbacker*.

139 – Allerdings nur in Deutschland, während es in den USA und England nach wie vor *X-Strahlen* heißt.

140 – Die von ihm zwar nicht experimentell, aber in ihrer gesamten Funktionsweise und Wirkung beschrieben wurde. Siehe Cheney, a. a. O., S. 354 f.

141 – Deutsche Ausgabe: *Nikola Tesla – Erfinder, Magier, Prophet*, Düsseldorf 1995.

charmant zu umschiffen. Aber die grausame Wahrheit schimmert durch: Tesla hat in seinen späten Jahren einige Behauptungen aufgestellt, mit denen er sich ins wissenschaftliche Abseits katapultierte.

Überwiegend erklären sich seine mit zunehmendem Alter immer skurriler werdenden Aussagen daraus, daß er deutlich zu merken bekam, daß sein Typus des Wissenschaftlers in der ersten Hälfte des 20. Jahrhunderts nicht mehr angesagt war. Das neue Wissenschaftsgebäude wurde nicht mehr von praktisch orientierten Erfindern wie Edison und Tesla bewohnt, sondern von theoretisch arbeitenden Mathematikern wie Einstein.

Meiner Ansicht nach hat Tesla die wirklichen Hintergründe dieses Wandels nie begriffen – oder auch bewußt verdrängt, was durchaus seiner Persönlichkeit entsprach. Für ihn war die Physik ein Spiel, das seiner Kreativität den notwendigen Freiraum einräumte. Die Theorie war allenfalls dazu gut, einige Spielregeln zu liefern – je weniger davon, desto besser.

Anders als Edison, dessen ausschließlich auf Versuch und Irrtum basierende Forschungstechnik selbst im ausklingenden 19. Jahrhundert ein Anachronismus war, hatte Tesla zumindest einige Semester an der Universität verbracht. Über einen Abschluß ist jedoch nichts bekannt, und im Hinblick auf Teslas Veranlagungen spricht alles dagegen, daß er dies überhaupt in Erwägung gezogen hat.

Das Erlernte war für ihn lediglich ein Mittel zum Zweck, was seinen theoretischen Aufsätzen auch anzumerken ist. Hier fabulierte er genauso frei drauf los, wie er es bei seinen Experimenten tat. Oft bewies er dabei eine schlafwandlerische Trittsicherheit, aber es gibt auch Gegenbeispiele.

So berichtet Margaret Cheney[142] von seinen Ideen zur Kupferentgasung, die schlichtweg daran scheiterten, daß er nicht genug von Metallurgie verstand.

In seinen späteren Jahren fühlte er sich immer mehr an die Wand gedrängt, weil sich die von ihm zunächst als physikalische Modeerscheinungen heruntergespielten Theorien der Relativität und der Quantendynamik nach wie vor behaupten konnten. Einstein hatte

142 – A. a. O., S. 304 f.

den Beweis angetreten, daß theoretische Denkarbeit kostspielige Laborversuche ersetzen kann.

Einstein hatte ihm, ohne es zu wollen, das Wasser abgegraben. Jeder andere hätte sich entweder zurückgezogen oder die neuen Spielregeln der Wissenschaft anerkannt. Daß Tesla dies nicht tat, hat einen ganz simplen Grund:

Er konnte es nicht.

Möglicherweise werde ich mir mit diesem kurzen Satz den ewigen Haß aller Tesla-Fans einhandeln. Aber Tesla war kein Theoretiker und auch kein Mathematiker. Er konnte die von ihm selbst angezettelte Fehde nicht aufnehmen, weil er die Spielregeln nicht beherrschte.

Aus heutiger Sicht war er nicht einmal Physiker, sondern ein intuitiv und impulsiv arbeitender Künstler. Ein Bildhauer der Technik, dessen gewaltige Kreativität ihm selbst oft genug im Weg stand.

So ist bekannt[143], daß er seine Erfindungen bis ins Detail durchdachte und an diesem gedanklichen Modell sogar Experimente durchführte. Im Gegensatz zu der von Einstein betriebenen Abstraktion könnte man bei Tesla von *Simulation* sprechen. Tatsächlich hat seine Vorgehensweise eine verblüffende Ähnlichkeit mit den heutigen Methoden der Computersimulation, bei der komplexe Funktionsmodelle einen Großteil der Laborarbeit ersparen können. Es ist also etwas Wahres daran, daß Tesla seiner Zeit weit voraus war.[144]

Daß diese Behauptung nicht übertrieben ist, zeigt sich daran, daß Nikola Tesla von einigen Mitgliedern der Computergeneration als Prototyp des *Cyberpunks* glorifiziert wird. In dieser Szene genießt er die Ehre, als *größter Hacker aller Zeiten*[145] zu gelten.

143 – Cheney, a. a. O., S. 29.

144 – Bezeichnenderweise lautet der Originaluntertitel von *Margaret Cheneys* Buch *Man Out Of Time*; was sinngemäß dasselbe ausdrückt. Nebenbei bemerkt versteckt sich darin ein – möglicherweise unbeabsichtigtes? – Wortspiel: die Anfangsbuchstaben ergeben das Wort *moot*, das als Verb mit *zur Debatte stellen*, als Adverb dagegen mit *fraglich* übersetzt werden kann.

145 – So lautet der Titel eines Artikels über Tesla, den der Autor *Dave Small* 1987 für das Magazin *Current Notes* verfaßt hat.

Verliehen wurde ihm dieser Titel ausgerechnet für jenes Experiment, mit dem die Kette von Mißgeschicken und Pleiten begann, die bis zu seinem Tod nicht abriß. Gleichzeitig verlieh es ihm aber unsterblichen Ruhm unter den FE-Forschern, die in seinem Experiment einen wichtigen Schlüssel zum vermuteten unendlichen Energiereservoir des Universums sehen.

Chaos in Colorado Springs

Im Mai 1899 gab der für seinen kostspieligen Lebenswandel bekannte Erfinder den Luxus New Yorks vorübergehend auf, um sich in einem mittelmäßigen Hotel in Colorado Springs einzunisten. Nachdem er das Hotelpersonal wie gewohnt mit seinen berüchtigten Sonderwünschen terrorisiert hatte, inspizierte er eine kleine Weide an der *Hill Street,* die etwa eineinhalb Kilometer südlich[146] der Stadt lag.

Was Nikola Tesla in Colorado Springs unternahm, gilt auch in der etablierten Wissenschaft als technische Großleistung, die bis auf den heutigen Tag nicht wiederholt werden konnte. Daß er dafür New York verließ, hatte einen ganz einfachen Grund: Es gab dort zu viele Menschen, die bei jeder Kleinigkeit vor den Kadi zogen.

Und es handelte sich nicht gerade um eine Kleinigkeit, was Tesla hier vorhatte. Auf den Punkt gebracht war es der mißlungene Versuch, den gesamten Planeten in seine Gewalt zu bringen. Das ist ausnahmsweise einmal nicht wörtlich zu verstehen, schließlich war er als freiheitsliebender Humanist bekannt.

Vielmehr wollte er gigantische Hochfrequenzleistungen erzeugen und diese als Impulspakete durch die Erde schicken. Sein Ziel war die drahtlose Übermittlung von beliebigen Mengen elektrischer Energie. Dafür verwendete er eine Konstruktion, die er als *Verstärkungs-Sender* bezeichnete. Ziel seines grandiosen Plans war es, die

146 – Margaret Cheney gibt *östlich* an. Der Autor *Dave Small* konnte auf direkte Angaben zurückgreifen, da seine Frau in Colorado Springs aufwuchs. Deshalb habe ich mich bei den Ortsdaten an seine Variante gehalten und erwähne die Abweichungen in Fußnoten.

Erde als Energiereservoir zu nutzen, das er mit den Impulsen des Senders immer stärker aufzuladen hoffte.

Das abseits gelegene Gelände in Colorado Springs war für diesen Zweck ideal. Es befand sich gut 1800 Meter über dem Meeresspiegel, und das nächstgelegene Haus war eine Schule für Blinde und Gehörlose. Der erste Umstand schaffte ideale Bedingungen für die von ihm geplanten Experimente, während der zweite dafür sorgte, daß die Flut möglicher Beschwerden einigermaßen überschaubar blieb.

Auf dieser Weide erbaute der Zimmermann *Joseph Dozier* nach Nikola Teslas Angaben ein Holzhaus, dessen Form und Aufteilung eher einer Scheune als einem Wohnhaus glich. Aus der Mitte des Baues ragte eine 45 Meter[147] hohe Antennenkonstruktion, an deren Spitze eine Metallkugel mit 75 Zentimeter Durchmesser befestigt war.

Überall auf dem Gelände waren Warnschilder zu sehen. Ausnahmsweise war dies nicht ein Auswuchs der üblichen Show, für die der auch als Entertainer sehr talentierte Erfinder bekannt war. Das bekamen die ortsansässigen Bürger deutlich zu spüren, als Tesla und seine Assistenten *Kolman Czito* und *Fritz Löwenstein*[148] die ersten Testläufe durchführten. Das dabei entfachte Inferno läßt sich in Worten kaum beschreiben.

Aus dem Antennenmast traten gleißende Blitze, und die Induktionswirkung der Anlage war so hoch, daß geerdete Metallteile im Umkreis von fast 100 Metern Lichtbögen schlugen. Pferde, die auf weit entfernten Weiden grasten, erhielten durch ihre Hufeisen Elektroschocks, und selbst zwischen den Sandkörnern auf dem Versuchgelände schlugen Funken über.

Die durch die Entladungen verursachte Geräuschkulisse stand dem um nichts nach. Der künstliche Donner war 25 Kilometer weit

147 – Dave Small spricht dagegen von *200 Fuß*, was etwa 61 Metern entspricht. Margaret Cheney nennt an anderer Stelle (a. a. O., S. 178) ebenfalls diesen Wert. Größenvergleiche anhand eines Fotos sprechen aber eher für die im Text genannte Höhe von 45 Metern.

148 – Ob der Name Löwensteins schon zu *Lowenstein* amerikanisiert worden war, ist unklar.

zu hören. Die Forscher mußten sich beim Betrieb der Anlage Watte in die Ohren stopfen und litten trotzdem noch unter Schmerzen und Taubheitseffekten, wenn alles abgeschaltet war.

Aber das war, wie gesagt, nur das Vorgeplänkel. Am 3. Juli 1899 fand das entscheidende Experiment statt. Durch Resonanz sollte nun die Speicherfähigkeit des Erdkörpers angeregt werden.

Während Kolman Czito im Gebäude blieb, um die Apparatur zu überwachen, begab sich Tesla auf das freie Gelände, um die Resultate zu beobachten. Die Spulen im Inneren des Gebäudes verwandelten sich in elektrische Feuerwälle, und Czito rechnete jeden Augenblick damit, daß das Gebäude in Flammen aufgehen würde.

Tesla stand währenddessen vor dem Gebäude und beobachtete fasziniert die gewaltigen Entladungen. Die Spannung schaukelte sich zu immensen Werten auf, und die Blitze erreichten nun eine Länge von fast 45 Metern.

Und von einem Augenblick auf den anderen endete alles mit einem Schlag. Ein Anruf beim Elektrizitätswerk ergab, daß der für die Versorgung des Versuchlabors zuständige Generator in Flammen aufgegangen war.

Tesla mußte den Generator erst auf eigene Kosten reparieren lassen, bevor man wieder bereit war, ihn mit Strom zu versorgen. Danach konnte er seine Experimente ohne weitere Probleme fortsetzen.

Anfang Januar des Jahres 1900 hatte er offenbar das gefunden, was ihn nach Colorado Springs geführt hatte. Die Versuchsapparate wurden abgebaut, und er traf Mitte desselben Monats wieder in New York ein.

Teslas Verstärkungs-Sender

In einschlägigen Magazinen und Büchern wird häufig berichtet, daß bestimmte Erfindungen Teslas verlorengegangen seien oder sogar von mächtigen Interessengruppen geheimgehalten werden. Solche Mutmaßungen basieren meist auf Äußerungen, die er machte, nachdem er den Zenit seiner Popularität längst überschritten hatte. Teilweise handelt es sich auch um reine Fantastereien, wie die von vielen Autoren ungeprüft übernommene Geschichte von dem Auto des Typs *Pierce Arrow*, das er angeblich mit einer Tesla-Turbine betrieben haben soll, die von einem FE-Konverter versorgt wurde.

Sieht man einmal von seinen zahllosen abgebrochenen Versuchen ab, dann wurden alle seine wesentlichen Entdeckungen patentiert oder wenigstens veröffentlicht. Daß seine privaten Notizen aus der Zeit kurz vor seinem Tod zum Teil verschwunden sind, ist bedauerlich.

Möglicherweise sind der Menschheit dadurch interessante Spekulationen entgangen. Hätte er aber etwas überhaupt Realiserbares in der Hand gehabt, so wäre er damit sicher auch an die Öffentlichkeit herangetreten.

Trotzdem stellt man sich die Frage, warum er sich ungewohnt verschlossen gab, wenn es um die Resultate seiner Experimente in Colorado Springs ging. Man könnte das als Anzeichen für einen Mißerfolg deuten, aber Teslas Verhalten beweist, daß die Versuche zu einem zufriedenstellenden Abschluß gekommen waren.

Das darauf basierende Patent drückt klar und deutlich aus, daß es dabei um die Übertragung von beträchtlichen Strömen ging. Die Erde selbst sollte als Leiter dienen, und er behauptete, daß er mit seinem Verstärkungs-Sender Strom an jeden Punkt der Welt schikken konnte.

So abstrus dieser Plan klingen mag, er beruhte auf einer jener absolut genialen Vereinfachungen, die für Tesla so typisch waren. Er hatte sich überlegt, daß sich das Erdinnere wie ein gigantischer elektrischer Resonanzkreis verhalten würde. Ein solcher Resonanzkreis hat die Eigenschaft, elektromagnetische Wellen in einem bestimmten Frequenzbereich zu speichern. Diesen Vorgang kann man sich gut anhand einer Kinderschaukel vergegenwärtigen.

Wenn Sie die Schaukel richtig in Schwung bringen wollen, reicht es vollkommen aus, wenn Sie sie dabei mehrmals mit geringem Kraftaufwand anstoßen. Jedesmal wird ein großer Teil der von Ihnen freigesetzten Bewegungsenergie gespeichert und die Schaukel lenkt weiter und weiter aus.

So sammelt sich auch die Energie in einem Resonanzkreis an – sie *schaukelt* sich sprichwörtlich auf.

Normalerweise weist ein elektrischer Resonanzkreis eine sogenannte Resonanzfrequenz auf, bei der dieses Speicherphänomen auftritt. In der Literatur wird auch erwähnt, daß Tesla vermutete, daß die Erde auf drei verschiedenen Resonanzfrequenzen schwingt: 6, 18 und 30 Hertz[149]. Diese Frequenzen liegen allerdings weit unterhalb der von ihm verwendeten Anregungsimpulse. Es handelt sich der Natur nach nicht um elektromagnetische, sondern um tieffrequente Körperschallwellen.

Unklar ist auch, wie Tesla auf *drei* Resonanzfrequenzen kam. Als er das Experiment durchführte, war die vorherrschende Vorstellung vom Aufbau der Erdinneren die, daß sich unter der Erdkruste eine weitgehend homogene, flüssige Masse befindet. In diesem Fall sollte man eine einzige Resonanzfrequenz erwarten. Das heute gültige, dreischichte Erdmodell kam erst kurz vor seinem Tod auf.

Tesla hatte sich bei der Entwicklung offenbar von der zu seiner Zeit gültigen Modellvorstellung leiten lassen. Das legt den Verdacht nahe, daß er das Vorhandensein von drei Resonanzfrequenzen nicht vorausgesetzt, sondern experimentell festgestellt hat. Mit hoher Wahrscheinlichkeit waren es die Ergebnisse seiner 1898 durchgeführten Versuche mit mechanischen Schwingungen und Resonanzen. Im Rahmen dieser Experimente hat er sich auch mit Schwingungen des Erdkörpers beschäftigt, um eine Methode für das Aufspüren von Erz- und Ölvorkommen zu entwickeln.

In Colorado Springs setzte er aber keine mechanischen, sondern elektrische Schwingungen ein. Er verwendete Impulspakte mit einer Spitzenspannung von zwölf Millionen Volt, die aus einer Primärspannung von 50 000 Volt erzeugt wurde. Der Sekundärstrom betrug maximal 1100 Ampere.

Etwas unklarer wird es bei der benutzten Frequenz. Der Transformator war für Schwingungen bis 50 000 Hertz ausgelegt, was funktechnisch betrachtet im sogenannten *VLF*-Bereich[150] liegt. Die Versuche zur Resonanzanregung wurden allerdings mit Wellen von 150 000 Hertz durchgeführt, was eigentlich außerhalb der Spezifikation seiner Apparatur lag. Manchmal ist auch die Rede von 33 000

149 – Cheney, a. a. O., S. 173.

150 – Abkürzung für *very low frequency*, also *sehr niedrige Frequenz*. Diese Bereich wird heute u. a. zur Kommunikation mit U-Booten benutzt.

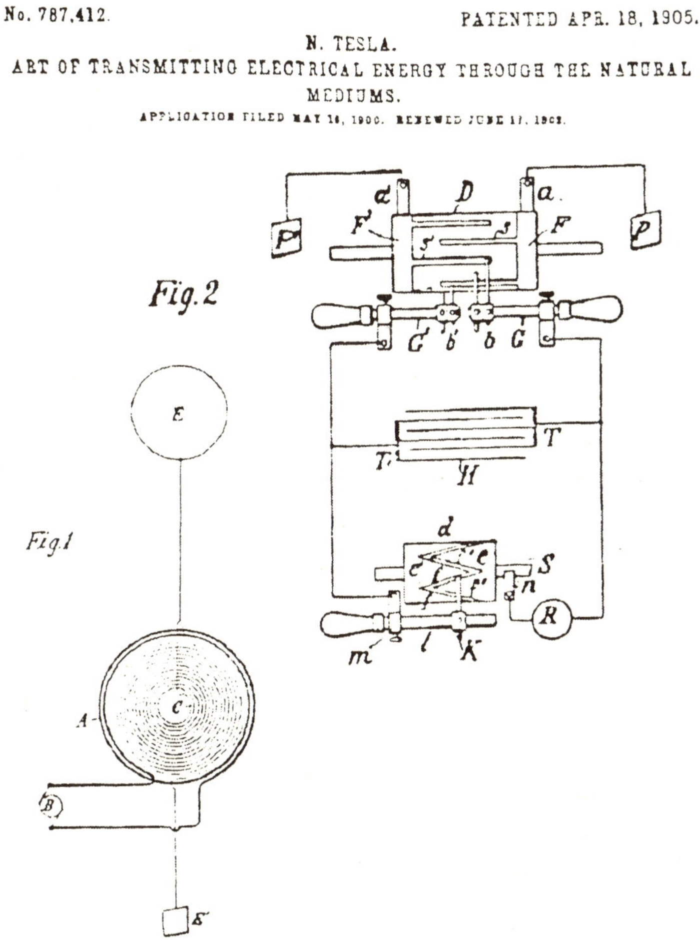

Bild 12: *Wer sich von der Patentschrift Aufschlüsse über Teslas Versuche in Colorado Springs erhofft, wird mit Widersprüchen und vagen Aussagen konfrontiert.*

Hertz, was letztlich genau so plausibel klingt wie alle anderen genannten Werte.

Wie dem auch sei, ein Blick auf die hohen Spannungswerte genügt, um sich eine Vorstellung davon machen zu können, mit welchen spektakulären Effekten bei seinen Experimenten zu rechnen war.

Die Antenne wurde von einer gigantischen Spulenkonstruktion gespeist, dem sagenumwobenen *Tesla-Transformator*. Er hat schon mit kleineren Modellen dieser Erfindung gearbeitet, die aber weitaus weniger Spannung und Strom lieferten als das Gerät von Colorado Springs. Einige Teile dieses Tranformators hatte er aus seinem Labor herüberschaffen lassen, aber es handelte sich dem Vernehmen nach trotzdem um eine Neukonstruktion. Die Bauweise wich offenbar auch von der bekannten Form dieses Apparates ab, die im Physikunterricht an Schulen zur Demonstration von Hochspannungseffekten verwendet wird.

Über die Unterschiede wurden später viele unzutreffende Behauptungen in die Welt gesetzt, was Tesla zum Teil selbst zu verantworten hat, da er die Konstruktion offensichtlich geheimzuhalten versuchte. Obwohl er es sonst durchaus verstand, seine Erkenntnisse auch in einer für Laien begreifbaren Weise zu präsentieren, hielt er sich in diesem Punkt ungewöhnlich bedeckt. Ganz offensichtlich hoffte er, aus diesem Experiment endlich einmal kräftig Kapital schlagen zu können.

Aus seinen Bemerkungen läßt sich zumindest schließen, daß diese Variante des Tesla-Transformators mit einer der von ihm bevorzugten spiralförmigen Sekundärspule versehen war. Diese Spulenform wird in der herkömmlichen Elektrotechnik nur extrem selten eingesetzt, und dann auch nicht in der von Tesla beschriebenen Art. Interessanterweise hat *Viktor Schauberger* bei einigen Experimenten ebenfalls spiralförmige Spulen verwendet, wobei er sich vermutlich von Teslas Entwurf inspirieren ließ.

Die patentierte Version der Spiralspule ist etwa wie die Aufziehfeder einer mechanischen Uhr aufgebaut. Eine solche Spule weist bei hohen Frequenzen gewisse Vorteile gegenüber den bekannteren Zylinderspulen auf, was aber auch für andere Spezialspulen gilt, die sich einfacher aufbauen lassen.

Der deutsche Professor *Norbert Hathun* hat Ende der 1980er Jahre versucht, Teslas Verstärkungs-Sender als Funktionsmodell zu rekonstruieren.[151] Harthun verwendete für seine Versuche den

151 – »Der Tesla-Transmitter«, *Raum & Zeit*, Ausgabe 32/1988, S. 77.

Primärteil einer Tesla-Spule aus dem Lehrmittelbedarf, den er mit einer spiralförmigen, innenliegenden Sekundärspule ausstattete.

Meiner Ansicht nach entspricht Hathuns Versuchsaufbau aber in wichtigen Punkten nicht der Beschreibung[152], die Tesla selbst in der Bastelzeitschrift *Electrical Experimenter* veröffentlichte. Dort spricht er davon, daß die Hochspannung führenden Teile – also die Wicklung der spiralförmigen Sekundärspule – *beträchtliche Ausmaße* aufweisen, und erwähnt ferner, daß die Spule selbst dann funktioniert, wenn der Leiter *blank liegt.* Weiter betont er, daß die Spule sowohl für hohe, als auch für niedrige Frequenzen geeignet ist und sowohl kleine Spannungen mit hohen Strömen liefern kann als auch umgekehrt.

Diese Äußerungen deuten auf eine Konstruktion, die sich in wichtigen Punkten von Harthuns Versuchsaufbau unterscheidet. Ganz offensichtlich sind die Leiter der spiralförmigen Wicklung nicht eng benachbart wie die Rillen einer Schallplatte, sondern verlaufen in einem gewissen Abstand. Das soll wohl die Gefahr von Spannungsüberschlägen verringern.

Da für die von Tesla erzeugten hohen Ströme immense Drahtquerschnitte notwendig sind, erscheint die Verwendung einer Flachspule aus Draht eher unwahrscheinlich. In der erwähnten Beschreibung betont er aber überdeutlich, daß die Leiter *blank* sein können. So vermute ich, daß die Sekundärspule keineswegs aus Draht, sondern aus einem oder mehreren Blechstreifen gewickelt war.

Tesla betont außerdem, daß der Transformator sowohl für hohe als auch für niedrige Frequenzen geeignet sei. Nun haben elektromagnetische Wellen die Eigenschaft, sich mit zunehmender Frequenz an die Außenfläche eines Leiters zu drängen. Tesla hatte bei früheren Versuchen – wahrscheinlich wieder einmal als erster – Litzendraht verwendet, der eine vergrößerte Oberfläche gegenüber massivem Spulendraht hat, und deshalb für die Leitung hoher Frequenzen besser geeignet ist. Das wäre auch bei der Verwendung von Blech der Fall, das zudem einfacher zu verarbeiten wäre.

Der Tesla-Transformator von Colorado Springs hatte laut Teslas

152 – Cheney, a. a. O., S. 171.

Angaben einen Durchmesser von 16 Metern und eine Höhe von 2,80 Meter. Bei Verwendung eines dünnen Bleches oder von Metallfolien läßt sich der für hohe Ströme notwendige Leiterquerschnitt leicht erzielen, wenn man die volle Höhe ausnutzt. Dadurch dürfte sich gegenüber einer Flachspule auch die elektromagnetische Kopplung verbessern – obwohl man wahrscheinlich immer noch von der losen Kopplung ausgehen kann, deren Bedeutung auch Harthun[153] unterstreicht.

Jeder weiterreichende Versuch der Deutung käme einer reinen Spekulation gleich, aber es geht mir ja hier lediglich darum, die Unterschiede zwischen den bekannten Tesla-Transformatoren und dem im Verstärkungs-Sender von Colorado Springs verwendeten anzudeuten. Es ist sicher nicht verwunderlich, daß Versuche mit der in seiner Patentschrift von 1905 beschriebenen Anordnung nicht die erwarteten Resultate zeitigten.

Ansonsten benutzte Tesla keine besonderen Komponenten oder Materialien. Die für den Resonanzkreis des Verstärkungs-Senders notwendigen Kondensatoren waren aus mit Seewasser gefüllten Glasflaschen gefertigt, was nicht gerade die zuverlässigste Variante des Hochspannungskondensators darstellt. Vermutlich ließ der Forschungsetat es nicht zu, hier auf bessere Lösungen auszuweichen.

Weitere Merkwürdigkeiten

Harthun[154] stellte bei seinem Rekonstruktionsversuch fest, daß die von Tesla durchgeführten Berechnungen zur Wicklungslänge der Sekundärspule widersprüchlich sind.

Der Erfinder geht in seinem Patent[155] von einer erzielten Ausbreitungsgeschwindigkeit der von ihm erzeugten Welle von 471 240 Kilometer pro Sekunde aus. Daß dieser Wert mehr als das eineinhalbfache der Lichtgeschwindigkeit beträgt, mag man ja noch ak-

153 – Cheney, a. a. O.
154 – A. a. O.
155 – US-Patent 787.412 vom 18. April 1905.

zeptieren. Schließlich war Albert Einstein zu diesem Zeitpunkt noch ein vollkommen unbekannter Beamter am Patentamt in Bern.

Wieso aber setzt Tesla dann bei der Berechnung der Sendefrequenz und der Wicklungslänge der Sekundärspule den *normalen* Wert für die Lichtgeschwindigkeit an, also rund 300 000 Kilometer pro Sekunde[156]?

Bei der Sendefrequenz gibt Tesla einmal 50 000 Hertz an und ermittelt eine Wicklungslänge von eineinhalb Kilometern. Bei anderen Gelegenheiten spricht er von 150 000 Hertz. In diesem Fall hätte sich die Wicklungslänge auf ein Drittel, also 500 Meter verkürzt.

Die von ihm in der Patentschrift skizzierten Spiralspulen sind mit 28 Windungen versehen. Gehen wir einmal davon aus, daß die Sekundärspule des Verstärkungs-Senders von Colorado Springs etwa die Hälfte des Gesamtdurchmessers eingenommen hat – also acht Meter –, dann dürfte die Induktivität überschlagsmäßig zwischen einem und zwei Millihenry gelegen haben.

Auch über die Salzwasser-Kondensatoren ist nicht viel bekannt. Ihre Kapazität wird aufgrund der primitiven Konstruktion kaum mehr als einige Nanofarad pro Stück betragen haben. Diese Kondensatoren verkraften keine allzu hohen Spannungen, und es ist anzunehmen, daß etliche davon in Reihe geschaltet wurden, um die Belastung der Einzelkondensatoren zu verringern. Bei größeren Stückzahlen – es ist die Rede von 200 – kommt so keine nennenswerte Kapazität zusammen.

Exakte Werte lassen sich einerseits daraus nicht ersehen, aber andererseits auch keine direkten Widersprüche. Die Patentschrift ist keine Fälschung, nur vermeidet es Tesla hier absichtlich, genaue Konstruktionsdetails anzugeben.

Aber was steckt dahinter?

Einen ersten Fingerzeig gibt die von Harthun[157] entdeckte widersprüchliche Verwendung von zwei verschiedenen Werten für die Lichtgeschwindigkeit. Das war selbst vor der Einführung der Rela-

156 – Der *exakte* Normwert für die Lichtgeschwindigkeit beträgt 299 793 Kilometer pro Sekunde.

157 – A. a. O.

tivitätstheorie nicht plausibel, da allgemein bekannt war, daß die von *Heinrich Hertz* entdeckten elektromagnetischen Wellen sich in jedem Medium mit konstanter Ausbreitungsgeschwindigkeit fortpflanzen.

Hier teile ich Harthuns Vermutung, daß Tesla seinen zu *großen* Wert auf irgendeine Weise experimentell ermittelt haben muß. Daß er andererseits bei der Berechnung der Sekundärspule den allseits bekannten Wert einsetzt, läßt eigentlich nur einen Schluß zu: Sein Verstärkungs-Sender war ein Umsetzer, der auf irgendeine Weise elektromagnetische Wellen nutzt, um eine Wellenform hervorzurufen, die sich nach vollkommen anderen Gesetzmäßigkeiten ausbreiten.

Unter dieser Voraussetzung ist es nur logisch, daß er *beide* Werte der Lichtgeschwindigkeit benutzt.

Die seltsame Spule

Wenn man Spulen mit Wechselspannung betreibt, kann man durch eine besondere geometrische Anordnung einen hochinteressanten Effekt erzielen. Bringt man die Spulen sehr eng zusammen, dann scheinen sich die elektromagnetischen Wirkungen gegenseitig aufzuheben. Die Felder beider Spulen sind in diesem Fall nicht mehr meßbar.

Dieser Effekt tritt aber nur dann auf, wenn die Spulen sehr eng miteinander gekoppelt sind. Sonst entstehen Streuverluste, die doch wieder einer meßbare Feldwirkung hervorrufen.

In der Funktechnik kennt man aber auch besonders eng gekoppelte Spulentypen, bei denen dieser Effekt natürlich sehr deutlich auftritt. Eine davon ist die sogenannte *Doppelhelix*-Spule, bei der sich die Wicklungen an zwei Stellen auf der Oberfläche des Wickelkörpers schneiden.

Noch häufiger sieht man die *bifilare* Spule, bei der zwei Drähte parallel auf den Spulenkörper gewickelt werden. Legt man die Enden beider Drähte wie gewohnt an eine Spannungsquelle an, verhält sich diese Spule wie ein normaler Elektromagnet – oder wie die Antennenspule in einem Langwellenempfänger, die ja im Prinzip nicht anders funktioniert. Vertauscht man aber eine der beiden Windungen, dann heben sich die Wirkungen der Spule vollkommen auf.

Man kann dieses Experiment auch mit Gleichspannung vornehmen, was den Vorteil hat, daß der Vorgang konstant bleibt und Messungen sehr einfach durchgeführt werden können. So kann man zum Beispiel feststellen, daß immer noch ein Strom fließt und dementsprechend auch Leistung verbraucht wird. Sie wird wie gewohnt in Wärme umgesetzt. Nur die Wirkung des Magnetfeldes ist nicht mehr feststellbar.

Theoretisch ist das sicher recht interessant, aber wie wirkt sich das in der Praxis aus?

Ein schönes Beispiel findet sich im Bereich der Elektroakustik. Es gibt spezielle Tieftonlautsprecher, die vier statt der gewohnten zwei Anschlüsse haben. Es ist hier sicher nicht von Interesse, wozu das gut sein soll. Jedenfalls verbirgt sich in diesem Lautsprecher genau so eine bifilare Spule. Wenn man an eines der Anschlußpaare dieses Lautsprechers statt eines Musiksignals eine 1,5-Volt-Batterie anschließt, verwandelt er sich in eine Hubvorrichtung. Je nach Polung der Batterie hebt oder senkt sich die Membran[158], wobei beim Anlegen der Batterie ein deutliches Knacken zu vernehmen ist.

Natürlich passiert das auch, wenn man beide Wicklungen gleich gepolt an die Batterie anschließt. Vertauscht man dagegen die Polarität einer Wicklung, ist beim Anschluß der Batterie nicht die Spur eines Knackens zu hören, und die Membran macht ebenfalls keinen Mucks.

Sie können statt der Batterie übrigens auch eine Wechselspannung an die Anschlüsse legen. Dabei kann es sich um eine herunter transformierte Spannung aus dem Stromnetz handeln oder auch um

158 – Sie sollten es aber wirklich nur mit einer kleinen Taschenlampenbatterie probieren. Bei einer Autobatterie würde sich die Membran nur einmal bewegen, bevor die Wicklung durchschmort. Nebenbei bemerkt hat ein amerikanischer UFO-Fan tatsächlich Versuche angestellt, ob ein mit dem Membrankonus auf den Boden gelegter Lautsprecher bei Heavy-Metal-Musik Levitationskräfte entwickelt. Guten Flug!

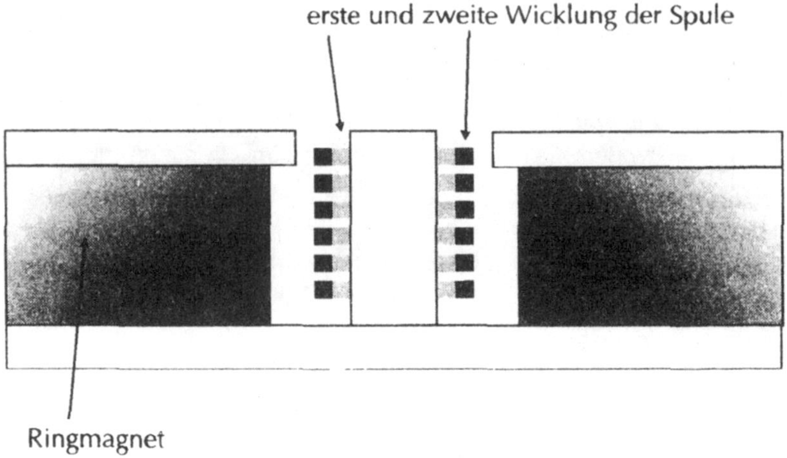

Bild 13: *Mit einem sogenannten Doppelschwingspulen-Lautsprecher kann man die erstaunliche Wirkung einer bifilaren Spule nachweisen.*

ein Musiksignal aus einem HiFi-Verstärker, das ja nichts anderes ist als ein Gemisch aus Wechselspannungen. Sind die beiden Anschlüsse verpolt, passiert wieder *nichts.*

Nun lesen Sie dieses Buch höchstwahrscheinlich nicht, um von mir zu erfahren, wie man Energie so einsetzt, daß nichts dabei herauskommt. Deshalb sollte ich nun erwähnen, daß bei Verpolung einer bifilaren Spule keineswegs *nichts* dabei herauskommt. Die magnetische Feldwirkung, die in diesem Fall die Schwingspule eines Lautsprechers antreibt, kann nicht einfach verschwinden. Sie muß *irgendwie* noch vorhanden sein.

Schließlich ist der Aufbau eines magnetischen Feldes nach unseren physikalischen Modellvorstellungen eine zwingende Folge des Stromflusses durch einen Leiter. Er geht aus dem Induktionsgesetz hervor, das umgekehrt besagt, daß die Bewegung eines Drahtes in einem Magnetfeld eine Elektronenbewegung hervorruft.

Dazu kann man auch die Gegenprobe machen, indem man ein Spannungsmeßgerät an die Klemmen des Lautsprechers anschließt und vorsichtig den Membrankegel mit den Fingerspitzen nach unten drückt. Dadurch wird die Schwingspule durch das Magnetfeld bewegt und erzeugt eine Spannung.

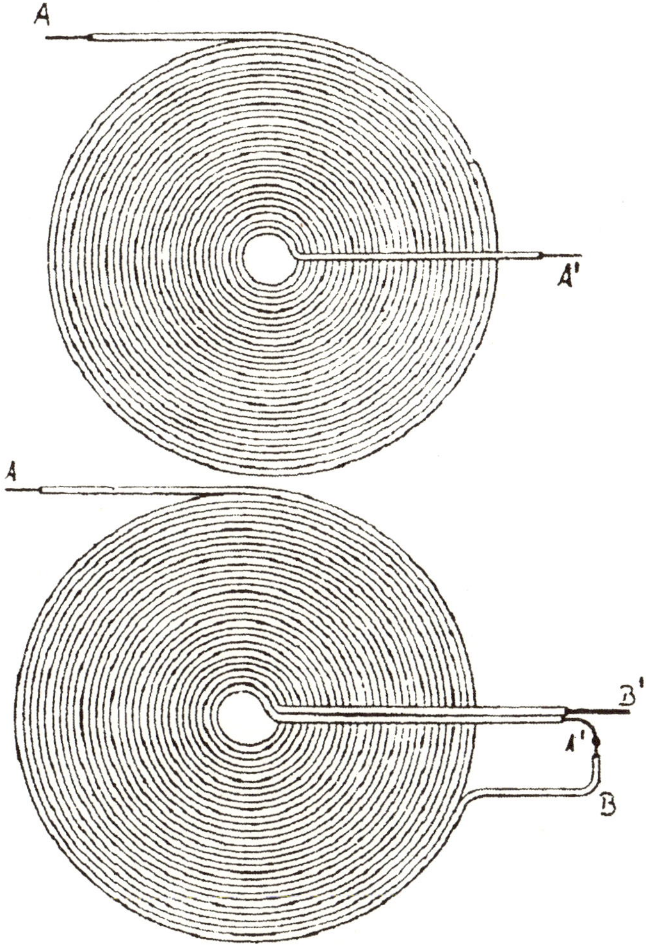

***Bild 14:** Teslas normale (oben) und bifilare Spule.*

In allen Fällen zeigt das Meßgerät einen kleinen Ausschlag nur dann nicht, wenn die beiden Spulen gegensinnig angeschlossen sind.[159]

159 – Bei Versuchen konnte ich jedoch eine minimale Spannung messen, die aber weit unter dem Normalwert lag. Möglicherweise wurde dies durch Fertigungstoleranzen der Spulenbewicklung verursacht.

Etwas verzwickter wird es, wenn man die beiden Fälle – mit verpolten Spulen – miteinander vergleicht. Einmal wird Arbeit in Form von Batteriestrom aufgewendet, die nahezu ausschließlich in Wärme umgesetzt wird. Sie dient aber gleichzeitig dazu, zwei elektromagnetische Felder aufzubauen, deren Vorhandensein wir aber nicht feststellen können.

Im anderen Fall wenden wir mechanische Energie auf. Die Spule wird dadurch im Magnetfeld bewegt. Da sich keine Spannung messen läßt, findet auch kein Stromfluß statt, der einen Teil der Bewegungsenergie in Wärme umsetzen könnte.

Was aber ist mit der Induktionswirkung? Da wir keinen Stromfluß messen können, findet sie ebenfalls nicht statt.

Ganz umkehrbar ist dieser Vorgang offensichtlich nicht. Und er zeigt auch, daß es einen bedeutenden Unterschied zwischen der dauermagnetischen und der elektromagnetischen Induktion gibt: Das Feld eines Dauermagneten läßt sich nicht so einfach außer Kraft setzen.

Bei einem elektromagnetischen Feld kann man dagegen die nach außen tretende Wirkung scheinbar eliminieren, indem man eine der bifilar gewickelten Feldspulen umpolt.

Auch in Teslas von der Wissenschaft eher als obskur eingestuftem Patent zum Verstärkungs-Sender ist eine bifilare Spule erwähnt, und zwar mit spiralförmigem Aufbau. Weshalb sich einige Leute die naheliegende Frage stellten, ob sich hinter diesem Bauelement vielleicht das Geheimnis *verbirgt*, wie man bislang als unmöglich geltende Effekte produzieren und versteckte Energien freisetzen kann.

Wissenschaft und Deutung

Häufig wird angezweifelt, daß Tesla in Colorado Springs wirklich etwas Verwertbares entdeckte. Zwar hat er die Idee des Energietransportes durch den Erdkörper noch viele Jahre weiterverfolgt, jedoch ohne irgendein nachvollziehbares Resultat.

Man könnte daraus schließen, daß es sich mehr oder weniger um eine fixe Idee handelte, die er verzweifelt weiterverfolgte, um sein anachronistisches Weltbild zu erhalten. Das ist etwa die Ansicht, die von der Gruppe jener Skeptiker vertreten wird, die man im Englischen als *Debunker*[160] bezeichnet.

Ich habe bereits angedeutet, daß diese Auffassung schon deshalb nicht haltbar ist, weil Tesla nicht in den klaren Strukturen eines Theoretikers operierte. Er entwickelte seine Vorstellungen vielmehr aus dem Experiment heraus und unternahm weitere Versuche, um zu beweisen, ob sie nun im Einzelfall richtig oder falsch waren.

Nach Teslas Vorstellung waren die von Heinrich Hertz entdeckten elektromagnetischen Welle nur ein Sonderfall. Daß deren Ausbreitung mit Lichtgeschwindigkeit erfolgt, hat er keineswegs bestritten. Wie in seiner Patentschrift zum Verstärkungs-Sender zu sehen ist, war er auch durchaus in der Lage, mit Hertzschen Wellen umzugehen. *Harthuns*[161] Feststellung, daß Tesla zwei verschiedene Werte für die Lichtgeschwindigkeit verwendet, ist insofern keineswegs verwunderlich.

Offensichtlich hat Tesla die elektromagnetischen Wellen bei seinen Versuchen in Colorado Springs nur als Ausgangspunkt für ein anders geartetes Wellenphänomen betrachtet. Die von ihm angegebene Ausbreitungsgeschwindigkeit, die die des Lichtes deutlich übertrifft, hat offensichtlich nichts mit dem Verstärkungs-Sender selbst zu tun. Dessen eigentliche Funktionsweise läßt sich vollkommen auf die elektromagnetischen Wellen zurückführen.

Tesla selbst differenzierte deutlich zwischen den von ihm zur Energieübertragung genutzten Wellen und den bekannten, elektromagnetischen. In seinem Verstärkungs-Sender wurden die Hertzschen Wellen seinen Angaben nach vollkommen *unterdrückt*[162]. Das von ihm entdeckte, neue Wellenphänomen breitete sich – ganz im

160 – *Debanker* ausgesprochen. Kann etwa mit *Entlarver, Enthüller* übersetzt werden. Der Debunker hat es sich zum Ziel erklärt, alles zu widerlegen, was er nicht versteht. So sucht er dauernd nach neuen Beweisen für unumstrittene Tatsachen, wie z. B. die, daß man Löffel auch mit der bloßen Hand verbiegen kann.

161 – A. a. O.

162 – Diese Wortwahl ist beispielsweise auch dem Artikel »Nikola Tesla's New Wireless« in der Zeitschrift *The Electrical Engineer* (London, 24. Dezember 1909, S. 893) zu entnehmen.

Gegensatz zu elektromagnetischen Wellen – auch in festen Stoffen ungehindert aus.

Daß Tesla in diesem Zusammenhang von einer *Unterdrückung* elektromagnetischer Wellen spricht, verrät uns ein weiteres, winziges Konstruktionsdetail seines Verstärkungs-Senders: Zwar funktionierte der Apparat nach den bekannten Gesetzmäßigkeiten der Induktion. Was aber letztlich der Sekundärspule entnommen und durch die Erde geschickt wurde, hatte mit den elektromagnetischen Wellen nichts mehr zu tun.

Der Sekundärkreis wird in seiner Patentschrift direkt an Antenne und Erde angeschlossen. Was wäre nun, wenn er die bifilar gewikkelten Spiralspulen gegensinnig verschaltet hätte? Dadurch wäre es in der Tat zu einer vollständigen *Unterdrückung* der elektromagnetischen Wellen gekommen.

Man könnte an dieser Stelle einwenden, daß Tesla in seiner Schemazeichnung der bifilaren Spule beide Wicklungen in Serie schaltet. Das ist durchaus richtig, nur ist die Schaltung bei der Prinzipdarstellung des Verstärkungs-Senders nicht mehr so eindeutig zu erkennen.

Der amerikanische Forscher Tom Bearden geht davon aus, daß eine derartige Unterdrückung der elektromagnetischen Wellen ein eigenartiges, neues Wellenphänomen hervorruft, das man allgemein als Skalarwelle bezeichnet. Im Gegensatz zu den bekannten elektromagnetischen Wellen hat die Skalarwelle eher die Eigenschaft eines wandernden Feldes mit einem bestimmten Potential. Sie breitet sich deshalb nicht nach den von der Relativitätstheorie vorgeschriebenen Gesetzmäßigkeiten aus, sondern überträgt sich eher wie der Reizimpuls eines Nerves. Deshalb fällt die Energie auch nicht im Quadrat über der Entfernung ab, wie wir es beispielsweise von elektromagnetischen Wellen oder Schallwellen gewohnt sind. Dazu benötigt sie natürlich ein Medium, das der klassischen Vorstellung des Äthers entspricht.

Ich erwähnte bereits, daß Bearden seinen Äther als Hyperraum bezeichnet. Hauptsächlich will er damit wohl den Vorwurf abwehren, daß seine Hypothesen auf einem prä-Einsteinschen Vorstellungsmodell beruhen. Leider ist dieser Begriff etwas unglücklich gewählt, da er meist in jener Bedeutung verstanden wird, die er in der Pseudo-Kosmologie von Science-Fiction-Romanen hat. Beardens Hyperraum ist eben nicht als übergeordneter Kosmos zu verstehen, sondern als zusätzliche imaginäre Dimension.

Es gibt neben Beardens auch etliche andere Hypothesen über das Verhalten der Skalarwelle, die zum Teil auch quantendynamische Betrachtungen einbeziehen. Die Anhänger derartiger Gedanken gehen allgemein davon aus, daß Skalarwellen sich mit Überlichtgeschwindigkeit bewegen können. Es ist nicht schwer, sich vorzustellen, daß die Relativisten dieses Idee vehement ablehnen.

Versteckte Hinweise

Das derzeitige Modell der Wellenausbreitung läßt durchaus ein Schlupfloch für Vorgänge, die nicht unbedingt an die Lichtgeschwindigkeit gebunden sein müssen. Das betrifft vor allem die nicht an einen bestimmten Ort gebundenen Vorgänge der Quantendynamik. Die Ausbreitung einer elektromagnetischen Welle mit Lichtgeschwindigkeit setzt dies sogar in gewisser Weise voraus.

Dazu muß man nur die Vorgänge bei der Ausbreitung zweier Wellen mit gleicher Intensität, aber verschiedener Frequenz vergleichen. Bei der höherfrequenten Welle ist die Kurve weitaus länger. Um sich trotzdem mit konstanter Geschwindigkeit auszubreiten, muß die Anstiegsgeschwindigkeit zwangsläufig mit wachsender Frequenz zunehmen.

Sie können sich die Welle auch als den Verlauf einer hügeligen Autostraße vorstellen, auf der eine Maximalgeschwindigkeit von 100 km/h erlaubt ist. Nun stehen an den Spitzen und Tälern Radarfallen, und Sie werden sich hier sicher an die Maximalgeschwindigkeit halten.

Nehmen wir nun an, daß genau parallel zur Mittelinie der Autostraße ein Bahngleis läuft. Darauf fährt ein Zug mit konstant 100 km/h. Natürlich ist die von ihm zurückgelegte Strecke kürzer, da sie ja keine Hügel und Täler aufweist. Wenn Sie exakt neben dem Zug herfahren wollen, müssen Sie die Hügel und Täler wesentlich schneller zurücklegen. Die benötigte Geschwindigkeit ist dabei um so höher, je mehr Hügel und Täler die Strecke aufweist. Und sie steigt natürlich auch mit wachsendem Höhenunterschied.

Das läßt sich auch auf elektromagnetische Wellen übertragen, die in der Stunde nicht 100 Kilometer zurücklegen, sondern die gesamte Erde 27 000mal umrunden können.

Das widerspricht nun keineswegs der herrschenden Lehre, da die Begrenzung auf die Lichtgeschwindigkeit nur für die insgesamt zurückgelegte Strecke gilt. Was innerhalb der Welle auf der Teilchen- oder Quantenebene stattfindet, unterliegt diesen Beschränkungen dagegen nicht. Ein Quantum hat eben keine physikalische Abmessung, es ist also weder groß noch klein. Es paßt sich sozusagen dem Bedarfsfall an.

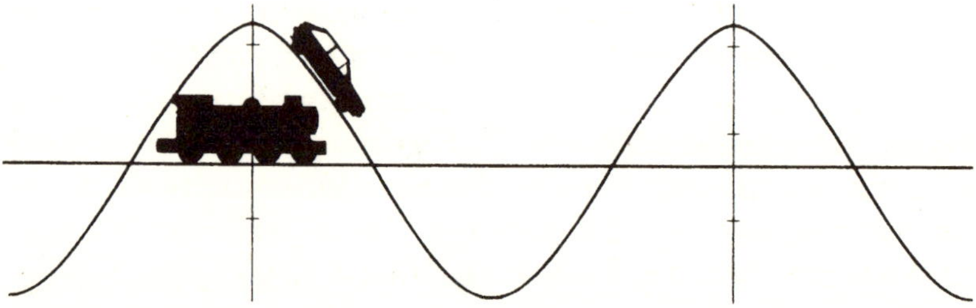

***Bild 15:** Ohne quasi zeitlose und damit überlichtschnelle Vorgänge ist auch die Ausbreitung elektromagnetischer Wellen nicht erklärbar.*

Nun gelten diese Betrachtungen immer nur für Wellen, die sich von einer Quelle aus in eine einzige Richtung ausbreiten. Bei elektromagnetischen Wellen ist das prinzipiell der Fall, ob sie nun als Licht aus einer Taschenlampe oder als Rundfunksignal aus einer Sendeantenne stammen.

In der Akustik gibt es aber auch Wellen, die quer zur Quelle verlaufen. Sie werden als *Transversalwellen* bezeichnet und bilden sich bei schwingenden Saiten oder Stäben aus. Eine solche Welle entsteht auch beim Bogenschießen, sobald man den Pfeil abschießt. Was auch zeigt, daß die Energie der Wellenbewegung senkrecht zur Richtung der Ausbreitung fließt.

Könnte man nun eine transversale elektromagnetische Welle erzeugen, dann würde sie sich nicht senkrecht, sondern horizontal zur Quelle mit Lichtgeschwindigkeit ausbreiten. Die dabei entstehende Wellenspitze würde aber mit einer weitaus höheren Geschwindigkeit ins Medium vorstoßen, die nur von der Intensität und Frequenz der Welle abhängt.

Wir können uns das anhand einer seismischen Welle vorstellen, die Tesla ja in ähnlicher Weise produziert hat. Wenn es ihm nun gelungen wäre, eine solche Transversalwelle im Erdmantel zu erzeugen, hätte sie sich von Colorado Springs aus kugelförmig durch den ganzen Erdmantel ausgebreitet, bis sie am gegenüberliegenden Punkt auf sich selbst getroffen wäre. Gleichzeitig bildet sich ein Energiefluß Richtung Erdmittelpunkt aus, dessen Fortpflanzungsgeschwindigkeit auch höher sein kann als die Ausbreitungsgeschwindigkeit der eigentlichen Welle.

Bis dahin ist das eine nette Gedankenspielerei, die sich aber nur auf elektromagnetische Wellen übertragen läßt, wenn es so etwas wie den Äther wirklich gibt. Man kann dafür auch die Begriffe Hyperraum, Tachyonenfeld oder sogar *Raumzeit* einsetzen, wie Einstein es in verschiedenen halbherzigen Revisionsversuchen seiner ursprünglichen Theorie getan hat.

Tesla war von der Realität des Äthers jedenfalls überzeugt, genau so wie davon, daß seine Wellen nicht identisch waren mit denen, die Heinrich Hertz zuerst entdeckt hatte.

Betrachten wir einmal, was Tesla selbst über seinen Verstärkungs-Sender sagt[163]: Er betont, daß sich die Welle zunächst mit *unendlicher* Geschwindigkeit ausbreiten würde. In einer Entfernung von 10 000 Kilometern würde sie sich dagegen auf Lichtgeschwindigkeit verlangsamen, um anschließend wieder zu beschleunigen und an der Empfangsstation auszutreten.

Da kaum anzunehmen ist, daß seine Welle ihre Zustandsform von selbst ändert, muß sich an dieser Stelle etwas befinden, das sich auf die Welle auswirkt. Sehen wir uns dazu einmal an, was mit einer Welle passieren würde, die von Colorado Springs direkt durch den Mittelpunkt der Erde laufen würde, bis sie auf der gegenüberliegen-

163 – Cheney, a. a. O., S. 241. Die Autorin bezieht sich hier augenscheinlich auf ein Interview mit dem Forscher, das in der *New York Times* am 14. November 1915 abgedruckt wurde.

den Seite der Erde – irgendwo im südwestindischen Becken – wieder austritt.

Über den Innenaufbau herrschte zu Teslas Zeiten keine allgemeingültige Vorstellung. Das heute noch gültige dreischichtige Modell wurde erst um 1943 entwickelt. Um die Wende vom 19. zum 20. Jahrhundert gingen die meisten Geologen davon aus, daß sich unter dem Erdmantel ein mehr oder weniger homogenes glutflüssiges Inneres verbarg. Über die Dicke des Erdmantels konnte man allerdings nur Mutmaßungen anstellen.

Der Durchmesser der Erde beträgt rund 12 740 Kilometer.[164]

Zieht man Teslas 10 000 Kilometer davon ab, bleibt ein Rest von 2740 Kilometern.

Das deckt sich erstaunlich gut mit neuesten Angaben aus der geologischen Forschung, die den Beginn des flüssigen, äußeren Kerns bei 2700 bis 2800 Kilometern ansetzen![165]

Damit erhärtet sich der Verdacht, daß sich hinter Teslas schwammigen Angaben durchaus handfeste, experimentelle Ergebnisse verbergen. Sein eigentliches Experiment zur drahtlosen Energieübertragung könnte demnach wie folgt ausgesehen haben:

Zunächst wird die Transversalwelle in Colorado Springs erzeugt und breitet sich horizontal mit Lichtgeschwindigkeit durch den Erdmantel aus. Sie schwingt um eine gedachte Linie, die genau die Mitte des Erdmantels durchläuft. Dabei beschreibt sie eine Bahn in Form eines Halbkreises mit einem Durchmesser von 10 000 Kilometern, das entspricht einer Strecke von gerundet 15 708 Kilometern.

Gleichzeitig stößt in vertikaler Richtung ein feldartiger, gequantelter Impuls (Skalarpuls) Richtung Erdmittelpunkt vor. Dieser Impuls legt 10 000 Kilometer zurück, bevor er wieder auf die gedachte Mittellinie der Transversalwelle im gegenüberliegenden Teil des Erdmantels trifft.

164 – An den Polen sind es 12 714, am Äquator dagegen 12 756 Kilometer.

165 – *Daniel Pendick* in der Zeitschrift *Earth*, August 1995, S. 45. Er gibt überschlägig 1800 Meilen an, was exakt 2743,1748 Kilometer sind, und damit Teslas Ergebnis sogar extrem nahe kommt. Man sollte das jedoch nicht überbewerten, da die von Pendick genannte Zahl sicher nur als ungefährer Wert zu verstehen ist.

Selbst wenn wir uns an die Spielregeln der Relativitätstheorie halten, trifft er deutlich früher ein als die Welle selbst, da er nur 10 000 Kilometer zurücklegen muß, die Welle selbst aber 15 708 Kilometer.

Richtig interessant wird es, wenn wir das Verhältnis der beiden Zahlen nehmen und mit dem Wert der Lichtgeschwindigkeit multiplizieren:

300 000 x 15 708 : 10 000 = 471,240

Das entspricht exakt dem Wert von 471 240 Kilometern, den Tesla für die Ausbreitungsgeschwindigkeit seiner Wellen angibt!

Ich stieß rein zufällig auf dieses Zahlenverhältnis. Und das brachte mich auf die Idee, auch die anderen von Tesla im Zusammenhang mit diesem Gedankenexperiment erwähnten Werte einigen simplen Berechnungen zu unterziehen.

Nehmen wir dazu einmal seine Angaben zu den drei Resonanzfrequenzen der Erde, die ich vom Standpunkt elektromagnetischer Wellen eigentlich nicht nachvollziehen kann. Die Zahlenwerte (6, 18 und 30 Hertz) sind dafür eigentlich viel zu niedrig, zumal er bei seinen Experimenten weitaus höhere Frequenzen (50 000 oder sogar 150 000 Hertz) verwendet haben will.

Die von ihm angegebenen Werte sehen eher wie seismographische Frequenzen aus, da sie für elektromagnetische Wellen zu niedrig sind.

Deshalb habe ich ausprobiert, was dabei herauskommt, wenn man die Werte nicht als Frequenzen, sondern als *Wellenlängen* betrachtet. Schließlich ist die Wellenlänge lediglich die *Umkehrfunktion* der Frequenz. Ich könnte mir deshalb vorstellen, daß Tesla diese mathematische Beziehung als lachhaft einfachen Code angesehen hat.

Also setzen wir zunächst einmal die Lichtgeschwindigkeit c von 300 000 Kilometern pro Sekunde als möglichen *Schlüssel* für Teslas Code ein:

Dividiert man c durch 6 (Hertz), dann ergibt das 50 000. Die Division durch 30 (Hertz) ergibt 10 000.

Der erste Wert entspricht der von ihm erwähnten Oszillatorfrequenz (50.000 Hertz), der letzte dagegen der von ihm angegebenen Entfernung, die seine Welle mit *unendlicher* Geschwindigkeit zurücklegt.

Zwei aus drei, das ist doch nicht schlecht, oder?

Mit der Zahl 18 ist es allerdings nicht ganz so einfach, da sich die Division zu der irrationalen Zahl 16 666,666 ergibt. Als ich mir aber die restlichen Werte besah, fiel mir auf, daß sie das Experiment fast komplett dokumentieren. Was fehlt, ist eigentlich nur die von Tesla verwendete Spannung.

Ursprünglich behauptete er, in Colorado Springs maximal zwölf Millionen Volt erzeugt zu haben. Bei der Verleihung der Edison-Medaille erzählte er aber etwas von 20 Millionen Volt. Dabei blieb es dann zunächst, bis er an seinem 80. Geburtstag ausdrücklich von 18 Millionen Volt sprach.[166]

Damit möchte ich die Zahlenspielerei aber auch beenden, da solche Spekulationen immer die Gefahr beeinhalten, daß man Zusammenhänge sucht, wo in Wirklichkeit keine sind. Was aber nichts an dem Verdacht ändert, daß Tesla die genauen Ergebnisse seiner Experimente in Colorado Springs absichtlich verschleiert hatte. Die primitive Verschlüsselung entspricht durchaus seinem Temperament, da er eigentlich lieber mit seinen Erkenntnisses glänzte, als sie geheimzuhalten.

Möglicherweise stand er kurz vor dem von ihm vermuteten Durchbruch, mußte aber erkennen, daß sein Verstärkungs-Sender nicht die benötigte Spannung erzielen konnte. Die Fortsetzung der Experimente sollte in dem legendären *Wardenclyffe-Turm* stattfinden, dessen Bau aber kurz vor der Vollendung wegen Kapitalmangels eingestellt wurde. Aber Teslas enthusiastische Pläne für dieses Projekt weisen darauf hin, daß er in Colorado Springs etwas ungeheuer Wichtiges entdeckt haben muß.

Das beweisen auch die Konstruktionsunterschiede zwischen Wardenclyffe und seinem Labor in Colorado Springs. Einen Antennenmast gab es nicht mehr, und die Entladungskugel war deutlich vergrößert worden. Offensichtlich ging es bei Wardenclyffe nicht mehr um simple Experimente mit Blitzen. Es sieht vielmehr so

166 – Cheney, a. a. O., S. 309.

aus, als ob dieses Gebäude den Charakter eines Prototyps hatte, an dem eine bereits grundsätzlich funktionierende Erfindung optimiert werden sollte.

Viele FE-Forscher sind felsenfest davon überzeugt, daß Tesla nicht nur eine extrem fortschrittliche Möglichkeit zur Übertragung von Strom im Megawattbereich gefunden hat, sondern auch eine Möglichkeit, diese Energie aus dem Nichts zu beschaffen. Und es sind nicht wenige darunter, die vermuten, daß in Teslas Verstärkungs-Sender das Potential für eine gigantische Vernichtungswaffe steckt.

Dem ersten Punkt stimme ich rückhaltlos zu und glaube, daß Teslas Forschungen allein schon aus diesem Grund wieder aufgenommen werden sollten. Der drahtlose Transport von Energie würde die umgehende Realisierung orbitaler Solarkraftwerke ermöglichen, die auch ohne die spekulativen Konverter der FE die Energiekrise lösen könnten.

Beim zweiten Punkt bin ich dagegen skeptisch. Tesla hat lediglich einige sehr oberflächliche Hypothesen zu diesem Thema geäußert, die möglicherweise mit Colorado Springs in Verbindung stehen – oder auch nicht.

Tesla hat jedenfalls nachweislich behauptet, daß er eine neue Wellenform gefunden habe, die sich anders verhielt als elektromagnetische Wellen. Das war nun keineswegs eine seiner provozierenden Anmerkungen, mit denen er sich in den Vordergrund spielen wollte. Er ging ganz unbefangen mit dieser Wellenform um und bezog sie in einige seiner Konstruktionen mit ein.

Daß die moderne FE-Forschung Teslas Entdeckung als Skalarwelle bezeichnet, hat den großen Forscher leider noch mehr von der herkömmlichen Wissenschaft entrückt. Hier lehnt man die Idee grundsätzlich ab, da man unter Welle etwas ganz anderes versteht. Obwohl ich die herkömmliche Meinung nicht unbedingt teile, muß ich an dieser Stelle auch die FE-Forschung kritisieren, die immer wieder versucht, etwas durch die Wahl einer bestimmten Terminologie *wissenschaftlicher* erscheinen zu lassen.

Skalarwelle und freie Energie

Daß ich mich mit dem Begriff der Skalarwelle nicht anfreunden kann, liegt einfach daran, daß das Phänomen selbst dadurch nicht genügend von der elektromagnetischen Welle abgegrenzt wird. Dabei handelt es sich um einen vollkommen eigenständigen Vorgang, der bis auf die angenommene Fortpflanzung keine Ähnlichkeit mit einer Welle aufweist.

Offenbar stolpern Bearden und andere Vertreter der Skalarwellen-Hypothese oft genug selbst über die Wellenanalogie. Daß die Skalarwelle sich schneller oder langsamer als das Licht bewegen kann, wird eben darauf zurückgeführt, daß eine waschechte Skalarwelle das wohl irgendwie zustandebringt.

Daß solche Behauptungen zur Akzeptanz dieses Phänomens nicht unbedingt beitragen, liegt auf der Hand. Die Wissenschaft benötigt keine elektromagnetische Skalarwelle, und schon gar keine, die weder elektrische noch magnetische Wirkungen entfaltet. Ganz anders sieht die Sache aber aus, wenn man von einem *Skalarimpuls* spricht.

Ich möchte darauf hinweisen, daß es sich dabei um eine reine Hypothese handelt. Sie steht nicht im Widerspruch zu den Modellen der Wissenschaft, sondern soll sie vielmehr ergänzen.

Meiner Vorstellung nach ist der Skalarimpuls ein Teil des Vorganges, den wir als Welle bezeichnen. Man kann ihn, frei nach *Shinichu Seike*[167]*,* als *realen* Anteil einer Welle betrachten.

Er ist es, der dafür sorgt, daß eine Welle Kraft übertragen kann oder wie ein Teilchenstrom wirkt. Der Skalarimpuls bewegt sich dabei aber nicht wellenähnlich fort, sondern als Impuls, der auf den Spitzen einer Welle *reitet.*

Der andere Bestandteil einer Welle wäre demnach der *imaginäre.* Er entspricht ziemlich exakt unserer Modellvorstellung von einer Welle. Bei einem Lichtstrahl sorgt er also auch für die Wellennatur.

167 – Der japanische FE-Forscher arbeitet häufig mit komplexen Zahlen, die sich ebenfalls aus einem realen und einem imaginären Anteil zusammensetzen. Komplexe Zahlen werden beispielsweise in der Elektronik für die Darstellung von Wechselspannungen verwendet.

Normalerweise treten realer (Skalar) und imaginärer (Vektor, Welle) Anteil nur zusammen auf. Deshalb verhält sich ein Lichtstrahl auch gleichzeitig wie eine Welle und ein Teilchenstrom. Unter bestimmten Voraussetzungen können beide aber voneinander getrennt werden.

In diesem Fall löst sich der Skalarimpuls im rechten Winkel zur Ausbreitungsrichtung der Welle ab. Er pflanzt sich nun in quantenähnlichen Sprüngen fort, wobei seine Ausbreitungsgeschwindigkeit in erster Linie von der Frequenz der Welle abhängt, die sozusagen die Sprungweite bestimmt.

Der Vektoranteil der Welle verändert sich dagegen nicht, er breitet sich vielmehr in ähnlicher Weise aus, wie es auch die Welle getan hätte.

Mit unseren Sinnen oder mit normalen Meßgeräten können wir weder den skalaren noch den vektoriellen Anteil einzeln erfassen. Erst wenn sie zusammenwirkend als Welle auftreten, sind wir in der Lage, sie zu messen oder als Licht, Rundfunkwelle etc. wahrzunehmen. Ansonsten wirken sie sich nicht auf unser Universum aus – sie verhalten sich also wirklich so, als ob sie in einem *Hyperraum* verschwunden wären.[168]

Vielleicht erinnern Sie sich noch an das seltsame Verhalten, das die bifilare Spule an den Tag legt. Das Verschwinden der Feldwirkung könnte hier durch eine Interferenz erklärt werden, die den skalaren und den vektoriellen Teil des Feldes voneinander trennt.

Auch die geheimnisvolle Fernwirkung beim Transformator läßt sich mit diesem Modell erklären: Der Eisenkern zieht nur die (vektorielle) magnetische Wirkung in sich hinein, nicht aber den skalaren Anteil. Die beiden sind aber nach wie vor lose gekoppelt, wodurch der Skalarpuls auf der Außenseite des Eisenkerns entlanggleitet. Dadurch kann die Induktion auf die Spulen einwirken, ohne daß nach außen hin ein magnetisches Feld auftritt.

Wie paßt nun der Gedanke der freien Energie in dieses Skalarmodell? Der Skalarimpuls verkörpert hier ja die eigentliche Kraft oder den Energiefluß. Der vektorielle Anteil der Welle hat dagegen

168 – Wie Sie sehen, ist die Annahme eines Hyperraumes keineswegs notwendig, um nicht feststellbare Wellen oder Teichen zu beschreiben.

eine reine Trägerfunktion – man kann sie in etwa mit der Trägerwelle eines Rundfunksenders vergleichen, die ja nur als Transportmedium für die Rundfunksendungen dient.

Daß die Erzeugung einer vektoriellen Trägerwelle nicht im eigentlichen Sinne Leistung verbraucht, kann man ja an der bifilaren Spule sehen. Man könnte nun überlegen, ob es nicht möglich ist, eine solche Trägerwelle mit frei umher irrenden Skalarimpulsen zu synchronisieren.

Solche freien Skalarpulse könnten beispielsweise im Quantenniveau existieren. Die Energie des Quantenfeldes ist normalerweise nicht nutzbar, weil sie als statisches Potential betrachtet wird – sie verhält sich also wie eine Batterie, die nur einen Pol aufweist. Wir können an eine solche Batterie zwar eine Lampe anschließen, aber es ist nicht möglich, den Stromkreis zu schließen.

Die Quantenfluktuation spricht aber eigentlich dafür, daß es sich nicht um ein statisches Potential handelt, sondern eher um eine Art Rauschen. Das Hauptproblem liegt darin, daß dieses Rauschen so gleichmäßig ist, daß es sich fast wieder wie ein statisches Potential verhält.

Man könnte aber nun versuchen, die Ruhe durch einen heftigen Skalarimpuls zu stören. Dadurch tritt ein Ungleichgewicht im Frequenzspektrum des Rauschens auf. Durch eine vektorielle Trägerwelle könnte man nun jene freien Skalarimpulse einfangen, die in ihrer Ausbreitungsweise dem Anregungsimpuls ähneln.

Das mag alles sehr hypothetisch klingen, aber es ist noch die einfachste Variante dieses Themas. Außerdem hat sie den Vorteil, daß sie noch halbwegs mit unserer herkömmlichen Physik konform geht. Sie benötigt also weder einen Hyperraum noch die Überlichtgeschwindigkeit, die verständlicherweise von manchem Physiker als Hirngespinste abgelehnt werden.

Das Schöne an diesem Modell ist aber, daß wir damit einen großen Schritt vom Archetyp des Perpetuum mobile wegkommen. Zur Freisetzung skalarer Energie sind nicht unbedingt mechanische Geräte mit beweglichen Teilen notwendig. Wenn an der Hypothese etwas dran ist, benötigt man lediglich eine elektronische Schaltung.

Ein solches Gerät wäre quasi verschleißfrei und ließe sich billigst herstellen. Seine Funktionsweise würde der eines Rundfunkempfängers ähneln, nur daß am Ausgang keine Musik, sondern elektrischer Strom ansteht.

Das Prinzip eines solchen Konverters ähnelt in der Tat einer sehr alten Variante des Radioempfängers, dem sogenannten Rückkopplungsempfänger. Dabei wird ein Teil des Ausgangssignals wieder dem Eingang zugeführt. Der Sinn dieses auf den ersten Blick etwas widersprüchlich erscheinenden Verfahrens ist es, die Verstärkung der empfangenen Welle aufzuschaukeln. Dabei wird gleichzeitig die Trennschärfe erhöht, also die Aussiebung der gewünschten Empfangsfrequenz verbessert. Dabei arbeitet der Rückkopplungsempfänger auch zwangsläufig als schwacher Sender. Er liegt in seiner Funktionsweise also erstaunlich nahe an dem hypothetischen Energieempfänger, den ich soeben beschrieben habe.

Tatsächlich wurden bereits in den frühen 1920er Jahren solche Energieempfänger gebaut. Die Ähnlichkeit mit den selbstgebastelten Radioempfängern dieser Zeit ist geradezu verblüffend. Obwohl wenig darüber bekannt ist, vermute ich, daß einige der bedeutendsten Erfindungen auf diesem Gebiet als Zufallsentwicklungen bei der Radiobastelei abgefallen sind.

Bevor ich detailliert auf die wichtigsten dieser Konverter eingehe, möchte ich hier erwähnen, daß mich diese Geräte von Anfang an mit größter Skepsis erfüllt haben. Sie erinnern mich auch heute noch ein bißchen an die amerikanische TV-Serie *Twilight Zone* oder an jene verrückten Energiekonverter, die der berühmte Autor *Stephen King* in seinem Roman *Tommyknockers* beschreibt. Auch hier handelt es sich um abenteuerliche Zusammenschaltungen von Batterien und elektronischen Bauteilen, die für einen Elektroniker absolut keinen Sinn ergeben.

Im englischsprachigen Raum bezeichnet man solche Geräte als *Rube Goldberg Devices.* Dieser Begriff ist einem alten Comicstrip entlehnt, in dem ein Erfinder namens Rube Goldberg für jeden möglichen Zweck ein Gerät schafft, dessen Wirkungsweise selbst einen *Daniel Düsentrieb* vor Rätsel stellen würde.

Strom aus dem Radio

Hendershots Bastelei

Die meisten alternativen Energiekonverter des 19. Jahrhunderts beruhten nach wie vor auf der Idee des mechanischen *Perpetuum mobile*, das von der Wissenschaft längst als Unmöglichkeit abgelehnt wurde. Der Energie-Erhaltungssatz hatte sich bei allen wissenschaftlichen Überprüfungen als fundamentales, wenn auch nicht theoretisch zu begründendes Prinzip erwiesen. Gerade im Bereich der Maschinentechnik konnte man jetzt auf mehr als hundert Jahre dokumentierter Forschung zurückblicken. Die Idee, eine verlustfreie und damit ewig laufende Maschine zu bauen, konnte man damit ohne großen Pomp zu Grabe tragen.

Was aber nichts daran ändert, daß der Erhaltungssatz lediglich eine praktisch beweisbare Spielregel darstellt. Er ist nicht Bestandteil der Wissenschaft selbst, sondern vielmehr eine Erfahrungsregel. Strenggenommen ist er keineswegs wissenschaftlicher als die Behauptung, daß ein Butterbrot grundsätzlich mit der Marmeladenseite nach unten zu Boden fällt.[169]

Der Gedanke, Energie einfach von irgendwoher zu empfangen, entwickelte sich wahrscheinlich ganz zwangsläufig aus der ungeheuren Faszination, die der drahtlose Rundfunk bei seiner Einführung ausübte.

Ich glaube nicht, daß wir das aus unserer heutigen Warte nachempfinden können. Die meisten Menschen lebten damals noch in Umständen, die sich eigentlich kaum von denen des Mittelalters unterschieden. Was draußen in der Welt vor sich ging, erfuhr man hauptsächlich über Zeitungen.

Anfang der 1920er Jahre breitete sich das Radio dann mit rasanter Geschwindigkeit in allen zivilisierten Teilen der Welt aus. Die

169 – Statistisch betrachtet ist das möglicherweise nur in 88 Prozent aller Fälle so. Ein witziger Unsinnsbeweis des Marmeladenbrot-Satzes findet sich in *George H. Scheers* Artikelsammlung *Journal der unwiederholbaren Experimente*, Frankfurt 1983, S. 120 f.

Empfänger wurden nur selten fertig gekauft, sondern nach Anleitungen selbst zusammengebaut. Den für einen einfachen Detektorempfänger benötigten Kristall aus *Seychellensalz* besorgte man sich notfalls beim nächsten Drogisten. Der Bau stellte keine großen Anforderungen an die physikalischen Kenntnisse; man brauchte nur reichlich Geduld, bis endlich eine kratzige Stimme oder ein Musikstück aus dem Ohrhörer ertönte.

In jedem Dorf gab es bald einen Empfangsspezialisten, der meist zwar nicht mehr über die Funktionsweise des Radios wußte als seine Nachbarn, aber mit viel Geschick und Geduld praktische Erfahrungen über den Empfang sammelte.

Anfänglich gab es so wenige Radiosender, daß man bei günstigem Wetter auch sehr schwache Signale aus weiter Entfernung empfangen konnte, die heute durch starke Ortssender vollständig unterdrückt werden. Es kam dabei nicht selten vor, daß man auf äußerst seltsame Signale stieß, die selbst renommierte Wissenschaftler für eine außerirdische Botschaft hielten.

Praktisch wurden jeden Tag neue Erfahrungen mit besonderen Bauteilen, Schaltungen und Antennenformen gemacht. Für erfindungsreiche Bastler bot sich hier ein ausgezeichnetes Betätigungsfeld und der Anreiz, etwas Neues noch vor den Wissenschaftlern zu entdecken.

Der Gedanke, ein Radio für den Empfang von Energie zu benutzen, liegt eigentlich nahe. Tesla hatte bereits vor der Jahrhundertwende mit hochfrequenten Radiosignalen Gasentladungslampen drahtlos zum Leuchten gebracht. Bei ausreichend starken Signalen ist es kein Problem, dasselbe Experiment mit einfachen Glühlampen durchzuführen.

Natürlich handelt es sich dabei lediglich um eine Energieübertragung, da die Lampe ihre Betriebsleistung dem Signal des Senders entzieht. Die Energie kommt also keineswegs aus dem Nichts, sondern aus dem nächsten Elektrizitätswerk. Deshalb sind solche Versuche heutzutage auch verboten. Übrigens können dabei nur kleinere Leistungen empfangen werden, und das auch nur in unmittelbarer Nähe des Senders.

Möglicherweise stieß der amerikanische Erfinder *Lester Hendershot* bei einem solchen Radioexperiment auf einen Effekt, der heute noch nicht ausreichend erklärt ist. Sein Empfänger funktionierte auch weitab von irgendwelchen Sendern, und an seinem Ausgang konnten zwischen 300 und 500 Watt Leistung abgenommen werden. Das war deutlich mehr, als damals für die Versorgung eines normalen Haushaltes benötigt wurde.

Um so erstaunlicher ist die Konstruktion des Apparates. Wie es damals auch bei selbstgebauten Radioempfängern üblich war, waren alle Bauteile auf einem Holzbrett aufgebaut. Die Abmessungen betrugen etwa 60 mal 35 Zentimeter, der Apparat war also leicht zu transportieren.

Hendershot machte aus seinem Gerät kein großes Geheimnis, und der Stromlaufplan wurde in verschiedenen Zeitschriften veröffentlicht. Neben handelsüblichen Elektrolytkondensatoren[170] finden sich einige Spulen, die ebenfalls keine Besonderheiten aufweisen.

Viel ungewöhnlicher sind da schon die beiden großen Korbspulen und die dazugehörigen Kondensatoren. Sie bilden zwei gleichartige Schwingkreise und sind vermutlich die wichtigsten Bauelemente der gesamten Schaltung.

Die Korbspulen selbst weisen einen Durchmesser von rund 15 Zentimetern auf. Der Spulenkörper ist jeweils aus 57 drei Millimeter starken Holzdübeln aufgebaut, die im Kreis angeordnet werden. Der Spulendraht wird nicht einfach außen aufgewickelt, sondern zwischen den jeweils aufeinanderfolgenden Holzdübeln durchgeflochten.

Jede der beiden Spulen ist mit einem der bereits erwähnten Kondensatoren verschaltet, die in der Mitte der dazugehörigen Spule sitzen. Diese Kondensatoren wurden auf umständliche Weise selbst gebaut. Dazu sägte der Erfinder das Gehäuse eines herkömmlichen Elektrolykondensators auf und entnahm den darin enthaltenen Wickel. Dieser Wickel ist das eigentliche Funktionselement eines Elektrolytkondensators. Er ist als mehrschichtige Rolle aus

170 – Ein besonderer Kondensatortyp, der sich vor allem für Anwendungen eignet, bei denen es auf hohe Kapazitäten bei geringem Preis ankommt. Wird u. a. in Gleichstromnetzteilen verwendet und ist an der charakteristischen Becherform zu erkennen.

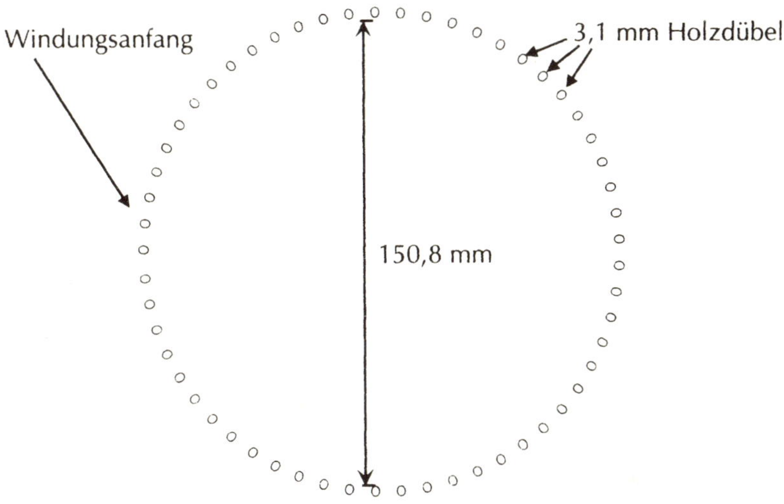

Bild 16: *Die Korbspulen des Hendershot-Konverters.*

Metallfolie, Isolationspapier und einem saugfähigen Zwischenmaterial aufgebaut, das den flüssigen Elektrolyten aufnimmt.

Hendershot rollte den Wickel anschließend auf einem Zylinder aus rostfreiem Stahl auf. So entstand ein neuer Kondensator, der allerdings eine weitaus geringere Kapazität aufwies. Typischerweise liegt die Kapazität eines Elektrolytkondensators bei mindestens einem *Mikrofarad* (µF)[171] und kann durchaus mehrere 1000 µF betragen. In der Röhrentechnik werden allgemein Werte bis zu einigen hundert µF eingesetzt, größere Werte waren zu Hendershots Zeiten praktisch nicht zu bekommen.

Meist verwendet er als Ausgangsmaterial einen Kondensator von 40 µF, dessen Wickel auf dem Stahlzylinder nur noch eine Kapazität von etwa 0,008 µF (8 *Nanofarad)* aufwies. Dieser Wert liegt weit unterhalb des Bereiches, in dem man Elektrolytkondensatoren normalerweise einsetzt. Auch zu Henderhots Zeiten wurden schon andere Kondensatortypen für so niedrige Kapazitäten angeboten.

171 – Entspricht einem Millionstel eines Farads.

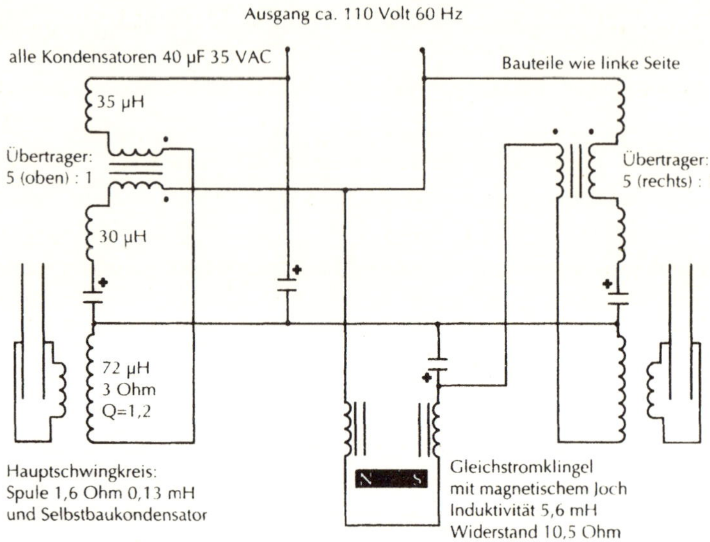

***Bild 17:** Das Schaltbild des Hendershot-Konverters.*

Welchen Grund es dafür gab, so viel Aufwand mit diesem Kondensator zu treiben, ist unbekannt. Fest steht nur, daß der Apparat ohne diesen Kondensator nicht funktioniert, und sich dieser Kondensator auch nicht durch einen modernen Folienkondensator ersetzen läßt. Leider zersetzte sich der selbstgebaute Kondensator während des Betriebs, so daß er ständig ausgetauscht werden mußte. Das scheint eine Folge des aggressiven Elektrolyts zu sein, was aber nur eine Mutmaßung ist.

Das vielleicht seltsamste Bauteil des Konverters ist eine einfache Türklingel, die mit einem dauermagnetischen Joch versehen ist. Die Glocken der Klingel wurden abmontiert, wodurch ein elektromagnetischer Resonator entsteht, der im Takt einer angelegten Wechselspannung vibriert. Offenbar hat er das Joch später durch den Magneten aus einem sogenannten Magnetschalter ersetzt, wie er auch zum Start eines Pkw-Anlassers benötigt wird. Das erweckt den Eindruck, daß Hendershot an Bauteilen verwendet hat, was immer ihm gerade in die Hand fiel.

Auch fällt auf, daß der Apparat im Gegensatz zu vielen anderen FE-Konvertern nicht *gezündet* werden muß. Weder eine Starterbatterie noch ein anderes krafterzeugendes Element ist vorhanden, was nebenbei auch die Möglichkeit des Betrugs einschränkt.

Hendershot hat seinen Apparat bis 1924 etliche Male vorgeführt. In Augenzeugenberichten wird die umständliche Einstellprozedur erwähnt, bei der Hendershot mit einem kurzen, an beiden Enden abisolierten Draht Kurzschlüsse zwischen verschiedenen Punkten der Schaltung herstellte. Manchmal dauerte es Stunden, bis der Resonator des Apparates ohne jeden ersichtlichen Grund ansprang.

Ein merkwürdiger Apparat

Als Elektroniker finde ich Hendershots Apparat natürlich besonders interessant. Das beginnt bei den Bauteilen, die bereits eine Menge über die Konstruktion sagen. So handelt es sich bei den beiden Transformatoren offenbar um Niederfrequenz-Übertrager. Solche Übertrager gehörten bis in die 1960er Jahre hinein zu den Standardbauteilen der Radiotechnik.

Das angegebene Übertragungsverhältnis von 5:1 wurde damals überwiegend im Eingangsbereich des Lautsprecherverstärkers verwendet. Dementsprechend niedrig wird die Belastbarkeit gewesen sein.

Auch die anderen Bauteile sind nicht gerade üppig dimensioniert. Die nicht nach dem beschriebenen Verfahren modifizierten Elektrolytkondensatoren würden bei den hohen Spannungen von mehr als 100 Volt, die Hendershot erzielt haben will, mit einem gewaltigen Knall explodieren. Außerdem verträgt dieser Kondensatortyp ohnehin keine Wechselspannungen.

Die Schaltung selbst ist erstaunlich simpel. Sie besteht aus zwei verkoppelten Schwingkreisen. Auf den ersten Blick scheinen sie identisch zu sein, aber das trifft nur auf die Anzahl und Ausführung der Bauteile zu.

Was die Schaltung so undurchschaubar macht, ist der fehlende Eingangspunkt, an dem die angeblich eingesammelte Energie ihren Weg in die Schaltkreise findet. In einigen Berichten wurde die Kombination aus Spule und Selbstbau-Kondensator als eine *Antenne* beschrieben, was aber eher unwahrscheinlich ist.

Meiner Meinung nach bilden diese Bauteile zwei einfache Abstimmkreise, deren Resonanzfrequenz im Langwellenbereich (zwischen 155 und 165 Kilohertz) liegt. Da Hendershot mit seiner primitiven Methode kaum in der Lage war, jeden seiner Kondensatoren auf den gleichen Wert zu bringen, scheint die genaue Frequenz unwichtig zu sein.

Das Vorhandensein der Klingel gibt zumindest einen kleinen Hinweis auf einen Teil der Schaltungsfunktionen. Es handelt sich dabei um eine gewöhnliche Wechselstromklingel, wie man sie heute noch im Baumarkt kaufen kann. So eine Klingel besteht aus zwei gleichen Elektromagneten, über denen ein dauermagnetisches Joch angebracht ist. Legt man eine Wechselspannung an, wird das Joch mit der Frequenz der Netzspannung wechselseitig von den Elektromagneten angezogen und abgestoßen.

Womit nur noch die Frage zu beantworten wäre, was die Klingel überhaupt in der Schaltung zu suchen hat.

Der Lösung dieser Frage kommt man etwas näher, wenn man weiß, daß eine Klingel so ausgelegt ist, daß sie am besten in dem Bereich schwingt, in dem auch die Netzfrequenz liegt. Das kann man in gewissen Grenzen über den Abstand des Jochs zu den Magneten einstellen.

Meiner Ansicht nach hat die Klingel hier ganz einfach die Funktion eines Frequenz-Konstanthalters. Sie sorgt als dafür, daß der aus dem Hendershot-Konverter kommende Strom die in den USA übliche Netzfrequenz von 60 Hertz einhält – obwohl ich keineswegs nachvollziehen kann, auf welche Weise sie dies bewirken soll.

Das ist jedoch das einzige überhaupt nachvollziehbare Schaltungsdetail. Der Rest wirkt bei näherer Betrachtung derartig unsinnig, daß man eigentlich nur zu einem Schluß kommen kann:

Was immer in dieser Schaltung fließen mag, es hat wenig mit den uns bekannten Wechselströmen zu tun!

So scheinen Strom und Spannung sich keineswegs so auf die Bauteile auszuwirken, wie man es eigentlich erwarten sollte. Selbst ein Betrug scheint unmöglich zu sein, da der ganze Apparat beim Anschluß der Ausgangsklemmen an die Netzspannung[172] explosions-

172 – 110 Volt, da das Gerät in den USA entwickelt wurde.

artig in Rauch und Flammen aufgehen würde. Die einzige plausible Erklärung wäre die, daß es sich hier ebenfalls um etwas wie einen Skalarwellen-Konverter handelt, bei dem der elektrische Strom erst durch das *Zusammenmischen* des imaginären und realen Anteils am Ausgangs entsteht und beim Rückfluß in den Konverter wieder zerlegt wird. Dies würde auch erklären, warum jeder der beiden Ausgangspole mit mindestens zwei Schaltungspunkten verbunden ist.

Vieles an dieser Schaltung zeigt, daß Lester Hendershot keineswegs ein Elektronikgenie war, sondern lediglich ein begabter Bastler. Anfänglich sah er in dem Gerät durchaus einen kommerziellen Nutzen, wurde aber wiederholt von Wissenschaftlern angefeindet, die ihn als Betrüger bezeichneten. Anscheinend hatte er keine Lust, sich die Anerkennung seiner Erfindung zu erstreiten. Und so blieb sein Apparat kaum mehr als eine Attraktion für Dorffeste und private Vorführungen.

Im Jahr 1924 erlitt der Erfinder beim Abgleich seines Apparates einen überaus heftigen Stromschlag. Er trug keinen bleibenden Schaden davon, sah aber von weiteren Demonstrationen ab und wendete sich ganz anderen Dingen zu.

Es gibt nicht mehr viele Zeugen, die Hendershots Vorführungen wirklich erlebt haben. Einer davon ist Hendershots Sohn Matt, der den Apparat bei verschiedenen Gelegenheiten sogar selbst gestartet haben will. Falls das stimmt, dann ist er wahrscheinlich der Mensch, der die meisten Erfahrungen mit diesem Gerät gesammelt hat.

Matt Hendershot beschäftigt sich heute wieder mit dem von seinem Vater erfundenen Konverter. Leider scheint Lester Hendershot einige seiner Geheimnisse mit ins Grab genommen zu haben, da es bis jetzt noch niemandem gelang, dem Konverter wirklich brauchbare Energiemengen zu entlocken.

Sein Sohn berichtet allerdings von beachtlichen Teilerfolgen. Im Sommer 1995 nahm er Kontakt zu verschiedenen anderen Energieforschern auf und versprach, für eine Ausstellung ein funktionsfähiges Modell aufzubauen. Das geschah auch soweit, aber er konnte lediglich Kleinspannungen von maximal drei Volt messen.

Was sicher beachtlich genug wäre. Aber Matt Hendershot war damit nicht zufrieden, da er sich zu gut an die Anfeindungen erinnern konnte, die sein Vater erleiden mußte. So sah er von einer voreiligen Veröffentlichung ab und experimentierte weiter.

Unter anderem stellte er fest, daß sein Nachbau des Konverters in der Nähe[173] einer Hochspannungsleitung durchaus Spannungen bis etwa 150 Volt abgab.

Aha, sagt der Skeptiker: Also doch nur ein Empfänger für elektromagnetische Wellen!

Aber ganz so einfach ist das nicht. Der Apparat ist dafür einfach viel zu primitiv. Selbst mit einem hochempfindlichen elektronischen Meßgerät ist es schwierig, die von Hochspannungsleitungen ausgehenden Felder aus dieser Entfernung nachzuweisen. Der Hendershot-Konverter verfügt nicht einmal über einen für diesen Zweck abgestimmten Schwingkreis, sondern operiert eben im Langwellenbereich – soweit man die Schaltung überhaupt nachvollziehen kann.

Leider macht Matt Hendershot auch den Fehler, sein unvollständiges Wissen für viel zu teures Geld zu verkaufen. Stolze 59 US-Dollar verlangt er für 40 einseitig beschriebene Blätter, deren Inhalt nicht darüber hinwegtäuschen kann, daß derzeit nicht klar ist, wieso die Nachbauten des Hendershot-Konverters nicht so funktionieren wie das Original.

Daß es sich durchaus lohnen könnte, sich doch intensiver mit dieser Erfindung zu beschäftigen, liegt an einer ganz anderen Entdeckung. Sie fand etwa um dieselbe Zeit statt, allerdings viele tausend Kilometer von Lester Hendershots Heimatstadt entfernt.

Genauer gesagt in Deutschland.

Die Ideen des Hans Coler

Die Experimente des deutschen Kapitäns Hans Coler begannen etwa zu der Zeit, als Lester Hendershot infolge eines Unfalls die weitere Erforschung seines Konverters aufgab. Trotzdem kann Colers Entdeckung als vollkommen eigenständig betrachtet werden, da er aus einem ganz anderen Blickwinkel an das Thema

173 – Hendershot spricht von 50 Metern Abstand.

heranging. Als Seefahrer hatte der Magnetismus für ihn eine ganz besondere Bedeutung, und aus der Beschäftigung mit dem Phänomen des Kompasses entwickelte er eine eigene Hypothese über die Wirkungsweise dieses Vorganges. Vieles läßt darauf schließen, daß er sich mit den gängigen Theorien der Physik nur am Rande befaßte und statt dessen intuitiv und durch Experimente seine eigenen Ansichten entwickelte.

Erstaunlicherweise liegen diese nun gar nicht soweit abseits der akzeptierten Theorien. Für Coler war der Magnetismus kein statisches, sondern ein kinetisches Phänomen. Seiner Ansicht nach arbeitet ein Magnet als Oszillator oder Resonator, dessen Frequenz bei etwa 180 Kilohertz (also 180 000 Hertz) liegt. Diese Idee erinnert zunächst an die rätselhaften Behauptungen des Amerikaners John Worrell Keely, aber es steht ziemlich fest, daß Coler diese Frequenz auf irgendeine Weise experimentell ermittelte.

Nun geht die Physik davon aus, daß die dem Magnetismus zugrundeliegende Elektronenrotation generell mit Lichtgeschwindigkeit stattfindet und somit auch die Umlaufgeschwindigkeit der Feldlinien. Deshalb wird häufig behauptet, daß die Rotationsgeschwindigkeit der Feldlinien 300 000 Kilometer pro Sekunde beträgt. Diese Ansicht beruht allerdings auf einer groben Vereinfachung der relativistischen Ansicht, daß die Lichtgeschwindigkeit in jedem Medium konstant ist.

Daß dies nicht unbedingt stimmt, sieht man beim elektrischen Strom. Hier beträgt die Ausbreitungsgeschwindigkeit in Kupferkabeln lediglich 240 000 Kilometer pro Sekunde. Und so wäre es durchaus denkbar, daß auch die Bahngeschwindigkeit der Elektronen vom Medium abhängt.

Die Frequenz von 180 Kilohertz ist aber auch schon so fast alles, was Hans Coler uns an theoretischen Begründungen hinterlassen hat. Ansonsten hielt er sich lieber an praktische Beweise.

Zu diesem Zweck entwickelte er Mitte der 1920er Jahre zwei rein elektronische Geräte, deren erstaunliche Funktionsweise in kontrollierten Laborversuchen bestätigt wurden. Das einfachere Gerät war der *Colersche Magnetstromapparat,* der ohne jegliche Stromversorgung oder sonstige ersichtliche Energiezufuhr eine Kleinspannung von etwa einem halben Volt produzierte.

Soweit es bekannt ist, wurde dieser Apparat niemals von einer neutralen Institution getestet, und Coler selbst betrachtete ihn offenbar nur als Vormodell für seine zweite Erfindung. Dabei handelte es sich um den *Colerschen Stromerzeuger*, der im Betrieb mit einer Hilfsspannung aus Akkumulatoren versorgt werden mußte.

Dafür produzierte der Stromerzeuger weitaus größere Spannungen und nicht unbeträchtliche Ströme. Die Leistungsausbeute war um etwa das Fünffache höher als die gemessene Betriebsleistung. Coler behauptete nun von beiden Geräten, daß sie eine bislang unbekannte Raumenergie anzapfen würden. Das Gegenteil konnte ihm bis heute nicht bewiesen werden.

Über das eigentliche Funktionsprinzip konnte er selbst nicht viel sagen. Seiner Ansicht nach übertrugen seine Schaltungen die Schwingungen des magnetischen Feldes durch Induktion auf die Schaltkreise. Dadurch wurde ein Strom freigesetzt, dessen Frequenz von den Werten der Bauteile abhing. Dieser wurde aber bereits im Gerät gleichgerichtet, so daß es im Gegensatz zu Hendershots Konverter eine Gleichspannung mit überlagerten Hochfrequenzanteilen lieferte.

Von seinem Stromerzeuger wurden im Laufe der nächsten 25 Jahre mehrere verschiedene Versionen gebaut und getestet. Im Gegensatz zu Hendershots Konverter ist über die Schaltung und die genauen Werte von Colers Stromerzeuger leider nicht genug an Informationen überliefert worden, um die Funktionsweise der Schaltung auch nur ansatzweise rekonstruieren zu können.

Jedenfalls scheinen bifilare Spulen hier eine große Rolle gespielt zu haben. Sie sind neben den Magneten offenbar die wichtigsten Bauelemente des Stromerzeugers. Das Gerät bestand aus einer zweireihigen Anordnung von Kupferbändern, einer Flachspule und einer Reihe von Elektromagneten.

Die Kupferbänder und die Flachspule waren parallelgeschaltet und wurden mit sechs Volt Gleichspannung aus einem oder zwei Akkumulatoren versorgt. Ein zusätzlicher Akkumulator war für den Betrieb der von Coler als Erreger bezeichneten Elektromagneten verantwortlich. Diese waren wie Transformatoren zwischen die beiden Reihen der aus Kupferband gefertigten Spulenkonstruktion geschaltet.

Neben den bifilaren Wicklungen der Erreger wies auch die Flachspule eine recht eigenartige Bauweise auf. Sie war offenbar um die aus Kupferband aufgebaute Konstruktion herumgewickelt und wurde aus parallel geführten Einzeldrähten aufgebaut.

Was Colers Apparat aber noch unverständlicher erscheinen läßt als den eh schon abenteuerlichen Konverter Hendershots, ist der Aufbau und die Beschaltung der sogenannten Erreger. Sie waren aus einem ferritischen Material mit einem Silberanteil gefertigt. Diese Kerne waren aber wiederum über Silberdrähte elektrisch miteinander verbunden, die im Betrieb auch Strom führten. In späteren Ausführungen wurden diese Verbindungen anscheinend ebenfalls durch Stangen aus demselben Material hergestellt, aus dem auch die Kerne der Erreger gefertigt waren.

Mit anderen Worten: Der Aufbau des Apparates ist vollkommen unlogisch. Die grundsätzliche Funktion läßt sich auch erzielen, wenn man ihn anders aufbaut. Es ist auch hier nicht möglich, den Stromlauf innerhalb des Apparates zu analysieren, da es keinen definierten Anfangspunkt gibt.

Für einen Elektroniker klingt das, ehrlich gesagt, nicht gerade beruhigend.

Zudem funktionierte der Apparat nur nach einem umfangreichen Abgleich. Über diesen Vorgang selbst ist wenig bekannt, aber er scheint hauptsächlich darin bestanden zu haben, daß die magnetische Kopplung der einzelnen Spulen durch Verschieben oder Verbiegen verändert wurde.

Coler lief weiter mit seiner Erfindung herum, bis er soviel Staub aufgewirbelt hatte, daß Hermann Göring auf den Erfinder aufmerksam wurde. So wurde Coler ab 1937 vom aktiven Frontdienst suspendiert, um seinen Stromerzeuger weiterentwickeln zu können. Ganz offensichtlich räumten die Nazis in dieser Zeit relativ bescheidene Streuetats für nahezu beliebige Forschungsprojekte ein. Selbst die abstrusesten Ideen – wie etwa die Hohlwelttheorie – wurden unterstützt, um jeden Gedanken zu überprüfen, von dem man sich einen militärischen oder zumindest propagandistischen Vorteil erhoffte.

Es stimmt nachdenklich, daß die Nazis gegenüber dem Gedanken der FE scheinbar weitaus aufgeschlossener waren als unsere heutigen demokratischen Regierungen. Aber ein derartiges Verhalten ist für alle totalitären Systeme typisch, was man am Beispiel des Wissenschaftsbildes der ehemaligen Sowjetunion und ihrer Trabantenstaaten sehen kann.

Daß Coler sich eifrig zur Mitarbeit bereit erklärte, mag man ihm vielleicht einerseits als opportunistische Handlangerei ankreiden. Andererseits verleiht es ihm sogar in gewisser Weise ein gutes Leumundszeugnis, da kaum anzunehmen ist, daß irgend jemand versucht hätte, die Nazis mit einer Pseudoerfindung zu betrügen.

Coler bekam trotzdem Schwierigkeiten, weil die in das Projekt verwickelte Rheinmetall AG ihn bedrängte. Man erwartete verwertbare Resultate, während Colers Apparate nach wie vor unzuverlässig waren und lediglich kleine Leistungen abgaben.

In der FE-Szene geht das Gerücht um, daß er deshalb 1943 einen Konverter mit sechs Kilowatt Ausgangsleistung entwickelte, um die Nazibonzen zufriedenzustellen. Die Wirklichkeit sah aber ganz anders aus, da sich Coler auf Verlangen der beteiligten Wissenschaftler eher mit der elementaren Funktionsweise als mit direkten technischen Entwicklungen beschäftigte.

So wurden zahlreiche Versuche mit gegensinnig gepolten Spulen durchgeführt, die auf einen dauermagnetischen Kern gewickelt waren. Dabei kam zumindest heraus, daß eine solche Anordnung schwache gleichrichtende Eigenschaften aufweist.

Bei weiteren Versuchen bestätigte sich auch, daß zwei dieser Spulen ohne jede ersichtliche Spannungsquelle eine kleine Gleichspannung lieferten, wenn man sie magnetisch koppelte. Dazu waren allerdings penible Einstellarbeiten notwendig, die sich oft über Tage hinzogen. Gelang endlich ein Versuch, dann stieg die gemessene Ausgangsspannung binnen mehrerer Stunden allmählich auf einen Höchstwert an, der etwas unter einem halben Volt lag.

Mit an Sicherheit grenzender Wahrscheinlichkeit entspricht dieser Versuchsaufbau weitgehend Colers ursprünglicher Erfindung, dem Magnetstromapparat. Nach fast 20 Jahren schloß sich der Kreis, und man war eigentlich keinen Schritt vorangekommen.

Nach dem Kriegsende wurden sämtliche Versuchsunterlagen von den alliierten Geheimdiensten beschlagnahmt.

Das weitere Schicksal Hans Colers verliert sich in den Wirren des Wiederaufbaus.

Morays strahlende Energie

Im Gegensatz zu Coler und Hendershot war *Thomas Henry Moray* kein neugieriger Autodidakt, sondern ein Elektroingenieur, der in seinem Berufsleben für etliche Industriefirmen arbeitete und nebenbei ein Ingenieurbüro unterhielt.

Auch als Autor von Artikeln und Büchern tat er sich hervor, und hier erreichte er aufgrund seiner nicht ganz alltäglichen Behauptungen einen gewissen Bekanntheitsgrad. In seinen Veröffentlichungen ging es hauptsächlich um eine neue Energieform, die Moray als *strahlende Energie* bezeichnete.

Moray war durch eine Zufallsbeobachtung auf den Gedanken gekommen, daß unser gesamtes Universum von dieser strahlenden Energie durchflutet wird und unsere Erde sozusagen in dieser Energie *badet*. So trug sein wichtigstes Buch auch den etwas bombastischen Titel *Das Meer aus Energie, in dem die Erde treibt*[174].

Die bereits erwähnte Zufallsbeobachtung muß Anfang der 1920er Jahre oder etwas früher stattgefunden haben, als der 1892 geborene Moray bereits an der Universität von Uppsala[175] sein Diplom erworben hatte. Eines Nachts beobachtete er, wie die Scheinwerfer seines Autos eine Telefonleitung beleuchtete. Er hörte seltsame Kaskaden von Geräuschen, die sich in regelmäßigen Abständen wiederholten.[176]

Was diese strahlende Energie nun genau ist und wo sie eigentlich herkommt, hat Moray nie bekanntgegeben. Er deutete nur an, daß die Sonne selbst die Quelle der strahlenden Energie sei. In seinen Publikationen erwähnte er unbekannte Wellen jenseits des Licht-

174 – *The Sea of Energy in which the Earth Floats.*

175 – Es handelte sich natürlich um einen Fernkurs.

176 – Moray selbst hat diese Geschichte dem Journalisten *Gaston Burridge* erzählt, der sie dann in einem längeren Artikel in der Zeitschrift *Fate* (Ausgabe September 1956) erwähnte. Sie hat meiner Meinung nach aber eher anekdotischen Charakter.

spektrums, die sich ganz anders verhielten als die elektromagnetischen Licht- und Radiowellen.

Die Grundidee scheint er von Nikola Tesla übernommen zu haben, dessen Werk Moray eingehend studiert hat. Daß Moray Mitte der 1920er Jahre eine nur mit einer Antenne versehene Lampe zum Leuchten brachte, kann man durchaus als Hommage interpretieren, da dieses Kunststück bereits im 19. Jahrhundert zu Teslas unerschöpflichem Repertoire elektrischer Taschenspielertricks gehörte.

Während Tesla aber für diesen Trick hochfrequenten Wechselstrom und damit ein physikalisch anerkanntes Prinzip verwendete, ging Moray einen bedeutenden Schritt weiter. Er behauptete, daß die für den Betrieb notwendige Energie aus dem Nichts stamme, genauer gesagt eben aus der *strahlenden Energie.*

Außerdem beschäftigte er sich eingehend mit Metallurgie und stellte in der Öffentlichkeit Behauptungen auf, die eher zu einem mittelalterlichen Alchimisten als zu einem neuzeitlichen Ingenieur paßten. Demnach konnte er bekannten Metallen vollkommen neue Eigenschaften verleihen; speziell soweit es die Schmelzpunkte und damit die Hitzefestigkeit betraf. Während normales Blei sich bereits bei etwa 330° Celsius verflüssigt, geschah dies bei Morays Blei erst bei über 1000° Celsius. Bei Kupfer konnte er den Schmelzpunkt von 1082° Celsius auf über 1600° Celsius verschieben, und er wollte sogar eine Legierung aus diesen beiden Metallen entwickelt haben, die erst bei mehr als 6600° Celsius schmilzt![177]

Zu Beginn der 1930er Jahre führte er schließlich bei verschiedenen Gelegenheiten einen geheimnisvollen Apparat vor, der beträchtliche Ausgangsleistungen zur Verfügung stellte, ohne an eine erkennbare Energiequelle angeschlossen zu sein. Etliche Zeugen haben Morays FE-Konverter im Betrieb gesehen, wobei auch Tests an ländlichen Orten durchgeführt wurden, was einen Betrug weitgehend auszuschließen scheint.

Der Aufbau dieses Konverters wurde in recht detaillierter Form überliefert. Das Gerät war in einem rechteckigen Gehäuse untergebracht, das etwa 75 Zentimeter lang und 40 Zentimeter breit und

177 – Gaston Burridge, a. a. O.

hoch war. Das Innenleben ähnelte in gewisser Weise den Apparaten von Coler und Hendershot; Moray verwendete also keine beweglichen Teile, sondern lediglich elektronische Bauelemente.

Im Gegensatz zu den bereits beschriebenen elektronischen FE-Konvertern setzte Moray aber nicht nur passive Bauelemente ein. Die Schaltung ähnelte vielmehr einem normalen, röhrenbestückten Superheterodyn-Radioempfänger. Die Röhren hatte Moray selbst entwickelt. Sie waren die einzigen Teile des Gerätes, bei denen er strikt jede eingehende Untersuchung von neutraler Seite ablehnte.

Morays erster Konverter enthielt im Gegensatz zu späteren Entwürfen lediglich drei Röhren, wobei die Schaltung aber wohl im Prinzip dieselbe war. Zwei der Röhren wurden zur Verstärkung von Schwingkreisen verwendet, aber das zentrale Bauelement war die im Aufbau abweichende *Detektorröhre*. Morays Beschreibung dieser Röhre läßt vieles offen. Aber es wird berichtet, daß sie nicht wie eine normale Röhre luftleer gepumpt war, sondern mit einem Gas gefüllt. Außerdem sollen auch radioaktive Substanzen im Spiel gewesen sein.

Aller verwendeten Röhren arbeiteten zudem nach dem Prinzip der Kaltkathodenröhre, die ohne die bei normalen Rundfunkröhren notwendige Heizspannung arbeiten. Zu den eher geheimnisvollen Bauelementen gehören auch zwei Metallstücke[178] aus Silber und Kupfer, die Moray möglicherweise mit seinen metallurgischen Verfahren vorbehandelt haben soll, sowie ein nur als *Starter* erwähntes Bauelement, zu dem es keine näheren Angaben gibt.

Im Gegensatz dazu erscheinen die anderen Bauelemente des Moray-Konverters irgendwie vertraut. Da wären zunächst zwei mehrlagig bewickelte Spulen zu erwähnen, die einen Durchmesser von 20 und 25 Zentimetern aufwiesen. Außerdem einige Kondensatoren, über deren Eigenschaften wenig bekannt ist, sowie ein Transformator, dessen Übersetzungsverhältnis wahrscheinlich 1000:1 betrug.

Die Ausgangsspannung wurde an der Sekundärwicklung dieses

176 – In den Originaltexten wird das Wort *bar* verwendet, das sowohl für rechteckige als auch für runde Formen gebäuchlich ist.

Transformators entnommen. Ihre Höhe entsprach der des damaligen US-Stromnetzes, also 110 Volt. Ansonsten verhielt sich der von Morays Konverter produzierte Strom allerdings keineswegs so, wie man es erwarten sollte. Glühlampen und elektrische Heizgeräte funktionierten soweit einwandfrei, wobei erstere allerdings ein seltsames Licht abgaben, das dem einer Neonröhre ähnelte. Auf Fotografien der Lampen soll zudem ein schwarzer Ring aufgetaucht sein, der sich etwa wie eine Corona ausbreitete.

Das erstaunlichste an seiner Energiequelle war aber, daß der Ausgangstransformator nicht heiß wurde. Der Draht der Sekundärwicklung war viel zu dünn, um die Leistungen von 50 Kilowatt auszuhalten, die Moray seinem Konverter entnommen haben will.

Zum Betrieb normaler Elektromotoren war der aus dem Konverter entnommene Strom dagegen ungeeignet. Moray sprach von speziellen Motoren, die er für den Betrieb mit *strahlender Energie* entwickelt hatte. Diese Motoren drehten sich mit extrem hohen Geschwindigkeiten, was wiederum spezielle Lager voraussetzte, die er nur dank seiner neuartigen metallurgischen Verfahren realisieren konnte.

Außer Moray selbst hat niemand diese Motoren je gesehen. Er berichtet jedenfalls, daß sie im Betrieb violett leuchten, und daß sie – genau wie der Konverter selbst – nicht heiß wurden.

Über den Konverter selbst ist bekannt, daß er zwar stundenlang und manchen Berichten zufolge sogar über Tage hinweg lief, insgesamt aber recht unzuverlässig war. Moray führte das auf die Anfälligkeit der Detektorröhre zurück, die seiner Auskunft nach das problematischte Teil des Apparates war.

Was soll man glauben?

Thomas Henry Moray gilt in der FE-Szene genau wie Nikola Tesla als Archetyp des Wissenschafts-Märtyrers, der eine Erfindung zum Wohle unserer Menschheit machte und deshalb von nicht näher umrissenen dunklen Mächten terrorisiert wurde. So soll man Spione auf ihn angesetzt haben. Es ist auch die Rede von mehreren Mordanschlägen, denen er nur knapp entkam. Dahinter steckte angeblich irgendein Industriemagnat, der bereits vergeblich versucht hatte, Morays Entdeckung zu erwerben, um ihre Verbreitung zu verhindern.

Ähnliche Behauptungen kennt man auch aus der UFO-Szene, wo es dann Augenzeugen sind, die durch angebliche Drohungen oder sogar Anschläge mundtot gemacht werden sollen. Diese Erlebnisse sollen wohl die Beweiskraft einer ansonsten eher unwahrscheinlichen Geschichte unterstreichen, bewirken aber eher das Gegenteil. Daß konspirative Interessengruppen bei jeder Kleinigkeit inkompetente Mordbuben auf unliebsame Mitbürger ansetzen, ist schlichtweg lächerlich. Selbst die Mafia distanziert sich zunehmend von dieser Methode, weil sie zwangsläufig die Aufmerksamkeit auf die Angelegenheit lenkt, die man gerade vertuschen will.

Viel effektiver ist es, den Betreffenden zu diskreditieren, bis ihm niemand mehr zuhört. Dazu kann man ihm beispielsweise eine Mischung aus nachprüfbaren und falschen Informationen zuspielen, was in der psychologischen Kriegsführung als *Desinformations-Strategie* bekannt. Wenn das Opfer darauf hereinfällt und die Informationen an die große Glocke hängt, läßt man die falschen Informationen einfach platzen.

Auf diese Weise wird erreicht, daß auch alle vorher geäußerten Behauptungen des Opfers unglaubwürdig werden. Diese Methode ist für die Täter auch weitaus ungefährlicher als ein Mord, da sich die Polizei erst gar nicht einschaltet.

Zum Mythos des Thomas Henry Moray gehört auch die Behauptung, daß er einsam und verbittert starb, ohne der Menschheit das Geheimnis der *strahlenden Energie* offenbaren zu können. Wie das jedoch zu der nachprüfbaren Tatsache passen soll, daß er das Geheimnis seiner Detektorröhre nie preisgab, bleibt unbeantwortet. Gewinnstreben paßt ja auch nicht zur Vorstellung eines Märtyrers.

Gut, ich empfinde tiefste Verehrung für jeden Erfinder, dem das Wohl der Menschheit mehr am Herzen liegt als der eigene Kontostand. Aber ich finde es vollkommen normal, wenn ein Erfinder versucht, beide Interessen in einem vernünftigen Kompromiß zu vereinigen.

Thomas Henry Morays hat *nichts* davon getan. Aber warum?

Nun, ich kann da eigentlich nur eine Hypothese aufstellen:

Seine Erfindung tat nicht unbedingt das, was er behauptete. Anhaltspunkte dafür gibt es genug. Das betrifft speziell sein Interesse für Nikola Teslas Arbeiten. Moray war ein kluger Kopf und kam schnell dahinter, daß die spektakulären Auftritte des kroatischen Erfinders größtenteils auf den besonderen Eigenschaften hochfrequenter Hochspannungen beruhten.

Hat Moray dabei auch Teslas Methode des drahtlosen Energietransportes entdeckt? Falls das der Fall war, wäre es für ihn überhaupt kein Problem gewesen, seinen angeblichen Energie-Konverter an jedem beliebigen Ort vorzuführen. Nur daß die Energie eben nicht *aus dem Nichts* herbeigeschafft, sondern an irgendeinem versteckten Ort der Steckdose entnommen und per *Verstärkungs-Sender* durch den Erdball geschickt wurde.

Vielleicht war er sogar überzeugt davon, daß er eines Tages wirklich die *strahlende Energie* finden sollte. Aber dazu mußten kostspielige Experimente durchgeführt werden, die niemand zu finanzieren bereit war. Moray wäre keineswegs der erste und bestimmt auch nicht der letzte Wissenschaftler, der in dieser Situation einem Gewissenskonflikt zum Opfer fiel.

Wie gesagt, das ist nur eine Hypothese. Und sie ändert nichts daran, daß Moray nachweislich etwas vollbracht hat, das vom Standpunkt der herkömmlichen Wissenschaft nicht so einfach zu erklären ist.

Sweets Vakuumtrioden-Verstärker

Am Beispiel Thomas Henry Morays zeigt sich, daß es für die Glaubwürdigkeit eines Forschers keine Rolle spielt, ob er Autodidakt oder Akademiker ist. Die Geschichten der Bastler Coler und Hendershot klingen jedenfalls weitaus überzeugender als die halb verdeckten Äußerungen von Moray und Tesla.

Nun ist die FE-Szene ein Gebiet, das naturgemäß mehr Laien als ausgebildete Techniker anzieht. Trotzdem kann man diese Forscher nicht unbedingt als inkompetente Spinner abtun, wenn sie auf ihre Entdeckungen durch Beobachtung und logisches Denken gestoßen sind.

Etwas anders sieht es bei Floyd Sweet aus, der selbst zugibt, daß er auf nicht wissenschaftlichem Wege eine Möglichkeit gefunden hat, FE nutzbar zu machen. Im Gegensatz zu Coler und Hendershot kann er heute noch Rede und Antwort dazu stehen, wie es zur Entwicklung seines FE-Konverters kam.

Wie Sweet betont, hat er den Bauplan seines Apparates vom Chef selbst – Gott, Allah, Jaweh oder welchen Namen Sie auch immer bevorzugen. Sweet selbst kann verständlicherweise nicht allzu viel zur technischen Funktionsweise des Gerätes sagen. Die in der Presse und diversen Datennetzen veröffentlichten Beschreibungen des Apparates stammen deshalb auch meist von Tom Bearden, der in Sweets VTA den praktischen Beweis für seine Skalarwellen-Hypothese sieht.

Der Erbauer bezeichnet seinen FE-Konverter als *Vacuum Triode Amplifier* (VTA), was übersetzt eben *Vakuumtrioden-Verstärker* heißt. Nun darf man den Apparat aber nicht mit jener in der Röhrentechnik bekannten Verstärkerschaltung verwechseln, die den gleichen Namen trägt.[179] Der VTA enthält überhaupt keine Röhre, sondern lediglich passive Bauteile wie Spulen und Magneten.

Und er produziert auch keinen Strom, sondern etwas, das Sweet – oder Bearden – negative Elektrizität nennt. Die Eigenschaften dieser negativen Elektrizität sind allerdings von der uns bekannten Elektrizität nicht zu unterscheiden. Was der VTA produziert, würde ein Elektriker als reinrassige 120-Volt-Wechselspannung identifizieren.

Beim Betrieb des VTA sollen aber einige seltsame Effekte auftreten, die eben auf die besonderen Qualitäten der negativen Elektrizität zurückzuführen sind. So wird der Apparat mit zunehmender Leistungsentnahme leichter und kühlt sich während des Betriebs deutlich ab. Das soll den Beweis darstellen, daß das Gerät nicht den Gesetzen der Entropie gehorcht und deshalb gegen die Gesetze der Thermodynamik verstößt.

179 – Es spricht nicht gerade für die Elektroniker, daß die ultimative Instanz sich nicht an die von ihnen geschaffenen Terminologie zu halten scheint. Oder stammt der Name gar von Floyd Sweet selbst?

Die negative Elektrizität soll auch besondere Qualitäten haben. So erscheint das Licht angeschlossener Glühlampen weicher. Kommt man dagegen mit dem Strom in Berührung, ist der Schlag weitaus schmerzhafter als bei normalem Strom. Sweet hat laut eigener Aussage einmal zwei Wochen unter Schmerzen gelitten, nachdem er sich einen eigentlich unbedeutenden Schlag geholt hat.

Die Beschreibung des Apparates[180] weist eine geradezu verblüffende Ähnlichkeit mit Colers Magnetstromapparat auf. So besteht Sweets VTA lediglich aus zwei zwölf Millimeter dicken, flachen Ferrit-Dauermagneten (zehn mal 15 Zentimeter), und vier Luftspulen aus lackisoliertem Kupferdraht.[181]

Die Magneten sind im Abstand von 7,5 Zentimetern so montiert, daß sie mit ungleicher Polung gegenüberliegen. Zwei der Spulen werden als *Ausgangsspulen* bezeichnet. Sie liegen der Länge nach zwischen den Polen der Magneten. Die beiden *Erregerspulen* liegen quer zu den Magneten. Sie müssen im Betrieb von einer Wechselspannungsquelle mit einer Erregerspannung versorgt werden, die einfach den Ausgangsspulen des Apparates entnommen werden kann. Es besteht aber auch die Möglichkeit, die Erregerspulen aus einer externen Quelle zu versorgen.

Das Gerät wird gestartet, indem man eine 9-Volt-Blockbatterie an die Ausgangspulen anschließt. Danach läuft der VTA von selbst weiter, wenn dafür gesorgt ist, daß eine Last mit einem Leistungsverbrauch von mindestens 25 Watt angeschlossen ist.

Das Gerät kann Wechselspannung mit einer beliebigen Frequenz produzieren, die zwischen 50 und 400 Hertz liegen kann. Dazu ist es nur notwendig, die Magneten einem speziellen Behandlungsprozeß zu unterwerfen.

Bevor Sie nun den Plan in Angriff nehmen, Ihr Heim mittels eines VTA zu versorgen, möchte ich auf einige Schwachpunkte in Sweets Geschichte hinweisen. Da wäre erstens der Punkt, daß es bislang keine Laborversuche gibt, die Sweets Geschichte bestätigen

180 – *Walt Rosenthal: Space Energy Newsletter.*

181 – Der Drahtdurchmesser wird mit 20 *gauge* angegeben, was 0,5 Millimetern entspricht.

könnten. Zum zweiten ist ein mysteriöser Behandlungsprozeß für die Magneten notwendig, den nur Sweet kennt.

In diesem Zusammenhang ist es interessant zu erfahren, daß Sweet sich bitter über einen Schurken beschwert hat, der sein Notizbuch entwendete, um selbst einen VTA bauen zu können. Glücklicherweise fehlten die wichtigsten Informationen, und so konnte das Geheimnis von Sweets Apparat gewahrt werden.

Anders gesagt: Sweet ist bislang der einzige Sterbliche, der weiß, wie man einen VTA baut. Und er ist keineswegs bereit, die Pläne zum Vorteil der Menschheit herauszurücken.

Wobei sich die Frage stellt, warum Sweet nicht mit dem vollständigen Konstruktionsprozeß herausrückt?

Was mich mißtrauisch macht, sind die versteckten Querverweise zu anderen FE-Konvertern. Der Schaltungsaufbau und der Begriff der *Erregerspule* erinnern sehr an *Hans Colers* Magnetstromapparat, während die negative Elektrizität sich ähnlich verhält wie der aus *Thomas Henry Morays* Konverter entnommene Strom. Auch der Begriff der Vakuumtriode ist dem Umfeld des Moray-Konverters entnommen. Sweets Geschichte über den Stromschlag findet sich bei *Hendershot* wieder. Und die Idee einer speziellen Behandlung von Magneten kennen wir ja bereits von *John Searle.*

Ist Floyd Sweets VTA also nur ein *Amalgam* aus Versatzstücken der Erlebnisse anderer FE-Forscher?

Diese Frage kann man eigentlich nur bejahen, da Sweets Konverter nicht einmal den Hauch einer eigenständigen Idee enthält. Kann man daraus auch schließen, daß Floyd Sweet ein Betrüger ist?

Aber nein!

Schließlich hat Sweet ja nie behauptet, daß er den VTA erfunden hat. Er ist nur ein Werkzeug, das im Auftrag von jemand handelt, den man ja schlecht wegen einer Urheberrechtsverletzung vor den Kadi zerren kann.

Die Versuche des Gregory Hodowanec

Wie es aussieht, sind die FE-Konverter von Coler und Hendershot die ursprünglichsten und glaubwürdigsten elektronischen Lösungen. Was andererseits skeptisch stimmt, ist der rein passive Schaltungsaufbau beider Erfindungen. Eigentlich sollte man erwarten, daß ein Energieempfänger kompliziertere Bauteile wie etwa Röhren oder Transistoren aufweist, die weitaus empfindlicher auf Einflüsse aller Art reagieren als Spulen und Kondensatoren.

Am abwegigsten mutet dabei die primitive Schaltung von Colers Magnetstromapparat an, die ja lediglich aus zwei Spulen mit dauermagnetischen Kernen besteht. Man fragt sich, warum dieser Effekt nicht längst von der herkömmlichen Elektrotechnik entdeckt wurde, die doch ihre Bauteile durch aufwendige Testreihen und Messungen bis ins Detail erforscht hat.

Nun sind Elektromagneten mit dauermagnetischem Kern vom Standpunkt der Elektrotechnik betrachtet nicht unbedingt sinnvoll. Sobald ein nennenswerter Wechselstrom durch die Spule fließt, wird der Dauermagnet entmagnetisiert. Allerdings ergibt sich auch bei Gleichstromanwendungen kein Vorteil gegenüber einem normalen Eisenkern.

In der Elektrotechnik sind Dauermagneten eben allenfalls nützlich, wenn man sie in Relativbewegung zu einem Draht versetzt. Eine statische Anordnung bewirkt dagegen nichts, oder jedenfalls nichts Brauchbares.

Aber prinzipiell sagt die Elektrotechnik auch, daß in einem nicht über eine Stromquelle versorgten Schaltkreis keine Ströme auftreten können. Das mußte auch der amerikanische Forscher *Gregory Hodowanec*[182] feststellen, als er sich mit dem anderen elementaren Bauteil der Wechselstromtechnik beschäftigte: dem Kondensator.

Der Kondensator besteht im einfachsten Fall aus zwei gleich großen Metallplatten, die durch eine isolierende Schicht voneinander getrennt sind. Letztere bezeichnet man als *Dielektrikum.* Wenn man nun eine Gleichspannung an die Metallflächen legt, dann findet ein Ladungsaustausch statt.

Der Kondensator kann auf diese Weise im Gleichstrombetrieb als Ladungsspeicher benutzt werden. Seine Speicherfähigkeit wird als *Kapazität* bezeichnet. Sie hängt in erster Linie von der Größe der

182 – In *Radio-Electronics,* Ausgabe April 1986, S. 53 ff.

beiden Metallflächen und den Eigenschaften des dazwischenliegenden Dielektrikums ab.

Um bei kleiner Baugröße eine möglichst große Kapazität zu erzielen, werden die Metallflächen und das Dielektrikum im Regelfall aus flexiblen Materialien gefertigt und zusammengefaltet oder aufgerollt.

Gregory Hodowanec fiel bei einigen Elektronikexperimenten auf, daß sich handelsübliche Kondensatoren hinsichtlich ihrer Speichereigenschaften nicht unbedingt so verhalten, wie man es eigentlich erwarten sollte. Folgt man der elektrotechnischen Theorie, dann behält ein aus dem Schaltkreis entfernter, geladener Kondensator seine Ladung zunächst bei. Durch Verluste sinkt sie aber im Laufe der Zeit allmählich ab.

Nun kann man den Vorgang der Entladung künstlich beschleunigen, indem man die beiden Pole eines Kondensators kurzschließt. Rein theoretisch sollte der Kondensator danach keine Ladung mehr aufweisen.

In der Praxis läßt sich bei sehr großen Kondensatoren aber fast immer eine Restladung nachweisen. In der Elektrotechnik wird diese Tatsache auf chemische Prozesse und andere Effekte zurückgeführt, für die es weder Beweise noch Gegenargumente gibt.

Hodowanec interessierte sich aber weniger für die Restladung an sich, sondern für ihr Verhalten über einen längeren Zeitraum. Er führte an verschiedenen Kondensatoren – es handelte sich ausnahmslos um ganz handelsübliche Bauteile – Messungen mit einem empfindlichen Digitalvoltmeter durch.

Das Ergebnis war ziemlich verwirrend: Die gemessene Spannung schwankte je nach Tageszeit um erhebliche Beträge. Und als er versehentlich einen an das Meßinstrument angeschlossenen Kondensator fallen ließ, stellte er einen deutlichen Anstieg der Spannung fest.

Bei weiteren Experimenten fand er heraus, daß man einen Elektrolytkondensator[183] bis auf knapp ein Volt aufladen kann, wenn

183 – Hodowanec schlägt einen Kondensator von 1000 µF mit 35 Volt Spannungsfestigkeit vor. Solche Kondensatoren sind in jedem Elektronikladen erhältlich, Sie können das Experiment also leicht selbst durchführen. Siehe Hodowanec, a. a. O.

man ihn abwechselnd mit beiden Seiten auf eine harte Oberfläche fallen läßt.

Nun gibt es in der Physik einen Effekt, der das etwas rätselhaft anmutende Ergebnis des von Hodowanec durchgeführten Experimentes durchaus erklären könnte. Kristalle können durchaus zur Abgabe von Spannungen angeregt werden, indem man sie mechanischem Druck aussetzt. Aus diesem Phänomen hat sich eine ganze Ingenieursdisziplin entwickelt, die *Piezoelektrik.* Den piezoelektrischen Effekt kennen Sie sicher von den seit Anfang der 1970er Jahre recht verbreiteten Zündmechanismen für Feuerzeuge. Hier wird ein Kristall so stark gequetscht, daß eine Spannung entsteht, die hoch genug ist, um einen Funken zu schlagen.

So wäre es immerhin denkbar, daß der Aufprall eines Kondensators eine ähnliche Wirkung im eigenen Dielektrikum hervorruft. Ob Hodowanec diese mögliche Ursache geprüft hat, ist unbekannt. Seine Schlüsse waren jedenfalls ganz anderer Natur:

Er war überzeugt davon, daß ein Kondensator einen empfindlichen Sensor für Gravitationswellen und Schwerkraftanomalien darstellt.[184]

Auf der Basis dieser Hypothese entwickelte er ein spezielles Meßgerät, das aus einem Kondensator und einem einfachen, aber recht empfindlichen Meßverstärker besteht. Mit diesem Meßgerät nahm er eine Reihe von Messungen vor, die er anschließend auswertete und mit einer entsprechenden Hypothese in einer bekannten amerikanischen Elektronikzeitschrift[185] veröffentliche.

In seinem Artikel behauptete Hodowanec, daß man mit seinem Meßgerät tatsächlich Gravitationswellen und andere Schwerkraftwirkungen nachweisen kann. Er bildete einige recht überzeugend aussehende Meßdiagramme[186] ab, die unter anderem auch zu beweisen schienen, daß seine Apparatur die partielle Sonnenfinsternis

184 – A. a. O.

185 – *Radio Electronics*, a. a. O.

186 – Hierzu ist anzumerken, daß Hodowanec mehrere leicht unterschiedliche Versionen der Schaltung vorstellt. Sie unterscheiden sich in erster Linie durch die Zuschaltung eines kleinen Kondensators im Meßverstärker selbst, der im Prinzip ein Filter bildet. Für den Nachweis der Gravitationseffekte verwendet er die Variante ohne Kondensator. Hier nimmt er als

vom 30. Mai 1984 angezeigt hatte, und zwar etwa acht Minuten *bevor* sie zu sehen war. Dieser Zeitraum entspricht etwa dem, den das Sonnenlicht benötigt, um die Erde zu erreichen.

Deshalb wertete er seine Messung auch als Beweis für die überlichtschnelle Ausbreitung von Gravitationswellen und präsentierte ein komplett neuartiges Weltbild.

Daß unsere Physiker heute noch Einsteins und eben nicht Hodowanecs Ansicht über die Natur der Schwerkraft teilen, liegt sicher auch daran, in welchem Monat Hodowanec seinen Artikel publizierte:

April, April!

Pech für Gregory Hodowanec, der es mit seiner Hypothese durchaus ernst gemeint hatte.

Ich kann mich noch daran erinnern, was mir durch den Kopf ging, als ich Hodowanecs Artikel zum ersten Mal las. Wenige Monate zuvor hatte ich mich eher nebenbei für die Arbeiten eines amerikanischen Physikers interessiert, der in den 1950er Jahren einige spektakuläre Experimente mit Kondensatoren angestellt hatte. Er verwendete dabei keine handelsüblichen Kondensatoren, sondern spezielle Hochspannungstypen, die er mit hochfrequenten Wechselspannungen versorgte. Die Kondensatoren verwandelten sich dadurch zu Flugkörpern, die sich mit erheblicher Geschwindigkeit fortbewegten.

Der Name dieses Physikers war *Thomas Townsend Brown*, und er bezeichnete das von ihm entwickelte Antriebsprinzip als Elektrogravitation. Mit der Geschichte seines Experimentes kann man problemlos ein eigenes Buch füllen.[187] Obwohl die meisten Wissenschaftler Browns Experimente anders interpretierten als er selbst, beruht dieser Effekt gewiß nicht auf Piezoelektrizität.

Sensor durchweg einen sogenannten MKT-Folienkondensator mit einer Kapazität von 0,22 µF.

187 – Wer sich näher dafür interessiert, findet eine recht ausführliche Beschreibung in dem Buch *Das Philadelphia-Experiment* von *Berlitz & Moore*. Der Autor (das Buch ist mit großer Wahrscheinlichkeit fast komplett von William Moore verfaßt worden) stellt die Vorgänge weitgehend richtig dar, was man vom Rest des Buches nur mit sehr starken Vorbehalten sagen kann.

Besteht zwischen den Versuchen von Brown und Hodowanec ein Zusammenhang? Mit gewissen Einschränkungen möchte ich das bejahen: Browns Versuche beweisen, daß das Laden eines Kondensators einen Auftrieb bewirkt. Brown führte das auf eine direkte Beziehung zwischen elektrostatischer Ladung und Gravitation zurück. Hodowanec behauptet, daß Gravitation in Kondensatoren eine elektrische Aufladung bewirkt.

Eine Umkehrung desselben Prinzips also?

Daß eine Verknüpfung zwischen den drei Kräften Elektrizität, Magnetismus und Gravitation besteht, wird von den meisten Wissenschaftlern vermutet oder zumindest akzeptiert. Einen experimentellen Beweis gibt es dazu allerdings nicht, obwohl man annehmen sollte, daß die drei bekanntesten makroskopisch wirksamen Kräfte unseres Universums miteinander verknüpft sind.

Schon zu Browns Lebzeiten hat man sich aber geweigert, seine Experimente als Beweis für diesen Zusammenhang anzuerkennen. Peinlicherweise sind Browns Entdeckungen auch noch gut dokumentiert, und seine Patentschriften sind so ausführlich und klar formuliert, daß man seine Versuche jederzeit neu aufnehmen könnte.

Auch die Aussagen des Gregory Hodowanec erscheinen soweit schlüssig, obwohl die Frage des piezoelektrischen Effektes sicher noch zu klären wäre. Das Bild wird allerdings von einigen Aussagen getrübt, die Hodowanec bereits in der Erstveröffentlichung seines Artikels andeutete, ohne jedoch näher darauf einzugehen. Bei der Beschreibung seiner Meßschaltung[188] erwähnt er, daß man unter bestimmten Voraussetzungen[189] auch akustisch interessante Signale empfangen kann, wenn man einen Audioverstärker an den Schaltungsausgang anschließt. Neben »musikalischen« Geräuschen wären dabei auch andere Effekte zu hören, die der Autor »an dieser Stelle aber nicht enthüllt«.

188 – Hodowanec, a. a. O., S. 54.

189 – Welche der beiden Schaltungsvarianten Hodowanec hier verwendet, ist unklar. Als Sensor empfiehlt er auf jeden Fall einen weitaus größeren Kondensator als bei den anderen Versuchen. Da er als Richtwert eine Kapazität von 1000 bis 1600 µF angibt, kann es sich eigentlich nur um einen Elektrolytkondensator handeln.

Auf den ersten Blick erscheint diese Anmerkung harmlos genug. Aber als Journalist entwickelt man im Laufe der Jahre ein intuitives Frühwarnsystem, das hinter solchen scheinbar beiläufigen Sätzen eine beunruhigende Wahrheit vermutet. So erging es mir zumindest, als ich Hodowanecs Artikel zum ersten Mal las. Zwar gibt dieser »siebte Sinn« manchmal Fehlalarm, aber meistens funktioniert er ganz gut.

Bei Hodowanec war offenbar letzteres der Fall.

Offensichtlich hat Hodowanec gegen Anfang der 1980er Jahre mehrfach behauptet, er hätte Funksignale vom Mars empfangen. Die Ausstrahlungen nutzten nicht die uns bekannten elektromagnetischen Funkwellen, sondern Gravitationswellen. Wie der amerikanische FE-Forscher *Jerry W. Decker* berichtet, war Hodowanec überzeugt davon, daß die Signale von den letzten überlebenden Marsbewohnern stammten.

Erst Tesla, dann Hodowanec.

Fast könnte man vermuten, daß die Marsbewohner eine Verschwörung gegen alle innovativen irdischen Forscher betreiben.

Ein Experiment

Es wäre sicher unfair, Hodowanecs Entdeckungen deshalb insgesamt als reine Fantasie abzutun. Seine Kondensator-Experimente konnte ich zum Teil nachvollziehen[190], und kann bestätigen, daß der von ihm festgestellte Effekt wirklich auftritt.

Dazu habe ich einen Elektrolykondensator[191] mit einer Kapazität

190 – Wobei ich feststellen mußte, daß es in der Zwischenzeit wohl auch die letzten Marsianer erwischt hat. Wahrscheinlich sind sie beim Verschwinden der Marskanäle verdurstet?

191 – Der Kondensator wurde nicht ausgewählt oder ausgesucht, es war sozusagen das erste, mir geeignet erscheinende Muster, das ich in meinem Bauteilevorrat fand. Er war lagerneu und lag in einer Schütte, die vier identische Kondensatoren enthielt. Es handelte sich in diesem Fall um einen Aluminium-Elektrolytkondensator von Siemens & Halske, 40 Volt Gleispannungsfestigkeit, nach DIN 41316, made in Austria. Weiterhin ist die Bezeichnung B41010-C7228-T aufgedruckt.

von 2200 μF verwendet. Er wurde über zwei normale Meßleitungen an ein Digitalmultimeter[192] angeschlossen und mit Isolierband umwickelt, um einen halbwegs stabilen Aufbau zu erhalten. Insgesamt kann der Versuch von jedem Hobbyelektroniker problemlos wiederholt werden, da keine speziellen Teile benötigt werden.

Aus einer Höhe von 25 Zentimeter ließ ich den Kondensator mehrmals auf den Werkstattisch fallen. Es ergaben sich sehr kleine Spannungen im Bereich von maximal fünf Millivolt.

Um die kinetische Wirkung zu erhöhen, nahm ich den Kondensator anschließend in die Hand und schlug ihn aus einer Höhe von etwa 15 Zentimetern mit der Seite des Bechers auf den Tisch. Diese Methode erwies sich als weitaus effektiver.

Die Spannung wuchs nach jedem Aufschlag zunächst um weitere 20 bis 30 Millivolt an, ließ man den Kondensator danach einige Sekunden ruhen, stieg die Spannung um weitere 20 bis 30 Millivolt.

Folgende Beobachtungen habe ich gemacht:

1. Die Aufladung läßt sich am einfachsten erzielen, wenn man den Kondensator auf die Seite des Bechers fallen läßt.
2. Es reicht, wenn man den Kondensator locker aus dem Handgelenk auf den Tisch schlägt. Kräftigere Schläge machen sich nicht bemerkbar.
3. Die Ladung erfolgt gegensinnig zur Polung des Kondensators.

So konnte ich leicht Ladungen von 500 Millivolt und mehr erzielen. Anschließend wollte ich überprüfen, ob die Spannung nicht durch Piezoelektrizität erzeugt wird, die durch die Quetschung des Dielelektrikums beim Aufprall entsteht.

Da ich keine Möglichkeit hatte, den Kondensator hohen Beschleunigungen auszusetzen, versuchte ich statt dessen, den Becher leicht mit der Hand zu quetschen. Das wirkte sich nicht auf die Meßwerte aus, und somit denke ich, daß der Effekt wahrscheinlich nicht auf Piezoelektrizität beruht.

Das gleiche Experiment führte ich auch mit einem Folienkondensator[193] (Erklärung der Fußnote auf Seite 225) kleinerer

192 – Es handelte sich um ein preisgünstiges Autoranging-Gerät. Gemessen wurde im DC-Bereich.

Kapazität (100 µF) durch. Hier ließen sich auch bei kräftigen Aufschlägen nur minimale Spannungsänderungen herbeiführen, allerdings wurden auch kleine Spannungsfluktuationen gemessen, die ohne erkenntliche Ursache auftraten.

Die Experimente zeigen, daß Hodowanecs Beobachtungen grundsätzlich zutreffen, zumindest bei Elektrolytkondensatoren.

Und der Wickel eines Elektrolytkondensators hat ja bei *Lester Hendershots* Konverter eine wichtige Rolle gespielt.

Der Magnetische Resonanzverstärker

Sicher kann man eine Erfindung nicht daran bewerten, ob sie in allen Details veröffentlicht wird oder nicht. Ob man daran glaubt, daß beispielsweise *Floyd Sweet* die Lösung der Energiefrage in seinem Keller versteckt, ist eigentlich nicht relevant. Schließlich spielt es keine Rolle, ob sein Apparat der Welt aus Betrug oder Eigennutz vorenthalten wird.

Aber es gibt erstaunlich viele FE-Forscher, die ihre Entdeckungen – so richtig oder falsch sie auch sein mögen – bis ins Detail preisgeben. Dazu gehören auch *Joel McClain* und *Norman Wootan*, die am 13. Dezember 1994 die neueste mir bekannte Variante eines vollelektronischen FE-Konverters präsentierten.

Der *Magnetische Resonanzverstärker*[194], kurz *MRA* genannt, besteht aus einer Handvoll elektronischer Bauelemente, die relativ leicht zu beschaffen sind. Etwas schwieriger gestaltet sich allerdings die Einspeisung des benötigten Sinussignals und der Abgleich der Schaltung, die zumindest die Laborausstattung eines engagierten Hobbyelektronikers voraussetzen.

Die Erfinder behaupteten, daß der MRA aus einem Sinussignal mit einer Leistung von rund *0,6 Watt* eine Ausgangsleistung von

193 – Aufdruck: Solen (Kanada), 400 Volt DC. Dieser Kondensator wird in Frankreich aus metallisierter Polypropylenfolie hergestellt. Er ist komplett mit einer harten Kunststoffmasse vergossen – der Piezoeffekt dürfte hier also kaum noch eine Rolle spielen.

194 – Im Original: *Magnetic Resonance Amplifier*.

etwas über *2,5 Watt* erzeugt. Ein klarer Verstoß gegen den Energieerhaltungssatz also, da die Leistungsausbeute fast das Fünffache der Eingangsleistung beträgt.

Daß es sich nicht nur um *theoretisch* erzielbare Leistungen handelt, hoben die Erfinder hervor, indem sie einen kleinen Gleichstrommotor und eine Lampe mit dem MRA betrieben.

Nebenbei merkten sie noch an, daß die Schaltung nach Prinzipien arbeiten würde, die auf *John Worrell Keely* zurückgehen.

Der MRA soll wesentlich zuverlässiger arbeiten als die Apparate von Coler und Hendershot, setzt aber auch weitaus aufwendigere Abgleicharbeiten voraus. Neben dem MRA selbst benötigt man zumindest einen sogenannten Funktionsgenerator, der ein möglichst verzerrungsarmes Sinussignal erzeugt. Dazu kommen die üblichen Meßgeräte und nach Möglichkeit ein einfaches Oszilloskop zur Überwachung der Signalform am Ausgang der Schaltung. Insgesamt bekommt man das Ganze für etwa 500 Euro bei jedem gut sortierten Elektronikversender.

Die wichtigsten Bauteile des MRA sind ein Piezolautsprecher und ein primitiver Transformator, der bei der ursprünglichen Version des MRA auf einen dauermagnetischen Kern gewickelt wurde. Dieser etwa 17 bis 18 Zentimeter lange Magnet stammte aus einem alten Festplattenlaufwerk[195] und hatte einen quadratischen Querschnitt von 2,5 Zentimetern Kantenlänge. Die einzige Besonderheit an diesem Magneten war die Lage der Pole, die sich auf den langen Flächen und nicht an den Enden befanden, wie man es bei dieser Form erwarten sollte. Der Stab war der Länge nach mit zwei Wicklungen von je 150 Windungen Kupferlackdraht versehen.

Obwohl der Funktionsgenerator im Schaltbild nicht eingezeichnet ist, ist er ein unverzichtbarer Bestandteil der Schaltung. Ein kompletter MRA würde also noch einen zusätzlichen integrierten Schaltkreis enthalten, der in Zusammenwirkung mit einigen passiven Bauelementen als einstellbarer Erreger arbeitet. Das ist für sich betrachtet aber nichts Besonderes, sondern eine Standardschaltung, die fast jeder Hobbyelektroniker kennt.

195 – Der Größe des Magneten nach muß es sich um ein Gerät aus den 1970er Jahren gehandelt haben.

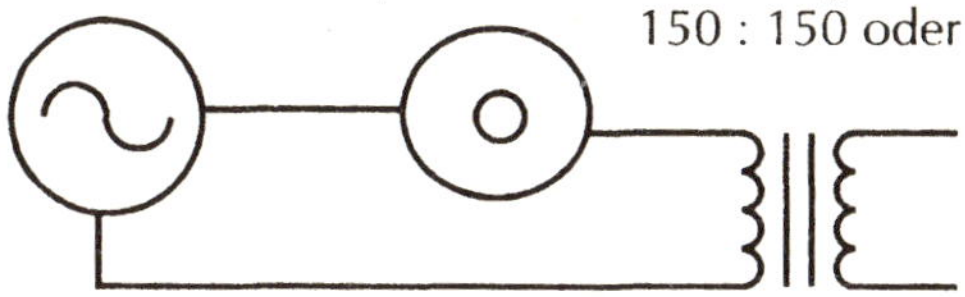

Bild 18: *Die Urversion des MRA.*

Der bereits angesprochene Piezolautsprecher ist ebenfalls ein Standardbauteil, das normalerweise als Signalgeber Verwendung findet. Läßt man die eigentliche Funktion außer Acht, dann verhält sich so ein Piezolautsprecher wie ein Kondensator. Sein Dielektrikum besteht meist aus Bariumtitanat oder -zirkonat. Diese Materialien haben die Eigenschaft, sich beim Anlegen einer Spannung auszudehnen. Beim Piezolautsprecher wird diese Bewegung auf eine Membran übertragen.

In der ursprünglichen Schaltung setzten die Erfinder einen Piezolautsprecher in Ringform ein, dessen Außendurchmesser 75 Millimeter betrug. Diese Bauart verträgt eine Belastung von etwa 50 Watt und wird in Ultraschall-Schweißgeräten für Plastikfolien eingesetzt. Wenn man lediglich den Effekt feststellen und keine hohen Ausgangsleistungen erzielen will, scheint es auf die Bauart aber nicht anzukommen.

McClain und Wootan gehen davon aus, daß der Sinusgenerator in Zusammenwirkung mit dem in Resonanz getriebenen Piezolautsprecher ein Frequenzgemisch erzeugt. Dabei kommt es zur Bildung von Summen- und Differenzfrequenzen, deren wichtigste bei 174 900 Hertz liegt. Das sei nämlich, wie die Erfinder erklären, die *natürliche Resonanzfrequenz* des Ferromagnetismus.

Interessant, wenn man bedenkt, daß Hans Coler der gleichen Ansicht war.

Tatsächlich sprach Coler von einer Frequenz um 180 000 Hertz. Der um einen dauermagnetischen Kern gewickelte Transformator des MRA weist zudem große Ähnlichkeit mit den in Colers Magnetstromapparat verwendeten Spulen auf.

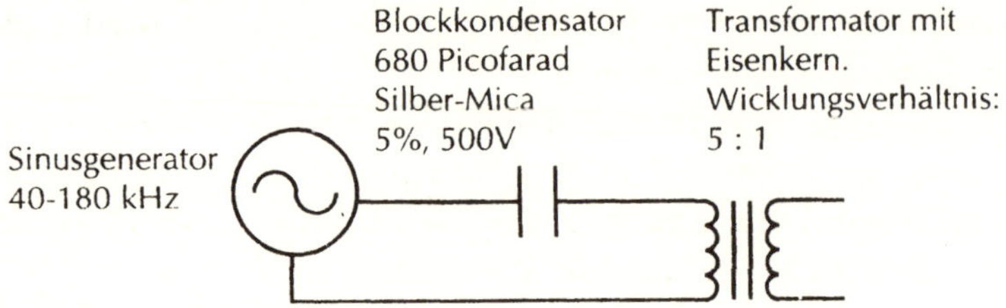

***Bild 19:** Gregory Hodowanecs vereinfachte Variante des MRA.*

Meiner Ansicht nach ist der MRA nichts anderes als ein Colerscher Magnetstromapparat, wobei der Piezolautsprecher und das eingespeiste Signal mehr oder weniger als *Starter* dienen. Dafür spricht auch, daß die beiden Erfinder behaupten, daß der MRA problemlos weiterläuft, wenn man die Signalzuführung unterbricht.[196]

Der Physiker *Gregory Hodowanec* hat etwa ein halbes Jahr nach der Veröffentlichung des MRA eine vereinfachte Variante entworfen, bei der er den Piezolautsprecher durch einen Folienkondensator[197] und den selbstgewickelten Transformator mit dauermagnetischem Kern durch einen speziellen Übertrager[198] ersetzte. Obwohl der Kern nicht dauermagnetisch war, konnte er den Effekt mit dieser Schaltung bestätigen.

So fand Hodowanec heraus, daß seine Variante des MRA bei einem Sinussignal von etwa 130 000 bis 140 000 Hertz einen Wirkungsgrad von 500 bis 1000 Prozent aufwies. Bei niedrigeren Fre-

196 – Es ist allerdings nicht ganz klar, ob dieses Experiment auch wirklich durchgeführt wurde.

197 – Er verwendete einen Blockkondensator von 680 Picofarad mit 500 Volt Spannungsfestigkeit und fünf Prozent Toleranz. Das Dielektrikum bestand aus Silber-Mica.

198 – Es handelte sich um einen aus einem Netzteil ausgebauten Kleintransformator mit einem Wicklungsverhältnis von 1:5 und einem Ferritkern. Der aufmerksame Leser wird sich daran erinnern, daß *Lester Hendershot* in seinem Konverter ebenfalls Kleinübertrager mit diesem Wicklungsverhältnis einsetzte. Ob man diesem Umstand Bedeutung beimessen muß, sei dahingestellt.

quenzen (um 80000 Hertz) sank der Wirkungsgrad wieder auf einen Wert unter 100 Prozent ab.

Die verschiedenen Formen des MRA wurden im *Internet* publiziert und von etlichen Forschern nachgebaut. Darunter befinden sich natürlich auch Skeptiker, die lediglich ihre Zweifel an der Möglichkeit der FE bestätigt finden wollten.

Anlaß zur Skepsis gibt es durchaus, da der Schaltkreis mit recht hohen Frequenzen arbeitet, deren Messung nicht ganz einfach ist. Der Aufbau ähnelt zudem einem sogenannten Schaltnetzteil, was auch eine physikalische Erklärung dafür sein könnte, warum am Ausgang teilweise unerwartet hohe Spannungen anstehen.

Auch besteht die Möglichkeit, daß der MRA und auch Colers Magnetsstromapparat reine *Stromempfänger* sein könnten, die den Netzwechselstrom oder atmosphärische Spannungen aufnehmen. Was den wissenschaftlichen Wert beider Geräte kaum beeinträchtigen würde, da auch dieser Effekt im Rahmen der konventionellen Elektrotechnik *neu* wäre.

Regenerator-Maschinen

Neben den rein elektronischen FE-Konvertern werden auch recht häufig Geräte vorgestellt, die teils elektronisch, teils mechanisch aufgebaut sind. Die meisten versuchen einen besonderen Effekt auszunutzen, der bei Spulen und insbesondere bei Motoren auftritt.

Dieser Effekt ist in der Elektrotechnik als *elektromotorische Gegenkraft* (EMG) bekannt. Er entsteht immer dann, wenn man die an eine Spule angelegte Spannung abklemmt oder umpolt. Diese Kraft nimmt die Form eines kräftigen Spannungsimpulses an, dessen Polarität umgekehrt zu der der ursprünglich angelegten Spannung verläuft. Die Form des Impulses hängt von der Induktionswirkung der Spule ab, also davon, wieviel Windungen sie aufweist und aus welchem Material der Kern besteht.

Die EMG ist also eine direkte Auswirkung der Stromspeicherfunktion einer Spule. Der Impuls kommt keineswegs *aus dem Nichts*, sondern enthält lediglich die Energie, die im Moment des *Einschaltens* von der Spule aufgenommen wird. Bei einem Motor entsteht der Impuls durch die Kommutation in sehr kurzen Abständen. Er fließt dabei zwischen der Stromquelle und den Spulen des Motors hin und her. Dabei stellt er ein umgekehrtes Abbild der Belastungskurve des Motors dar. Er kann deshalb auch zur Regelung einer Maschine genutzt werden, die stark wechselnden Lasten ausgesetzt ist. Solche Regelungen findet man beispielsweise in Handbohrmaschinen. Sie sorgen dafür, daß die Drehzahl beim Durchbohren verschieden starker Schichten einigermaßen konstant bleibt.

Viele erfolglose *Perpetuum-mobile-Bauer* sehen die EMG nun als ein überflüssiges Nebenprodukt an, das den Wirkungsgrad eines Motors verringert. Schließlich geht hier scheinbar die gleiche Energie verloren, die der Motor auch zu seinem Betrieb benötigt. Deshalb wird beispielsweise versucht, die EMG nach jeder Kommutation über zusätzliche Bürsten oder andere Wege von den Motorspulen abzunehmen und damit eine Batterie zu laden.

Ein sehr bekanntes Beispiel ist der Motor des Amerikaners *Joseph Wesley Newman*. Dieser Motor ist für die abgegebene Antriebsleistung relativ groß und wird mit einer hohen Betriebsspannung (beispielsweise 3000 Volt) gefahren.

Allein die Statorspule des ersten von Newman gebauten Motors wog 4500 Kilogramm. Später versuchte er sich auch an kleineren Maschinen, die allerdings im Vergleich zu herkömmlichen Elektromotoren vergleichbarer Leistung immer noch recht groß erscheinen.

Der Forscher *Stefan Marinov* war ursprünglich von Newmans Idee überzeugt und entschloß sich, einige Versuchsmodelle zu bauen.[199] Im Laborversuch stellte er fest, daß der Wirkungsgrad der Maschine – vor allem im Hinblick auf die recht einfache Konstruktion – sehr hoch war. Er lag aber auf jeden Fall unter 100 Prozent, wie es die herkömmliche Elektrotechnik voraussagt.

Tatsächlich spielt es keine Rolle, ob man die EMG über Umwege aus dem Stromkreislauf entzieht oder nicht. Die Idee, es stecke darin eine ungenutzte Überschußenergie, ist leider nur halb genial. Sie beruht auf der falschen Prämisse, daß die EMG irgendwo

199 – In *Raum & Zeit*, Nr. 31, S. 77 ff.

auf dem Weg zwischen Motor und Stromquelle verloren geht. Das ist aber keineswegs der Fall. Sie stellt sich vielmehr dem Stromfluß entgegen. Dadurch wird die Stromquelle entlastet.

Newman ließ sich von den Untersuchungen Marinovs und anderer keineswegs beeindrucken und demonstrierte weiter, wie sich seine Maschinen auch ohne Strom kurze Zeit weiterdrehen. Dieser Nachlaufeffekt ist aber alles andere als ein Beweis für einen Energieeffekt. Er wird hauptsächlich durch Fliehkraftspeicherung in der Schwungmasse des Rotors erzielt.

Auch sah sich Newman bislang außerstande, den ultimativen Beweis für die Behauptung zu führen, daß seine Maschine einen höheren Wirkungsgrad aufweist als 100 Prozent. Der bestünde darin, die Ausgangsklemmen mit den Spannungsanschlüssen zu verbinden, um den Motor mit der von ihm produzierten Energie zu betreiben.

Mittlerweile behauptet Newman, daß seine Maschine den Wicklungsdraht selbst nach der Einsteinschen Gleichung $E = m \times c^2$ zu Energie umsetzt. Bei einem so einfachen und durchaus erklärbaren Mechanismus erscheint eine solche Behauptung doch reichlich gewagt.

Der ebenfalls in den USA ansässige Forscher *John Bedini* hat sich auch an einer Maschine mit EMG-Regeneration versucht. Der Aufbau seines Apparates ist weitaus komplexer als der Motor von Newman, da er neben einer speziellen Abnehmerkonstruktion auch eine elektronische Oszillatorschaltung (*Controller*) verwendet. Der von Bedini als *Energizer* bezeichnete Abnehmer ist nichts anderes als ein einfacher Generator, der im Wechseltakt mit dem Motor an die für die Versorgung zuständige Autobatterie geschaltet wird.

Die kräftigen Spannungsimpulse aus dem *Energizer* sind allerdings nicht unbedingt geeignet, eine Batterie mit konstantem Ladestrom zu versorgen. Der in dieser Beziehung außergewöhnlich hilfreiche Skalarwellen-Papst Tom Bearden hat deshalb einen speziellen Sonderfall seiner Hypothese entworfen, in dem er die Autobatterie selbst zu einem mächtigen Hyperraum-Generator erklärt. Ob solche Extravaganzen der wissenschaftlichen Anerkennung der FE-Szene förderlich sind, wage ich zu bezweifeln.

Immerhin hat Bedini seine kompletten Unterlagen publiziert,

und wer den Aufwand nicht scheut, kann selbst überprüfen, ob die aufgestellten Behauptungen begründet sind. Auf esoterischen Messen werden manchmal ähnliche Geräte vorgeführt, die scheinbar ewig laufen. Dabei sollte man nie vergessen, daß eine Autobatterie gewaltige Mengen an Energie enthält. Selbst die Batterie eines Kleinwagens reicht dazu aus, einen Gleichstrommotor von 20 bis 30 Watt ohne erneute Ladung einen ganzen Tag lang zu betreiben.

Ich habe bereits angedeutet, daß die EMG-Regeneratoren aus theoretischer Sicht nicht unbedingt Anlaß zur Hoffnung geben. Der Wirkungsgrad guter Elektromotoren liegt bei 90 Prozent, und das heißt, daß die hineingesteckte Energie ganz definitiv in Arbeit umgesetzt wird. Die EMG selbst trägt ihren Teil dazu bei, und wenn man aus ihr zusätzliche Arbeit gewinnen könnte, wäre der Elektromotor ein Perpetuum mobile *per se*.

Als Erfahrungsregel hat sich der Energieerhaltungssatz ausgerechnet im Bereich der Motortechnik bewahrheiten können. Deshalb wird auch mit Macht versucht, den auf dem Motorprinzip basierenden Konvertern eine FE-Hypothese aufzupfropfen.

So abenteuerlich die Herleitung auch im Einzelfall klingen mag, will ich nicht ganz ausschließen, daß hier unbekannte Effekte auftreten können. Aber die Erbauer sind in jedem Einzelfall den Beweis schuldig geblieben, daß ihre Maschinen ohne eingespeiste Energie Arbeit verrichten.

Elektrostatische Maschinen

Neben den auf dem Prinzip des Elektromagnetismus basierenden Generatoren sind auch Maschinen bekannt, die überwiegend oder ausschließlich nach elektrostatischen Prinzipien arbeiten. Elektrostatische Felder sind ein rein *elektrisches* Phänomen, das sich unter gewissen Voraussetzungen durchaus nutzen läßt.

Elektrostatische Hochspannungsfelder lassen sich erstaunlich leicht erzeugen, indem man zum Beispiel einen aufgeblasenen Luftballon über einen Wollpullover reibt. Es gibt etliche Generatoren, die mit einem ähnlichen Prinzip arbeiten und die Ladung in einem kugelförmigen Kondensator speichern. Der Generator nach *Van der*

Graaf dürfte die bekannteste Variante darstellen. Mit ihm lassen sich durchaus gefährliche Ladungen erzeugen.

Relativ unbekannt sind dagegen Maschinen, die eine elektrische Feldladung in mechanische Arbeit umsetzen. Daß dies durchaus möglich ist, zeigt das einfache *Elektrometer*. Es läßt sich in Minutenschnelle aus einer kleinen Pillenflasche aus Glas oder Plastik, einem Weinkorken, einer Büroklammer und einem Stückehen Aluminiumfolie basteln.

Die Aluminiumfolie muß mit einer scharfen Schere abgeschnitten werden – zackige Ränder sind zu vermeiden. Ansonsten ist nur wichtig, daß die Luft in der Flasche möglichst trocken ist. Es reicht aus, die Flasche kurz mit einem auf die höchste Hitzestufe gestellten Fön auszublasen.

Um das Elektrometer in Aktion zu versetzen, kann man den bereits erwähnten Luftballon an das herausragende Ende der Büroklammer halten. Die herunterhängenden Folienblätter bewegen sich dann auseinander, was der Beweis dafür ist, daß die Feldenergie Arbeit verrichtet.

***Bild 20:** Das einfache Elektrometer zeigt, daß die elektrostatische Energie durchaus Arbeit verrichten kann.*

Diese Idee hat einige Forscher dazu inspiriert, Maschinen zu entwerfen, die neben dem Prinzip der Elektrodynamik auch das der Elektrostatik nutzen. Diese Apparate sind ausnahmslos extrem komplex, und ihre Funktionsweise ist entsprechend schwer zu durchschauen.

Zu den großen Hoffnungen der FE-Szene gehört der Motor des 1989 verstorbenen amerikanischen Erfinders *Edwin Gray*, der mechanische Arbeit erzeugen und gleichzeitig die Batterien aufladen soll, aus denen er gespeist wird. Ihm wurde dafür sogar ein Patent erteilt[200], was in erster Linie daran liegt, daß er das Gerät vor den Prüfern der US-Patentbehörde als *Motor mit hohem Wirkungsgrad* deklarierte.

Der Gray-Motor wird über vier spezielle 6-Volt-Akkumulatoren versorgt, die Gray von der *McCulloch Electronic Corporation* bezog.[201] Wie bei den im letzten Abschnitt erwähnten *Regenerations-Maschinen* werden die Batterien durch den Motor selbst aufgeladen. Der Hauptunterschied liegt allerdings darin, daß Gray mit sehr hohen Spannungen arbeitet. Dazu werden Kondensatoren impulsartig über eine Funkenstrecke entladen, in deren Strompfad die Antriebsspulen des Motors liegen.

In der Patentschrift wird der hohe Wirkungsgrad des Gray-Motors auf die Nutzung der beim Zusammenbrechen der magnetischen Felder entstehenden EMG zurückgeführt. Der Aufbau der Maschine legt allerdings den Verdacht nahe, daß hier zusätzlich elektrostatische Ladungen eingesammelt werden, die entweder aus der Umgebungsluft stammen oder durch den Rotationsvorgang selbst freigesetzt werden.

Grays Firma *EVGray* hielt sich mit Detailauskünften reichlich zurück. Man machte keinen Hehl daraus, daß es sich um ein rein kommerzielles Unternehmen handelte. Immerhin veröffentlichte man einige Daten und Testergebnisse, aus denen sich ersehen läßt, daß ein Gray-Motor einen Kleinwagen etwa dreieinhalb Stunden lang mit einer Geschwindigkeit von 60 km/h fortbewegen kann, bevor die Batterien erschöpft sind.

200 – US-Patent 3.890.548 vom 17. Juni 1975.

201 – Es handelt sich um das Akkumodell *110-75 Energy Center*.

Das wurde von *Edwin Gray* auch hervorgehoben, und der Erfinder bestritt vehement, daß seine Maschine irgendeine unbekannte Energieform nutzt. Der Wirkungsgrad beträgt laut Angaben der Firma *EVGray* nicht mehr und nicht weniger als 90 Prozent.

Daß der Gray-Motor in vielen Büchern und Artikeln trotzdem als FE-Konverter hochgejubelt wird, liegt hauptsächlich daran, daß sein Funktionsprinzip dem einiger angeblicher FE-Apparate ähnelt. Gray hat in der ersten Hälfte der 1970er Jahre einige gewagte Behauptungen über seinen Motor aufgestellt, die genau in das Schema der FE-Anhänger paßten.

Ganz unschuldig war Gray also an der Verklärung seiner Erfindung nicht. Daß er außerdem wegen eines Betrugsvorwurfes zeitweilig in Untersuchungshaft saß, trug ebenfalls zur Mystifizierung bei.

Eine ganz ähnliche Maschine wurde vor einigen Jahren von einer religiösen Gruppierung aus der Schweiz vorgestellt. Der Aufbau ähnelt einerseits einem elektrostatischen Generator, andererseits aber auch an eine Faraday-Maschine. Die Gruppe selbst nennt sich *Methernitha*; es handelt sich um eine an frühchristlichen Modellen orientierte Lebensgemeinschaft mit pazifistischen[202] und ökologischen Idealen.

Von der mit dem ominös klingenden Namen *Testatika* belegten Maschine kann man zum stolzen Preis von 180 Franken ein VHS-Video erwerben. Darauf wird die Maschine im Betrieb gezeigt, und es ist auch zu sehen, daß der Erfinder *Paul Baumann* eine 500-Watt-Glühlampe mit dem erzeugten Strom betreibt.

Es handelt sich um einen großen elektrostatischen Generator, der aber auch elektrodynamische Funktionselemente beinhaltet. Die Energie wird laut Auskunft des Erfinders keineswegs dem Nichts entnommen, sondern unserer Atmosphäre.

Weitere Aufschlüsse verleiht das Video indes nicht, weil *Methernitha* die *Testatika*-Technik nicht freigeben will. Soweit ist bekannt, daß eine *Testatika*-Maschine mit einer Leistungsausbeute

202 – Daß die Gruppe ausgerechnt den Musketier-Leitspruch *Einer für Alle, Alle für Einen* als Motto erwählt hat, löst im Hinblick auf die pazifistischen Ideale bei mir heiteres Befremden aus.

von etwa 3000 Watt Abmessungen von etwa 70 mal 40 mal 60 Zentimetern aufweist. Die Maschine wird durch Drehen der Schwungräder angeworfen und liefert dann einen Gleichstrom von 270 bis 320 Volt.

Zu schön, um wahr zu sein?

Nicht unbedingt. Schließlich stecken in unserer Atmosphäre gewaltige Mengen elektrischer Energie, wobei nur zum Teil geklärt ist, wo sie herkommt. Auch Nikola Tesla hat überlegt, ob man diese natürliche Energiequelle nicht anzapfen kann. Vielleicht ist es möglich, daraus beträchtliche Mengen an elektrischem Strom zu gewinnen. Und man kann auch nicht ausschließen, daß Paul Baumann eine entsprechende Maschine gebaut hat.

Etwas fragwürdig sind allerdings die Motive der hinter *Testatika* stehenden Gruppe. Damit spiele ich nicht auf den religiösen Hintergrund an, dem ich grundsätzlich neutral gegenüberstehe. Vielmehr fragt man sich, warum die *Methernitha*-Gruppe einerseits der Welt ihre Maschine vorenthält, andererseits aber jede Gelegenheit nutzt, sie herumzuzeigen.

Ich glaube kaum, daß es sich dabei um Angeberei handelt. Ganz offensichtlich will man so neue Glaubensgenossen rekrutieren. Das ist sicher das gute Recht jeder religiösen oder sonstigen Gruppierung, und wird von den etablierten Kirchen ja ebenfalls praktiziert. Ursprünglich hat *Methernitha* wohl mit Wind und anderen Naturenergien experimentiert, und darüber hinaus ist bekannt, daß die Gruppe auch wiederholt versucht hat, unabhängige FE-Forscher für ihre Sache zu gewinnen.

Wie gesagt, ich halte es für grundsätzlich legitim, wenn eine weltanschauliche Bewegung ihre Ausweitung mit friedlichen Mitteln vorantreibt. Aber die Geheimhaltung eines wichtigen technischen Fortschritts riecht bedenklich nach Konspiration und Machthunger.

Jedes Mittel ist recht

Die Folgerungen

Von allen bislang vorgestellten Konverter-Prinzipien sind die rein elektronischen Geräte noch am überzeugendsten, insofern ihre Funktionsfähigkeit durch neutrale, wissenschaftliche Beurteilungen bestätigt wurde. Angesichts der Vielzahl unterschiedlicher Apparate stellt sich natürlich die Frage, ob diese Geräte nicht nur verschiedene Varianten eines gemeinsamen Prinzips darstellen. Ein Vergleich der technischen Angaben, so spärlich sie auch in manchen Fällen sind, ist sicher angebracht.

Fangen wir bei der Art des gelieferten Stromes an. Hendershots Konverter produzierte eine Wechselspannung, die der des US-Stromversorgungsnetzes ähnelte: 110 Volt bei einer Frequenz von 60 Hertz. Colers Geräte lieferten dagegen kleine Gleichspannungen, die aber mit ziemlicher Sicherheit durch Gleichrichtung aus verhältnismäßig hochfrequenten (um 180 000 Hertz) Wechselspannungen entstanden. Etwa dasselbe gilt für den von *McClain/Wootan* entwickelten MRA.

Offensichtlich fällt der Hendershot-Konverter hier aus der Reihe, aber es gibt doch eine versteckte Gemeinsamkeit. Bei der Untersuchung dieses Apparates hatte ich ja erwähnt, daß der vermutlich für die Energiezufuhr sorgende Abstimmkreis eine Resonanzfrequenz zwischen 155 000 und 165 000 Hertz aufweist. Das liegt recht nahe an der von Hans Coler angegebenen magnetischen Resonanzfrequenz. Tesla berichtete, daß bei seinen Versuchen in Colorado Springs unter anderem Wechselspannungen mit einer Frequenz von 150 000 Hertz[203] eine Rolle gespielt hatten.

Funktechnisch betrachtet liegen diese Frequenzen alle im Langwellenbereich. Aber das hat wenig zu sagen, da dieses Frequenzband mehr oder weniger willkürlich definiert wurde.

203 – Manchmal ist auch hier die Rede von 180 000 Hertz. Allerdings habe ich keine verläßliche Quelle gefunden, die diesen Wert nennt. Es wäre ja auch zu schön ...

Genauso wichtig wie die Gemeinsamkeiten sind aber die Unterschiede. Bei Colers Apparat stehen die Magneten im Vordergrund, ebenso beim MRA. Dasselbe kann, wenn man seinen Behauptungen eine Bedeutung beimißt, von Floyd Sweets VTA gesagt werden. Dagegen sind bei Hendershot die Kondensatoren wichtig, bei Tesla und Moray dagegen ein bewußt geheimgehaltenes Verfahren, das ein wellenähnliches Phänomen nutzt und sich von einem nicht näher beschriebenen Punkt aus kugelförmig in alle Richtungen fortpflanzt.

Kaum vorstellbar, daß all diese Apparate dasselbe Prinzip nutzen. Gibt es nicht nur eine, sondern gleich mehrere Quellen freier Energie? Oder steckt hier doch der lang vermutete Beweis, daß Coler und Hendershot lediglich Radiowellen eingefangen haben, während Tesla und Moray sich entweder vertan haben oder dem Lager der Spinner und Scharlatane zuzuordnen sind?

Mag sein. Aber es gibt noch eine andere Hypothese, die von vielen Theoretikern mit Interesse verfolgt, wenn auch nicht unbedingt befürwortet wird. Sie beruht auf der Überlegung, daß unser Verständnis von Magnetismus, Elektrizität und Gravitation grundsätzlich falsch sein könnte.

Die herkömmliche Physik geht davon aus, daß es sich um drei *getrennte* Kräfte handelt, die miteinander aber auf komplizierte Weise verkoppelt sind. Einstein hat in seiner ursprünglichen, von ihm selbst als fehlerhaft zurückgenommenen *einheitlichen Feldtheorie* versucht, einige der Beziehungen zwischen diesen Kräften zu beschreiben. Daß er niemals eine korrigierte Version veröffentlicht hat, wird häufig als Indiz dafür ausgelegt, daß er einen möglichen militärischen Mißbrauch unterbinden wollte.[204]

Auf den ersten Blick erscheint das plausibel, da der große Theoretiker selbst miterleben mußte, wie er durch seine Idee der Relativität zu einem der Väter der Atombombe wurde. In Wirklichkeit hatte er sich aber in eine Sackgasse verrannt, deren Ende er selbst durch seine Ablehnung der Quantenphysik zugemauert hatte. Ohne deren Erkenntnisse ist es aber offenbar nicht möglich, eine einheitliche Feldtheorie zu schaffen.

204 – Diese Meinung wird u. a. von *Berlitz/Moore*, a. a. O., vertreten.

Heute suchen die Physiker nicht mehr nach einer eigenständigen Feldtheorie selbst, sondern nach einer übergeordneten Theorie, in der erstere aufgeht. Die immer komplexeren, mehrdimensionalen Modelle sind mathematisch durchaus plausibel, aber es fehlt einfach an praktischen Beweisen. Ich habe bereits auf die Schwarzen Löcher und die dunkle Materie hingewiesen, die in die Theorie eingefügt wurden, und mit deren Vorhandensein sie steht und fällt.

Insgesamt besteht auch für viele anders denkende Physiker der Eindruck, daß man hier versucht, durch Einführung zusätzlicher Konstanten und Variablen selbst die einfachsten Sachverhalte in komplexe Beziehungen zu stellen, die möglicherweise gar nicht existieren.

Daß drei mal zwei gleich sechs ist, ändert sich keineswegs, wenn man diese Gleichung mit Schwarzen Löchern multipliziert oder durch die dunkle Materie dividiert. Die zunehmende Lösung der theoretischen Wissenschaft vom Experiment verkompliziert selbst die einfachsten praktischen Sachverhalte. Die Beweisführung, daß der mathematisch perfekte Gordische Knoten sich auch wirklich auf diese Weise auflöst, überläßt man aber wieder den Praktikern.

Nach wie vor versucht man zwischen Energie und Materie zu differenzieren, obwohl kaum ein Grund besteht, am alten dualistischen Konzept festzuhalten. Mit der Quantenphysik ist die Materie eigentlich überflüssig geworden, was man als Vereinfachung betrachten kann. Statt dessen versucht man, eine immer größere Vielzahl von Teilchen und Kräften zu schaffen, wodurch eine Vereinheitlichung immer schwieriger wird.

Möglicherweise wird man daraus irgendwann den Schluß ziehen müssen, daß es so etwas wie Gravitation, Magnetismus und Elektrizität eigentlich nicht gibt. Es wäre denkbar, daß alle uns bekannten Kraftwirkungen und Felder lediglich Zustandsänderungen eines einheitlichen, komplexen *Mischfeldes* sind, das alle bekannten Zustände der Wirklichkeit beinhaltet: Materie, Elektrizität, Magnetismus, Gravitation. Im Vakuum wären diese Zustände komplett ausgeglichen – das entspricht der Vorstellung eines *Nichts*.

Nun gibt es aber in keinem Punkt des von uns als Raumzeit umschriebenen Universums kein absolutes Vakuum – und damit auch kein *Nichts*. Dadurch entsteht ein minimales Ungleichgewicht, das allerdings so geringfügig ist, das wir es nicht wahrnehmen oder messen können.

In unserem normalen Alltag werden wir mit dem Nichts ohnehin nicht konfrontiert. Statt dessen erleben wir ein *geballtes Etwas*, das vorwiegend durch jenen Wirklichkeitszustand bestimmt wird, den wir *Materie* nennen. *Materie* tritt als Phänomen aber nie allein auf, sondern immer in Verbindung mit etwas, das wir *Gravitation* nennen.

Nach unserer herkömmlichen Vorstellung ist Materie aber auch grundsätzlich dauermagnetisch – selbst wenn dies durch Überlagerung der Feldlinien nicht feststellbar ist. Und natürlich besitzt jede Materie auch atomare Bindungskräfte, außerdem eine elektrische Ladung sowie eine potentielle kinetische Energie.

Ich frage mich, was Materie eigentlich nicht hat.

Wäre es denkbar, daß der *Materiezustand* nur eine Art Ungleichgewicht ist, bei dem bestimmte Anteile des universellen *Mischfeldes* abgeschirmt und andere bevorzugt werden?

Daß dieser Gedanke keineswegs im Widerspruch zur herkömmlichen Physik steht, läßt sich an einem vertrauten Vorgang sehen, den wir als *Auftrieb* bezeichnen. Was der Auftrieb bewirkt, ist jedem Kind bekannt, das in der Badewanne eine Plastikente untertaucht und dann losläßt. Die Ente schießt sofort zur Wasseroberfläche empor. Die herkömmliche Meinung erklärt dies mit dem im Vergleich zum Wasser geringen spezifischen Gewicht der mit Luft gefüllten Ente.

Von Enten und Aufzügen

Genauso gut ließe sich aber sagen, daß das Wasser den Einfluß der Erdanziehung vor der Ente abschirmt. Das ändert nichts an den Gesetzen des Auftriebs – es eröffnet allerdings eine etwas andere Sichtweise. Wenn Erdanziehung und Auftrieb ungleichgewichtige Auswirkungen der gleichen Kraft sind, verliert der Energieerhaltungssatz möglicherweise seine Gültigkeit.

Dazu muß man sich nur überlegen, daß der Auftrieb letztlich eine Kraftwirkung ausübt. Beispielsweise könnte man auf die Idee kommen, den Auftrieb für den Betrieb eines einfachen Lastenaufzugs zu verwenden. Dieser soll lediglich einen massiven Aluminiumwürfel von 1000 Kilogramm Gewicht über eine Strecke von zehn Metern nach oben tragen.

Wir können nun den Aufzug über einen ganz normalen Antrieb nach oben ziehen, die dazu benötigte Energie läßt sich leicht aus dem Gewicht des Aufzuges und der zu überwindenden Höhe ermitteln. Um ein Kilogramm einen Meter entgegen der Schwerkraft nach oben zu bewegen, muß eine Arbeit von 9,81 *Joule* verrichtet werden. Bei 1000 Kilogramm sind dementsprechend 9810 Joule pro Meter erforderlich, was sich bei zehn Metern zu insgesamt 98 100 Joule summiert.

Ein Spezialfall des Energieerhaltungssatzes besagt nun, daß die *potentielle* Energie eines auf eine bestimmte Höhe gebrachten Körpers dem Produkt aus dem Gewicht (1000 Kilogramm) und der Höhe (zehn Meter) entspricht. Die beim Hochbringen der Last aufgewendete Arbeit ist demnach genauso hoch wie die durch die Fallbeschleunigung zu erwartende. Das sorgt für das in der Wissenschaft so populäre Gleichgewicht der Kräfte.

Was passiert aber, wenn wir den Aufzugschacht mit Wasser füllen?

Nach dem archimedischen Prinzip des Auftriebs verringert sich das Gewicht eines untergetauchten Gegenstandes um jene Wassermenge, die er verdrängt. Bei massivem Aluminium entspricht das einer Gewichtsverringerung um etwa ein Drittel. Es sind also nur noch 65 400 Joule für den Transport erforderlich.

Wie berechnet sich nun die potentielle Energie? Sie hängt schlicht und einfach davon ab, ob wir das Gewicht wieder durch die wassergefüllte Säule nach unten fallen lassen, oder ob wir es *neben* der Säule nach unten sausen lassen. Noch aberwitziger verhält es sich, wenn wir das Wasser in der Röhre ablassen: Auf einen Schlag wächst die potentielle Energie des Gewichtes um ein Drittel an.

Offensichtlich sorgt der Energieerhaltungssatz in diesem einfachen Beispiel dafür, daß die Energiebilanz ungleichgewichtig wird.

Ich habe mir dazu ein besonders heimtückisches Modell einer Auftriebsmaschine einfallen lassen, die das Ungleichgewicht zwischen Auftrieb und Fall nutzt. Dazu benötigt man wieder eine wassergefüllte Säule, in der sich ein hohler, aber nur oben mit einem Deckel versehener zylindrischer Auftriebskörper befindet – man stelle sich einfach ein umgedrehtes Trinkglas vor. Das Material der Wandung des Auftriebskörpers ist schwerer als Wasser.

Im Ruhezustand liegt dieser Auftriebskörper am Boden der Säule, da er komplett mit Wasser gefüllt ist. Nun pumpt man von unten luft in den Hohlraum. Die Luftblasen steigen bis zum Deckel des Auftriebskörpers auf und verdrängen das Wasser. Irgendwann ist der Auftriebskörper soweit gefüllt, daß er nach oben zu steigen beginnt.

Sobald er den oberen Rand der Säule erreicht hat, öffnet sich an der Oberseite ein Ventil. Dadurch sinkt der Körper wieder ab. Sobald er den Boden der Säule erreicht, kann man ihn wieder mit Luft vollpumpen und so fort.

Auf diese Weise könnt man auch einen recht simplen Generator bauen, der beispielsweise den natürlichen Druck von Erdgasen nutzt, um Strom zu erzeugen. Und so weiter.

Man könnte aber auch um die Säule eine Spule wickeln und am Auftriebskörper einen Magneten zu befestigen. Durch die Relativbewegung wird dann ein Strom induziert, den man beispielsweise in einer Batterie speichern könnte, um damit die Pumpe zu betreiben.

Ohne Erdanziehung funktioniert das Ganze natürlich nicht, weil es dann keinen Auftrieb gibt. Aber wenn wir das System von außen betrachten, benötigt es weitaus weniger Leistung als ein herkömmlicher Aufzug.

Von einem ähnlichen Generator wurde vor mehr als zehn Jahren im *Mittagsmagazin* des Radiosenders WDR 2 berichtet. Ich weiß nicht mehr genau, in welchem Jahr und an welchem Tag die Sendung ausgestrahlt wurde. Zufällig hatte ich gerade das Radio eingeschaltet und hörte fasziniert dem Bericht über das zu, was einer der Erfinder als *Auftriebskraftwerk* bezeichnete. Mit einem Gerät von den Abmessungen eines Heizkessels wollte man ein ganzes Einfamilienhaus versorgen.

Irgendwo muß das Ganze einen *Haken* haben, dachte ich mir damals. Ich suche heute noch danach.

Neue Wege der Atomkraft

Energie ohne Radioaktivität

Der Begriff der Atomenergie hat sich in den 20 Jahren zu einem Reizwort entwickelt, das nach der Tschernobyl-Katastrophe selbst die Befürworter dieser Technik nachdenklich stimmt. Konnte ein Atomkraft-Fan wie der Journalist *Jan Zischka* noch im Jahr vor dem Mauerfall die Auswirkungen des Desasters herunterspielen[205], so haben die Folgejahre dank Glasnost die entsetzliche Wahrheit ans Licht gebracht: Es kann jederzeit wieder passieren.

Dabei sind die neueren AKWs nicht das große Problem, sondern diejenigen, die bereits vor vielen Jahren erbaut wurden und aus Kostengründen nicht außer Betrieb genommen werden. Rußland, China, Indien, Amerika – auf jedem bewohnbaren Kontinent finden sich diese nuklearen Zeitbomben. Dagegen wird das auch bei neueren AKWs auftretende Problem des Atommülls fast zur Nebensache.

Trotzdem sollte man nicht darauf verfallen, alle Formen der Nuklearenergie über einen zu Kamm scheren. Radioaktivität ist nur dann bedenklich, wenn sie von langsam zerfallenden Stoffen ausgeht. Den dabei auftretenden Prozeß der *Kernspaltung* (*Fission*) nutzen wir in unseren Atomkraftwerken, und dabei werden andere Stoffe quasi mit Radioaktivität *infiziert*. Wenn man die Menge zerfallender Isotope kontrolliert, wird dabei Hitze freigesetzt, mit der man Wasser erwärmen kann, um Turbinen zur Stromerzeugung anzutreiben.

Wenn der Zerfall dagegen unkontrolliert stattfindet, kommt es zu einer immer heftigeren Kettenreaktion. In einem Atomkraftwerk kommt es dadurch zum Atombrand, wobei der Wasserdampf des Reaktors radioaktive Teilchen aufnimmt und in die Atmosphäre trägt.

Ganz anders funktioniert die *Kernverschmelzung*, die auch als *Fusion* bezeichnet wird. Hier ist weder der Brennstoff noch das

205 – So in *Die alles treibende Kraft*; Heidelberg 1988, S. 459 ff.

Verbrennungsprodukt radioaktiv; nur während des Verschmelzungsprozesses können geringe Menge an Radioaktivität freigesetzt werden. Ansonsten ist die Kernfusion eine *saubere* Energieform, die selbst im Extremfall eines Kraftwerk-GAUs keine größere Schäden anrichtet als ein herkömmliches Kraftwerk.

Tatsächlich sind wir bereits seit einigen Jahrzehnten in der Lage, eine Heißfusion auszulösen. Die Wasserstoffbombe ist nichts anderes als ein unkontrolliertes Fusionskraftwerk, dessen Brennstoff Wasserstoff ist, das durch die Kernverschmelzung in Helium verwandelt wird. Beide Stoffe sind nichtstrahlend und damit harmlos. Daß die Explosion einer Wasserstoffbombe trotzdem gewaltige Mengen an radioaktiven Zerfallsprodukten freisetzt, liegt an dem verwendeten Zünder. Dabei handelt es sich um eine normale Atombombe, die den Prozeß der Kernverschmelzung durch ihren Explosionsdruck und die Hitze einleitet.

Das einfache Prinzip dieser Bombe hat nun etliche Physiker dazu inspiriert, eine kontrollierte Variante dieses Verfahrens zu entwickeln. Dabei wird meist ein hocherhitztes Plasma verwendet, das nach unserer derzeitigen Vorstellung die Vorgänge im Inneren der Sonne nachbildet, die selbst ein gigantischer Fusionsreaktor ist.

Ich habe bereits am Anfang dieses Buches erwähnt, daß die Bemühungen der Heißfusions-Forscher bislang fruchtlos waren. Kurz vor der Drucklegung dieses Buches wurde sogar gemunkelt, daß die EU diesbezügliche Forschungen nicht mehr finanziell unterstützen wird.

Nun gab es aber schon vor mehreren Jahrzehnten einige Wissenschaftler, die alternative Wege der Fusion suchten. Ganz allgemein bezeichnet man diese Forschungsrichtung als *Kaltfusion*, was allerdings irreführend ist, da das Ziel ja eigentlich in der Freisetzung von Wärme liegt. In Wirklichkeit geht es hier also um Fusionsprozesse, die sich eben nicht bei einer Hitze von mehr als einer Million Grad, sondern weit darunter abspielen – möglicherweise sogar bei Zimmertemperatur.

Das Wissen der Goldmacher

Ob es sich um Fusion oder Fission handelt, der zugrundeliegende Vorgang hat immer etwas Mythisches. Das liegt daran, daß neben der Freisetzung von Energie eben ein weiter Vorgang eingeleitet wird, bei dem ein Element sich in ein anderes verwandelt. Tatsächlich ist es mit den Prozessen der Fusion und Fission zumindest theoretisch möglich, jedes Element in ein beliebiges anderes zu verwandeln.

So basiert unser gesamtes Universum auf einem einzigen Grundstoff, dem Wasserstoff. Alle anderen Stoffe sind durch natürliche Fusionsprozesse aus Wasserstoff entstanden.

Mit großem technischen Aufwand können atomare Verschmelzungs- und Spaltungsprozesse auch im Labor durchgeführt werden. Dazu wird allerdings ein Teilchenbeschleuniger benötigt, der mit einem enormen Energieaufwand eine verschwindend geringe Menge eines Elementes in ein anderes umwandelt. Um Blei in Gold zu verwandeln, könnte man das Blei mit Neutronen beschießen, die Protonen aus den Atomen des Bleis reißen. Dieser Vorgang entspricht einer Kernspaltung, bei der das mit Neutronen beschossene Element sich in zwei Stoffe mit geringerem Atomgewicht verwandelt.

Diese Vorstellung wurde noch vor der letzten Jahrhundertwende von den meisten Wissenschaftlern als Spinnerei abgelehnt. Das liegt in erster Linie daran, daß die Umwandlung von Elementen unter dem Begriff *Transmutation* eine bedeutende Rolle in der *Alchimie* des Mittelalters spielte. Blei oder Quecksilber in Gold zu verwandeln, das war das erklärte Ziel vieler Alchimisten, zumal der benötigte Forschungsetat relativ leicht von gierigen Adligen und Kirchenfürsten zu bekommen war.

Oft wird die Alchimie deshalb als reine Betrügerei angesehen, was bei der Mehrzahl der praktizierenden Alchimisten wohl auch zutraf. Andererseits ist unzweifelhaft die Alchimie die Mutter aller modernen Wissenschaften, da wir ihr unter anderem das bis heute gültige Verfahren des *protokollierten Experimentes* verdanken.

Daß der Gedanke des *Perpetuum mobile* auch in der Alchimie ein Rolle spielte, hatte ich bereits erwähnt. Eine direkte Verbindung zwischen diesem Gedanken und der Transmutation existierte allerdings nicht. Daß bei der Umwandlung eines chemischen Elementes Energie freiwerden kann, paßt in keiner Weise in das mittelalterliche Wissenschaftsbild.

Für die meisten Alchimisten waren Metalle eine Kombination der vier Grundelemente Feuer, Erde, Luft und Wasser. Andere gingen davon aus, daß diese Elemente wiederum aus einem sogenannten Urstoff bestehen, der *prima materia.* Dieser Urstoff gehört zu den großen Unbekannten in der Alchimie. Mit beträchtlichen Argumenten hat der Schriftsteller, Mystiker und Teilzeit-Alchimist *Gustav Meyrink* den Beweis geführt, es handle sich dabei um ein spezielles Mineral, das sich in Kloaken bildet.[206] Er vermutete auch, daß eine bestimmte Variante dieser Materie sich auch aus bestimmten Pflanzenabfällen erzeugen läßt.[207]

Paracelsus führte eine etwas von der Hauptrichtung abweichende Lehre ein, bei der die Entstehung der Metalle durch eine chemische Verbindung von Quecksilber und Schwefel erklärt wird. Während die Goldmacher vorher häufig Blei als Ausgangsmetall eingesetzt hatten, stiegen die meisten nun auf Quecksilber um.

Dieser Irrtum wird heute noch von Historikern wiederholt, die genau wie die weniger erfolgeichen Kollegen des großen Arztes und verwegenen Scharlatans Paracelsus die wirkliche Bedeutung seiner Hypothese mißverstehen. Nicht die Elemente Quecksilber und Schwefel sind hier gemeint, sondern zwei aus dem Urstoff gewonnene katalytische Substanzen. Oberflächlich weisen diese Substanzen durchaus ähnliche Eigenschaften wie die gleichnamigen Elemente. Sie sind aber Destillate des *Steins der Weisen*, deren Eigenschaften jede Materie verändern kann.

Unter den vielen Berichten über die Goldmacher finden sich etliche, die über ein gelbes oder rotes Pulver, manchmal auch eine

206 – Sein hochinteressanter Bericht »Alchemie oder die Unerforschlichkeit« findet sich in der Sammlung *Phantastische Geschichten 2 – Gustav Meyrink,* Rastatt 1984, S. 68 ff. Dieses Taschenbuch enthält sowohl Geschichten als auch Fachartikel zu esoterischen Themen.

207 – Meyrink, a. a. O., S. 85 f. Meyrink erwähnt als Beispiel das Mineral *Struvit.*

Flüssigkeit berichten. Winzige Mengen dieses Stoffes reichten demnach aus, um Blei oder Quecksilber in reines Gold oder manchmal auch in Silber zu verwandeln. Einer der bekanntesten Fälle ist der des Alchimisten *Nikolaus Flamel*, der zwischen dem 14. und 15. Jahrhundert in Frankreich lebte.

Flamel behauptet in einem Buch[208], er habe am Mittag des 17. Januar 1382 nach 25 Jahren des Experimentierens mit der Urmaterie zum erstenmal ein halbes Pfund[209] Quecksilber in reines Silber verwandelt.

Drei Monate später gelang es ihm zum ersten Mal, Gold zu erzeugen. Nun gibt es für diese Geschichte keine Beweise außer Flamels eigener Aussage – wenn man einmal davon absieht, daß der hauptberufliche Alchimist ganz offensichtlich nicht unter Geldmangel litt.

Da er und seine Frau Perenelle keine Kinder hatten, stifteten sie einen Großteil ihres Vermögens den Bedürftigen der Städte Paris und Bologne. 14 Hospitäler, sieben Kirchen und drei Kapellen wurden angeblich auf Kosten des Ehepaares errichtet.

Gold aus dem *Nichts*?

Fast könnte man daran glauben, denn die Geschichte ist kein Einzelfall. Ähnliches wiederfuhr nicht nur Alchimisten, sondern auch bedeutenden Forschern, die heute noch als Pioniere der Wissenschaft gefeiert werden.

Darunter befand sich auch der fortschrittlich denkende Arzt Johann Friedrich Schweizer, der im 17. Jahrhundert lebte. Zu seinen Patienten zählten viele berühmte Menschen, wie zum Beispiel der Prinz von Oranien. Seinen Zeitgenossen war Schweizer als *Helveticus* bekannt. Als überzeugter Gegner der Alchimie hatte er einige bissige Schmähschriften über dieses Thema verfaßt. Seine Ansichten kehrten sich aber ins Gegenteil um, als im Jahr 1666 ein mysteriöser Unbekannter an die Tür seines Wohnhauses im holländischen Haag klopfte.

208 – Es handelt sich um einen ziemlich obskure Kommentar zu einem nicht weniger seltsamen Buch, der unter dem Titel *Le Livre des Figures Hieroglyphiques* veröffentlicht wurde.
209 – Es gab im Mittelalter zahllose Varianten dieses Gewichtsmaßes. Entspricht im Mittel etwa 450 Gramm.

Helveticus beschreibt den Vorfall selbst in einem seiner Bücher.[210] Demnach war der Fremde ziemlich schäbig angezogen, erweckte jedoch ansonsten einen rechtschaffenen Eindruck. Der Arzt schätzte ihn auf etwa Mitte 40 und vermutete, daß er aus Batavia oder Nordholland stamme.

Der Fremde scheint Helveticus zunächst reichlich Honig ums Maul geschmiert zu haben, bis dieser ihn einließ. Nach diesem Vorgeplänkel zog er eine Pillendose aus reich verziertem Elfenbein hervor und zeigte Helveticus den Inhalt: drei etwa walnußgroße glasähnliche Steine aus einem schweren, schwefelgelben Material.

An den Kristallen war noch die Schlacke des Schmelztiegels zu sehen. Auf Anweisung des Fremden schmolz Helveticus nun eineinhalb Lot[211] Bley in einem Tiegel, und der Fremde gab ihm einen winzigen Splitter des Kristalls. Der Arzt umhüllte den Splitter mit Wachs, um ein Fortfliegen infolge der Hitze des Schmelztiegels zu verhindern, und warf den Splitter anschließend hinein. Darauf setzte ein ziemlicher brisanter chemischer Prozeß ein. Das Zischen und Blubbern dauerte etwa eine Viertelstunde. Das Blei hatte sich vollständig in Gold verwandelt.

Helveticus eilte damit zum nächsten Goldschmied, der das Material untersuchte und dem Arzt einen Kaufpreis von 50 Gulden[212] pro Unze[213] bot.

In einer Quelle[214] wird als Zeuge des Vorfalls der berühmte Philosoph *Baruch de Spinoza* angegeben, der als Begründer der Identitätsphilosophie in die Geschichte einging. Daneben erwähnt

210 – *Vitulus aureus, quem mundus adorat et oret*, Amsterdam 1677. Ich habe mich weitgehend an die von Meyrink (a. a. O., S. 83 f.) berichtete Version gehalten. Eine etwas andere Version der Geschichte wird in Holroyds/Powells *Geheimnisvolle Wissenschaften* (Glarus 1979, S. 147 f.) wiedergegeben.

211 – Ein Lot entsprach meist 1/32 des damals üblichen Pfunds, also je nach Region rund 15 Gramm.

212 – Vermutlich sind holländische Gulden (Florin) gemeint. Die Kaufkraft läßt sich aus heutiger Sicht nur schwer bewerten, aber es scheint sich um eine recht beträchtliche Summe gehandelt zu haben.

213 – Eine Unze entsprach zwei Lot, also etwa 30 Gramm.

214 – Holroyd/Powell, a. a. O.

Helveticus auch noch einen örtlichen Eichmeister namens Poreliulis, der ebenfalls die Echtheit des Goldes bestätigte.

Ganz wasserdicht ist die Geschichte des Helveticus allerdings nicht. Spionza starb ausgerechnet im Februar des Jahres, als der Arzt sie veröffentlichte. Ob der Eichmeister Porelius den Vorfall jemals bezeugen konnte, ist unbekannt.

Eine frappierend ähnliche Geschichte hat auch *Johan Babista von Helmont* berichtet, ein bedeutender Wissenschaftler, der als erster unterschiedliche Gase nach ihren chemischen und physikalischen Eigenschaften charakterisiert hat. Er erhielt ebenfalls von einem Fremden[215] eine Substanz, mit der etwa 250 Gramm Quecksilber in Gold verwandelt werden konnten. Nicht nur die Umstände, auch die Art der Substanz erinnern an das Erlebnis des Helveticus. Es handelte sich um ein gelbes Pulver, das wie zerstoßenes Glas wirkte.

Der Gedanke, daß einige Weise des Mittelalters bei der Goldmacherei nebenbei eine nach heutigen Vorstellungen unmögliche *Kaltfission* bewirkt haben könnten, hat sicher etwas Reizvolles. Wäre die Kernspaltung im Reagenzglas wirklich möglich, dann könnte man nicht nur nukleare Wärmeenergie ohne Radioaktivität freisetzen, sondern als Abfallprodukt auch wertlosere in wertvollere Rohstoffe umwandeln.

Moderne Alchimie

Auch in der Neuzeit finden sich viele Hinweise darauf, daß Kernumwandlungsprozesse auch in relativ kontrollierten und damit ungefährlichen Verfahren abgewickelt werden können.

So berichtet Meyrink[216] von einem heruntergekommenen Chemiker namens *Kinski*, der offenbar das alte Geheimnis der Goldmacherei entdeckt hatte. Dieser Vorfall muß sich Anfang der 90er Jahre des 19. Jahrhunderts in der Gegend von Prag abgespielt haben.

215 – Möglicherweise handelte es sich dabei um einen mysteriösen Iren namens *Butler*, der als Alchmist ganz Europa bereiste.

Kinski arbeitete für einen Bekannten Meyrinks, der eine Glashütte unterhielt. Für das damals sehr begehrte *Rubinglas* mußten der Schmelze beträchtliche Mengen an Dukatengold zugefügt werden. Kinski hatte nun ein geheimnisvolles graues Pulver erfunden, von dem ein Fingerhut voll genügte, um einen großen Schmelzkessel voller Glas in Rubinglas zu verwandeln.

Die Geschichte endete unglücklich, da Kinski eines Morgens tot auf einer Parkbank gefunden wurde, bevor er sein Rezept hatte weitergeben können.

Aber es gibt noch neuere und weitaus besser dokumentierte Fälle von Wissenschaftlern – oder Betrügern? –, die sich mit der Goldmacherei beschäftigten. Um 1920 lebte in München ein Chemielaborant namens Franz Tausend, der einige ziemlich abstruse Ansichten über das Periodensystem der Elemente aufgestellt hatte. Diese bis heute gültige Einteilung der Elemente nach Atomgewicht und Anzahl der Bindungselektronen war bereits rund 50 Jahre zuvor zeitgleich von den Forschern Dimitrij Mendelejew und Julius Meyer entwickelt worden.

Franz Tausend veröffentlichte seine Ansichten in einer Monographie mit dem wortreichen Titel *180 Elemente, ihr Atomgewicht und ihre Einordnung in das System der harmonischen Perioden.*

Im Kern erinnert der Inhalt dieser Schrift an Behauptungen des Amerikaners *John Worrell Keely*. Tausend ging davon aus, daß jedes Atom eine charakteristische Schwingungsfrequenz aufweist. Tatsächlich nahm er damit eine Doktorarbeit des französischen Quantenphysikers *Louis Victor Duc de Broglie* vorweg, der dafür auch den theoretischen Beweis führen konnte.[217]

Den weiteren Ansichten des Franz Tausend hätte Broglie aber mit Sicherheit aufs Heftigste widersprochen. Dessen Hypothesen gipfelten nämlich in der Behauptung, man könne Materie *instru-*

216 – A. a. O., S. 62. Hier handelt es sich um eine autobiographische Erzählung, die zum Teil fiktive Elemente enthält, die im Widerspruch zu dem bereits erwähnten Artikel stehen. Dieses Zitat verweist aber auf die Einleitung, die mit Namen und Ortsangaben eine wahre Begebenheit wiedergibt.

217 – Bergbauer, a. a. O., S. 153.

mentieren. Darunter verstand er einen Prozeß, bei dem sich ein Element durch Zugabe einer bestimmten Substanz in ein anderes Element verwandeln läßt.

Fast ein halbes Jahrzehnt verging, in dem die Theorien des Franz Tausend allenfalls an gewissen Intellektuellen-Stammtischen in bestimmten Münchener Biergärten diskutiert wurden. Währenddessen versuchten sich ein General namens Erich von Ludendorff und ein verhinderter Kunstmaler namens Adolf Hitler als Putschisten und landeten mangels allgemeinen Interesses an ihrer Aktion vor Gericht. Ersterer wurde freigesprochen, während man letzteren eine Zwangspause auf Staatskosten verschaffte, die er nutzte, um sich vom mittelmäßigen Maler zum maßlosen Schriftsteller umzuschulen.

Ludendorff war währenddessen nicht untätig und sah sich nach Möglichkeiten um, die junge nationalsozialistische Partei zu finanzieren. Vermutlich wurde er über den Nazi-Esoteriker *Karl Haushofer* auf Franz Tausend aufmerksam, der schon seit einiger Zeit behauptete, Altmetall in Gold verwandeln zu können.

Ludendorff stattete Tausend daraufhin einen Besuch ab, bei dem auch ein Verfahrenstechniker namens *Kummer*, der Industrielle *Alfred Mannesmann*, der Bankier *Osthoff* und einer Reihe ähnlich potenter Zeitgenossen anwesend waren.[218] Man hatte die von Tausend zwecks einer Demonstration verlangten Rohstoffe gleich mitgebracht. Einen halben Eimer Eisenrost, einen halben Eimer Quarzmehl.

Tausend vermischte die Zutaten und erhitzte sie in einem Schmelztiegel. Den nahm er über Nacht mit nach Hause und tauchte damit am nächsten Morgen wieder an seinem Arbeitsplatz auf. Hier brachte er den Inhalt noch einmal zum Schmelzen und warf schließlich eine kleine Menge eines hellgrauen Pulvers hinein. Als man den Inhalt des Tiegels nach dem Abkühlen aufbrach, fand man in der Masse ein kleines Stück Gold von etwa sieben Gramm Gewicht.

Diese kleine Vorführung reichte aus, um Ludendorff vollständig zu überzeugen. Er besorgte das notwendige Kapital und gründete

218 – Holroyd/Powell, a. a. O., S. 241.

eine Gesellschaft, die sich mit der Ausbeutung von Tausends Erfindung beschäftigen sollte.

In den nächsten vier Jahren beschäftigte sich Tausend damit, das Kapital der Gesellschaft zu verexperimentieren. Ob er zwischendurch Teilerfolge erzielen konnte, ist ungewiß. Jedenfalls steckte man ihn 1929 vier Jahre ins Gefängnis, und damit verliert sich seine Spur.

Vieles an seiner Geschichte weist darauf hin, daß es sich um einen nicht allzu geschickt angelegten Betrug gehandelt haben könnte. So hat er den Schmelztiegel bei seiner Vorführung vor Ludendorff mit nach Hause genommen, wo er genug Zeit hatte, die Masse wieder zu schmelzen und den Goldklumpen darin zu verstecken. Kein billiger Scherz, aber auch nicht unerschwinglich. Schließlich erwies es sich ja als eine gute Investition, von der er vier Jahre leben konnte.

Die Sache mit den Hühnern

Während die mittelalterlichen Alchimisten nichts von den Beziehungen zwischen Transmutation und Energie wissen konnten, scheinen die neuzeitlichen Goldmacher sich eher für den primären Nutzen ihres Verfahrens zu interessieren – sofern es sich nicht durchweg um Lügengeschichten handelt. Ist die kalte Kernumwandlung also nur eine Kopfgeburt spinnerter oder gar betrügerischer Außenseiter?

Der Biologe Louis Kervran beschreibt in seinem Buch *Biological Transmutations* die Ergebnisse einer Reihe von Versuchen mit Hühnern, die er unter den üblichen kontrollierten Bedingungen vornahm. Eine Gruppe der Hühner erhielt normales Hühnerfutter, die andere dagegen eine extrem kalziumarme Diät. Kalzium ist nichts anderes als Kalk, und damit eine der wichtigsten Substanzen für höhere Lebewesen, da zum Beispiel die Knochen und auch Eierschalen aus diesem Stoff aufgebaut sind. Hühnerfutter ist genau aus diesem Grund mit Kalzium angereichert.

Am Ende des Experiments stellte Kervran fest, daß die Eier der einen Gruppe weitaus größer waren und auch dickere, härtere Schalen aufwiesen. Ein simpler Versuch, dessen Ausgang vorher sehbar war.

Bis auf eine winzig kleine Tatsache: Die dickeren Eier stammten von den *kalziumarm* ernährten Hühnern.

Kervran überlegte zuerst, ob ihm ein Fehler unterlaufen war. Aber die Testergebnisse waren eindeutig: die Hühner produzierten Kalzium *aus dem Nichts.* Er stellte weitere Versuche mit anderen Stoffen an und kam unzweifelhaft zu dem Ergebnis, daß der Metabolismus der Hühner in der Lage war, Elemente nach Bedarf umzubauen.

Und was für Hühner gilt, läßt sich in diesem Fall auch auf Kühe, Pferde und Menschen übertragen. Kernumwandlung durch extrem langsam ablaufende Prozesse, die vermutlich durch rein katalytische Vorgänge ausgelöst werden.

Daß Katalysatoren in der Biologie eine enorm wichtige Rolle spielen, ist seit langem bekannt. Sie werden hier als *Enzyme* oder *Fermente* bezeichnet. Sie sorgen nicht nur für die komplexen Stoffwechselvorgänge in tierischen und pflanzlichen Organismen, sondern sorgen auch für die Gärungsprozesse, denen wir Wein, Bier und sogar die geniale Erfindung des Pizzabodens verdanken.

Sollten diese Stoffe auch in der Lage sein, unser Energieproblem zu lösen?

Nun, indirekt tun sie das bereits. Wenn zum Beispiel aus tierischem Dung durch Fäulnisprozesse brennbares Methangas entsteht, sind Enzyme im Spiel. Prinzipiell gilt das für alle durch natürlichen Abbau biologischer Zerfallsprodukte entstehende Stoffe, also auch für Kohle, Erdöl und Naturgas. Möglicherweise spielt dabei auch die Kernumwandlung eine Rolle, was sich aber schwer nachweisen läßt, da es sich um sehr langsam ablaufende chemische Vorgänge handelt. Außerdem hat das nie jemand richtig erforscht.

Die weiche Nukleartechnik

Daß die Idee der Kaltfusion von den meisten Physikern abgelehnt wird, scheint mehr oder weniger daran zu liegen, daß sie sich hier auf einem schlüpfrigen Terrain bewegen. Die kleinen, katalytischen

Vorgänge gehören eben nicht zum Bereich der Nuklearphysik, in der man es mit gigantischen Spannungen zu tun hat, die atomaren Teilchen ein bestimmtes Verhalten aufzwingen.

Aus wissenschaftlicher Sicht spricht eigentlich nichts gegen die Kaltfusion. Die Energie kommt hier keineswegs aus dem Nichts, sondern eben aus dem *Nukleus*. Nur hat man sich in der Physik zu der nicht unbedingt begründeten Annahme durchgerungen, daß sich so etwas nur mit Gewalt bewerkstelligen läßt. Mindestens zwölf Millionen Hitzegerade, darunter geht nichts.

Wie es den Anschein hat, wirkt sich der megamanische Glaube an Kilometer durchmessende Ringbeschleuniger auch auf die sozialen Verhaltensmuster der Physiker aus. Ihre Wissenschaft ist die wichtigste, weil ihre Forschungsinstrumente die größten sind – Freudianer werden hier möglicherweise zu eindeutigen Schlüssen kommen.

Nun kommt die Bedrohung dieses an die techno-orgasmischen Fantasien des amerikanischen Science-Fiction-Autors E. E. »Doc« Smith erinnernden Weltbildes diesmal nicht von einigen Spinnern aus der FE-Fraktion, sondern von Biologen und Chemikern. Verrat aus den eigenen Reihen, soweit kommt es noch.

Welche Auswirkungen das hat, mußten auch die beiden Chemiker *M. Fleischmann* und *S. Pons* erfahren, als sie die Ergebnisse eines höchst interessanten Versuches publizierten.[219]

Das *Fleischmann-Pons-Experiment* gehört zu einem Spezialgebiet der Chemie, das in Deutschland als Elektrochemie oder elektrolytische Chemie bekannt ist und wiederum als Teilgebiet der physikalischen Chemie betrachtet werden kann.

Fleischmann und Pons hatten eine Elektrolyse mit Palladiumelektroden an hochgesättigtem Deuterium[220] durchgeführt. Normalerweise reichern sich bei diesem Versuch die Deuteriumkerne (Deuteronen) an freien Teilen des Kristallgitters der Palladiumelektrode an. Durch die Verwendung von Impulsströmen und hochgesättigtem

219 – »Electrochemically Induced Nuclear Fusion of Deuterium« in *Journal of Electroanalytical Chemistry*, 1989, S. 261 ff.

220 – Sogenanntes *schweres Wasser*, ein Wasserstoffisotop mit dem Atomgewicht 2,01408.

Deuterium erzielten die Forscher einen Wärmeüberschuß, den sie auf einen Kaltfusionsprozeß zurückführten.

Nun ein brach ein heilloser Krach aus, in dem sich viele namhafte Wissenschaftler nicht nur unfair, sondern geradezu kindisch benahmen. Als der Versuch dann von mehreren anderen Forschern mit gleichen Ergebnissen wiederholt wurde, versuchte man, mit Macht eine andere Erklärung für den Wärmeüberschuß zu finden.

Es durfte alles sein, nur keine Kaltfusion.

Bestärkt sahen sich vor allem japanische Forscher, die schon seit einiger Zeit die Idee der kalten Nuklearkraft zu bevorzugen scheinen. Aber auch westliche Wissenschaftler verfolgten die Sache weiter. Es sollte keine zwei Jahre dauern, bis die Forscher *Randell L. Mills* und *Steven P. Kneizys* einen ähnlichen Versuch mit Leichtwasser anstellten.[221]

Vorsichtshalber versuchten die beiden Forscher gar nicht erst, den Ausgang dieses Experimentes als Kaltfusion zu bezeichnen. Statt dessen bauten sie eine eher unwahrscheinliche, aber weniger Staub aufwirbelnde Theorie über schrumpfende Wasserstoffatome zusammen. Seitdem werden derartige Experimente in der einschlägigen Literatur als »Diese Experimente, die zwar keine Kaltfusion sind, aber ...« geführt.

Eine gefährliche Batterie

Was uns zu einem ganz anderen Versuch bringt, den man nach Auffassung einiger Leute vielleicht schon bald als »Dieses Experiment, das zwar keine *Kaltfission* ist, aber ...« bezeichnen wird.

Bruce Perrault hat vor einigen Jahren damit begonnen, sich intensiv mit den Behauptungen und Experimenten des Forschers *Thomas Henry Moray* zu beschäftigen. Mit Morays elektronischem FE-Konverter haben wir uns ja bereits auseinandergesetzt, und dabei wurden auch seine metallurgischen Experimente erwähnt.

221 – »Excess Heat Production by the Electrolysis of an Aqueous Potassium Carbonate Electrolyte and the Implications for Cold Fusion« in *Fusion Technology*, Ausgabe 20/1991, S. 65 ff.

Perrault war bald überzeugt davon, daß Morays metallurgische Entdeckungen etwas mit der Kernspaltung zu tun hatten. Die seltsamen Eigenschaften der von Moray bearbeiteten Metalle erinnern ja deutlich an die Behauptungen der Alchimisten, daß es ganz verschiedene Arten ein und desselben Metalles gibt.

Mittlerweile sieht er die erste Stufe seiner Forschungen als abgeschlossen an und lädt andere Forscher dazu ein, seine Experimente nachzuvollziehen und eventuell zu verbessern.

Perraults Kaltfissions-Zelle besteht aus einem luftleer gepumpten Zylinder, an dessen Enden je eine den Innenraum des Zylinders ausfüllende Elektrode montiert ist. Zwischen jeder Elektrode und dem Zylinderende befindet sich eine dicht gepackte Lage Sand. Auch der zwischen den Elektroden liegende Hohlraum ist mit Sand gefüllt.

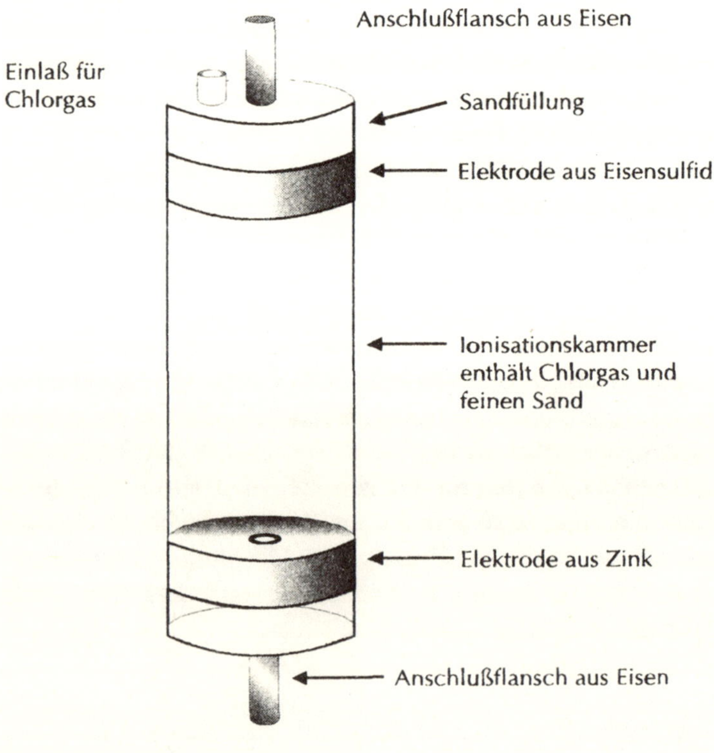

***Bild 21:** Perraults Kaltfissions-Zelle.*

Eine der Elektroden besteht aus Zink, die andere aus Eisensulfid. In den zwischen den Elektroden liegenden, sandgefüllten Hohlraum wird zum Betrieb Chlorgas gefüllt. Anschließend wird eine pulsierende Spannung von 250 000 Volt an die Elektroden gelegt.

Die Frequenz der Impulse kann nach Bedarf eingestellt werden. Einige Zeit nach dem Anlegen der Impulsspannung beginnt die Zelle Strom abzugeben. Mit der Zeit läßt die Wirkung allerdings nach, und obwohl man noch einmal versuchen kann, sie durch eine neue Füllung mit Chlorgas aufzufrischen, muß man sie irgendwann komplett zerlegen und neu aufbauen.

Perrault behauptet aber, daß er eine 200-Watt-Zelle sieben Monate betrieben hat, bevor sie unbrauchbar wurde. Ansonsten publiziert er bereitwillig alle wesentlichen Details seiner Konstruktion. Wem das nicht ausreicht, der kann für knapp 40 US-Dollar eine Baumappe bei ihm ordern. Daneben bietet er das benötigte Hochspannungsnetzteil zu einem meiner Ansicht nach durchaus vertretbaren Preis von 149,95 US-Dollar an sowie weitere wichtige oder schwer erhältliche Teile. Bei entsprechender Nachfrage will er auch komplette Bausätze anbieten.[222]

Etwas mißtrauischer stimmt mich allerdings seine Patentapplikation. Ich würde jede Wette eingehen, daß er damit keine Chance vor den Prüfern hat. Das liegt überwiegend daran, daß er Morays Begriff der *strahlenden Energie* deutlich überstrapaziert und außerdem einige Formfehler begangen hat.

Über das eigentliche Funktionsprinzip erfährt man allerdings nur soviel, daß ich nicht beurteilen kann, ob sein Apparat wirklich einen Kernumwandlungsprozeß in Gang setzt. Seiner Beschreibung zufolge beruhen die Vorgänge eher auf einer Ionisation des Chlorgases, die auf geheimnisvolle Weise nach dem Start durch das Netzteil von selbst weiterlaufen soll. Andere Gase sind ebenfalls verwendbar.

Aber da es ja ohnehin keine kalten Kernumwandlungen geben darf, ist das wohl egal.

222 – Adresse: *Nu Energy Horizons*, Route 175, Box 445, Campton, NH 03223.

Energie gut, alles gut

Die Wahrheit liegt irgendwo da draußen

Sicher haben Sie beim Lesen des Buches einen Eindruck davon bekommen, wie vielschichtig dieses Thema ist. Neben den von den etablierten Wissenschaften akzeptierten Energiequellen gibt es möglicherweise vollkommen unbekannte Wege, auf umweltgerechte Weise den Energiebedarf unserer Welt zu decken.

Vielleicht erwarten Sie jetzt von mir, daß ich eine Zukunftsvision eröffne, in der ich eines der vorgestellten Konzepte als *die* Lösung des Energieproblems herausstelle. Das kommt noch, aber bestimmt nicht so, wie Sie es erwarten.

Zunächst möchte ich aber noch etwas zu den Konzepten und Ideen anmerken, die ich in diesem Buch vorgestellt habe. Vieles davon wird sich früher oder später als reine Spekulation erweisen. Und obwohl es mir nicht leicht fällt, das zu sagen:

Trotz aller Kritik an den Machenschaften der Nuklearphysiker würde sicher nicht nur mir ein Stein vom Herzen fallen, wenn wir morgen in der Zeitung lesen könnten, daß man endlich die Heißfusion in den Griff bekommen hat.

Aber das ist nicht alles. Der Energiebedarf im Kleinen muß ebenfalls gedeckt werden. Von allen *grünen* Energiequellen scheint sich die Windenergie zumindest hier im kalten Europa zu behaupten. Die Technik ist ausgereift, und so können zumindest bestimmte Regionen von dieser Naturenergie profitieren.

Bei den innovativen Energiekonzepten wird es natürlich schwierig, da man sich hier in einem spekulativen Bereich bewegt, in dem man allzu leicht auf Unwahrheiten oder Übertreibungen hereinfällt.

Trotzdem verstehe ich nicht, warum der von Coler und Hendershot entdeckte Effekt mittlerweile fast in Vergessenheit geraten ist. Hier scheint sich einfach niemand mehr für ein Phänomen zu interessieren, das möglicherweise weitreichende Konsequenzen für unser physikalisches Weltbild haben könnte. Dasselbe gilt für die von *Schauberger* und anderen entdeckten elektrostatischen Vorgänge in

Wasserwirbeln oder die damit vermutlich verwandte Entdeckung von Entladungskräften im Wasser durch *Peter Graneau.*

Und dann natürlich die *kalten Nukleartechniken.* Allein im deutschsprachigen Raum arbeiten etwa 100 Privatforscher an Fusionskonvertern. Viele davon stehen knapp vor dem finanziellen Ruin, obwohl sie bereits überzeugende Resultate vorweisen können. Wenn sie einmal die Gelegenheit haben, ihre Geräte an Universitäten einem neutralen Podium vorführen, werden sie mit haarsträubenden Vorurteilen konfrontiert oder sogar des Betrugs verdächtigt.

Das sind alles lohnende Forschungsgebiete, die weitaus weniger Geld verschlingen als jahrzehntelange Fusionsexperimente. Statt von Wissenschaftlern werden sie aber offenbar nur von Amateuren beachtet, die in ihrer Freizeit und auf eigene Kosten herumexperimentieren. Vom Pioniergeist des 19. Jahrhunderts ist den heutigen Wissenschaften so gut wie nichts mehr anzutreffen.

Vielleicht sollten die Erstsemester im Fachbereich Physik nicht mehr mit endlosen Mathematikseminaren vollgestopft werden, die den Eindruck erwecken, daß die Dozenten bereits alles wissen, was es zu erforschen gibt. Pädagogisch wäre es sicher weitaus reizvoller, mit einer Frage zu beginnen, auf die der Dozent selbst keine Antwort weiß:

1. *Was* bewirkt die Induktion in der Sekundärwicklung eines Transformators?
2. Wo sind die Magnetfelder einer bifilaren Spule?
3. *Warum* tritt beim Experiment von *Fleischmann/Pons* ein Energieüberschuß auf?

Damit sind wir dann auch fast am Ende dieses Buches angelangt. Was noch fehlt, ist die wahre, die endgültige Lösung des Energieproblems. – *Voilá.*

Die letzte Story

Ob der Name *Nelson E. Camus* in die Geschichte eingehen wird, muß sich erst noch erweisen. Vorerst hat der amerikanische Erfinder sicher noch genug damit zu tun, seine Erfindung zur Marktreife zu bringen.

Camus, der übrigens ein leibhaftiger Neffe des bekannten Philosophen und Schriftstellers Albert Camus ist, stellte seinen Apparat erstmals 1993 auf einer Erfindermesse in Pasadena, Kalifornien vor. Äußerlich handelte es sich um einen recht schlichten, zylinderförmigen Behälter, aus dem über einen Schlauch ein Akkumulator versorgt wurde. Aber wenn man den Treibstoff in den oben angebrachten Einlaßstutzen füllte, fing das Gerät nach einer Pause von etwa zehn Sekunden an, auf unerklärliche Weise Strom zu erzeugen.

Genug Strom, um nicht nur eine 100-Watt-Glühlampe, sondern auch eine Stereoanlage und zusätzlich ein Fernsehgerät zu betreiben. Daß allein reichte allerdings nicht aus, um die Besucher seines Messestandes von Camus' Apparat zu überzeugen. Sie suchten nach verborgenen Drähten, was in erster Linie daran lag, daß sie die Eignung des von Camus in den Behälter eingefüllten Treibstoffs bezweifelten.

Es handelte sich um eine Substanz, die ein jeder kennt. Kinder haben sogar einen eigenen Namen für diesen wertvollen, organischen Brennstoff:

Pipi.

Tatsächlich erzeugt Camus' Apparat aus dem gelben Saft nicht nur Strom, sondern entgiftet den Treibstoff auch soweit, daß es nur noch zweier einfacher Filtervorgänge bedarf, um ihn wieder gereinigt dem Wasserkreislauf zuführen zu können. Camus nennt sein Gerät H.U.P.P., was ausgeschrieben *Home Urine Power Plant* heißt, also Heim-Urin-Kraftwerk.

Auf die Idee kam Camus, als er im Auftrag der US-Firma *Westinghouse Electric* in einer entlegenen Gegend von Chile *Lithium-Vorkommen* untersuchte. Lithium ist ein in der Kerntechnik und bei Batterien eingesetztes Leichtmetall. Camus fand vor Ort große Mengen von Lithiumkarbonat, das neben industriellen Anwendungen auch als Medikament bei manisch Depressiven eingesetzt wird.

Auf dem Lithiumkarbonat hatte sich Guano abgelagert, und Camus stellte fest, daß sich daraus natürliche Batterien gebildet hatten. Eine spektroskopische Untersuchung ergab, daß die chemischen Eigenschaften des Guano in starkem Maße denen des menschlichen Urins ähnelten.

Mit diesem Wissen schuf er eine geheimgehaltene Mischung namens *Nithium*, die nun für die Stromerzeugung in seinem H. U. P. P. sorgt. Die Leistung des Gerätes sollte man keineswegs unterschätzen: Mit etwa 23 Litern des bernsteinfarbenen Sprits erzeugt es 120 Kilowattstunden an Strom – genug, um den Energiebedarf einer Kleinfamilie für fast eine Woche zu decken.

Bei seinen Forschungen hat Camus auch festgestellt, daß es eine einfache Methode gibt, die Leistung sogar zu verdreifachen. Sie besteht darin, daß die Treibstofflieferanten reichlich Knoblauch und Zwiebeln zu sich nehmen.[223]

223 – Nach »Harnessing the Power of Pee« aus *Fortean Times*, Nummer 77, S. 10. Der Originalbericht erschien im *Glasgow Herald* am 1. November 1993.

Bildanhang

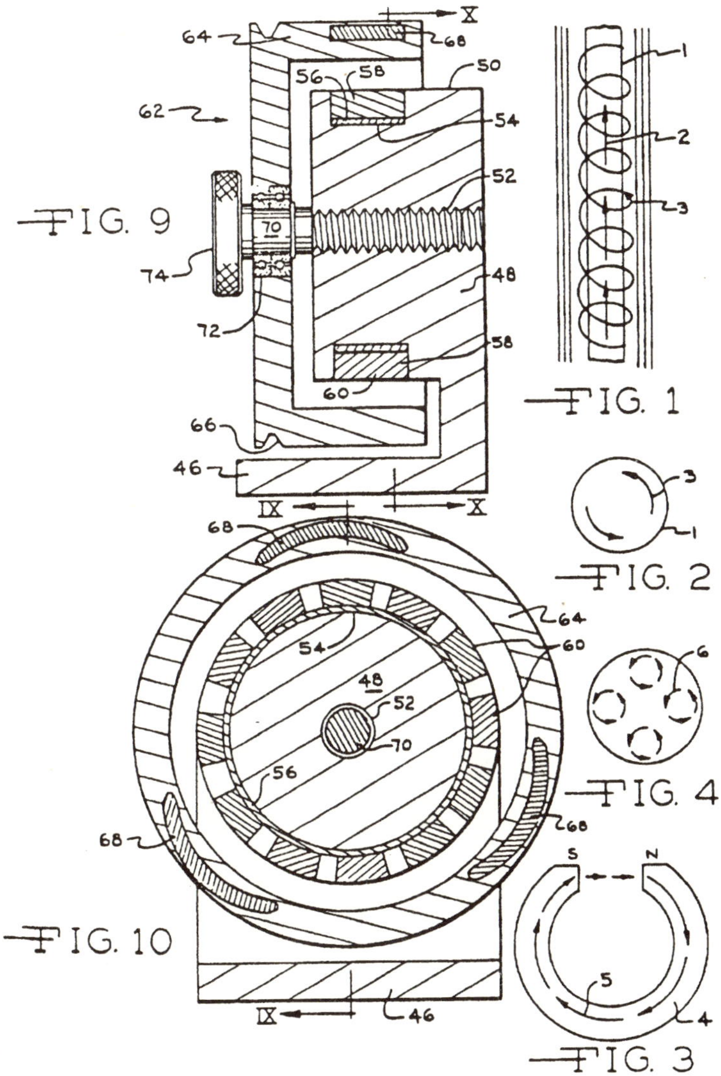

Johnsons rotierender Motor (siehe Magneten und Motoren/Der Johnson-Motor).

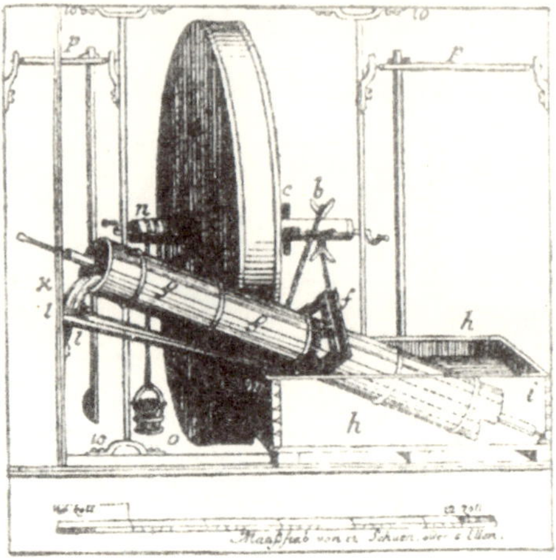

Perpetuum mobile aus dem späten 18. Jahrhundert (siehe Magie und Betrug/Die endlose Bewegung).

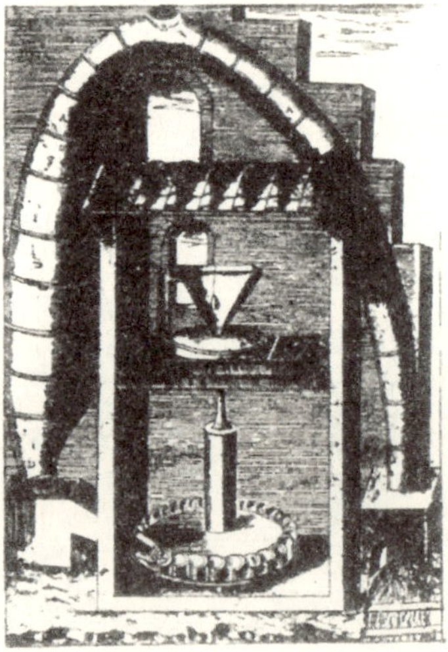

Perpetuum mobile, das die Kapillarwirkung von Kerzendochten nutzen soll (s. o.).

In der Mitte des 19. Jahrhunderts wurden elektrische Spielzeuge wie dieses als Perpetuum mobile angepriesen (siehe Magie und Betrug/Der Redheffer-Betrug).

Wasserstoff wurde bereits in der Mitte des 19. Jahrhunderts großtechnisch erzeugt.

In Keelys Tagen wurden die verrücktesten Flugmaschinen erdacht und zum Teil sogar gebaut (siehe Töne und Strömungen/Das Keely-Rätsel).

Offiziell beginnt die Geschichte der Dampfmaschinen erst gegen Ende des 18. Jahrhunderts. Dabei ist es nachweisbar, daß bereits gegen Ende des 17. Jahrhunderts solche mit Dampf betriebenen Fördermaschinen in Gebrauch waren. Diese Maschine stammt beispielsweise von 1705.

War Keelys Flugmaschine nur eine Spinnerei, die auf diesen zu seiner Zeit sehr populären Orchesterautomaten basierte? Viele Konstruktionsdetails scheinen sich zu ähneln (siehe Töne und Strömungen/Das Keely-Rätsel).

TOD.GIF - 01/29/94 from KeelyNet BBS (214) 324-3501
This diagram is put into the public domain courtesy of Lee Trippett's experiments based on Bearden's "Final Secret of Free Energy".

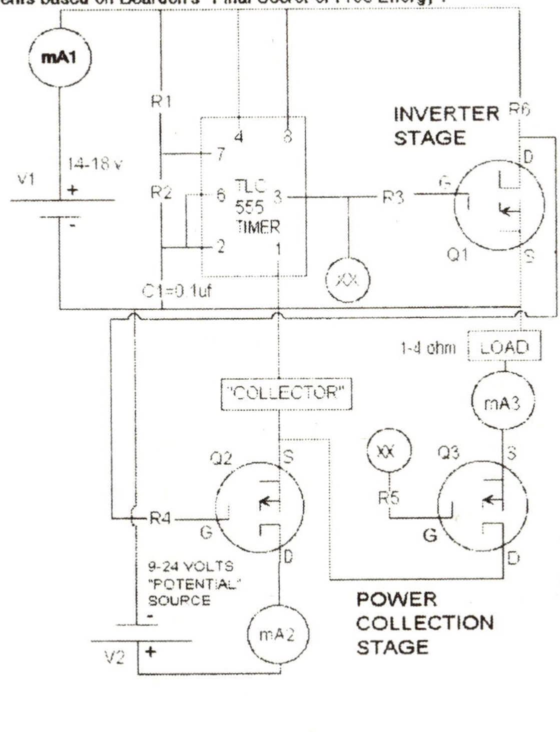

Tom Beardens Ideen zur Skalarwelle haben viele Forscher zu Versuchen inspiriert (siehe Herr der Blitze /Skalarwelle und freie Energie).

FF1.GIF 02/19/94
see FF1.ASC for details on this FireFly circuit
KeelyNet BBS (214) 324-3501

LEE TRIPPETT'S VERSION OF BEARDEN'S "FINAL SECRET"

Bert Pool's Revision of Lee Trippett's Circuit

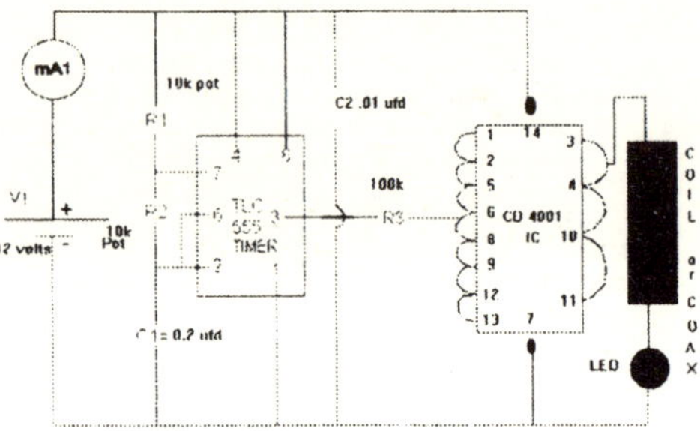

TOD.GIF 01/29/94
Read TOD.ASC for details
KeelyNet BBS (214) 324-3501

Vangard Sciences/KeelyNet
PO BOX 1031
Mesquite, TX 75149

THIS DIAGRAM AND INFORMATION ARE PUT INTO THE PUBLIC DOMAIN

LEE TRIPPETT'S VERSION OF BEARDEN'S "FINAL SECRET OF FREE ENERGY" THEORY PUT INTO A CIRCUIT

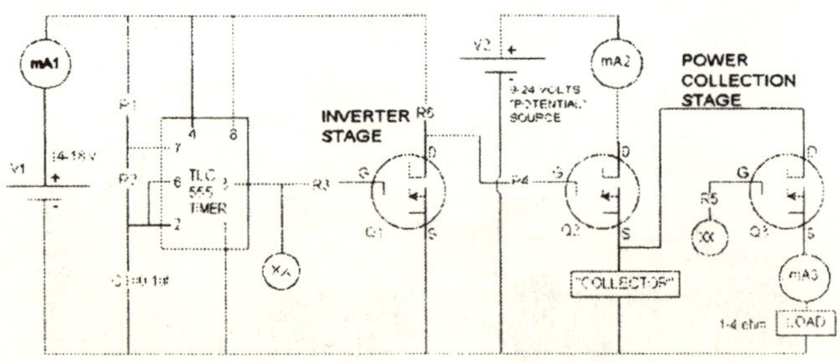

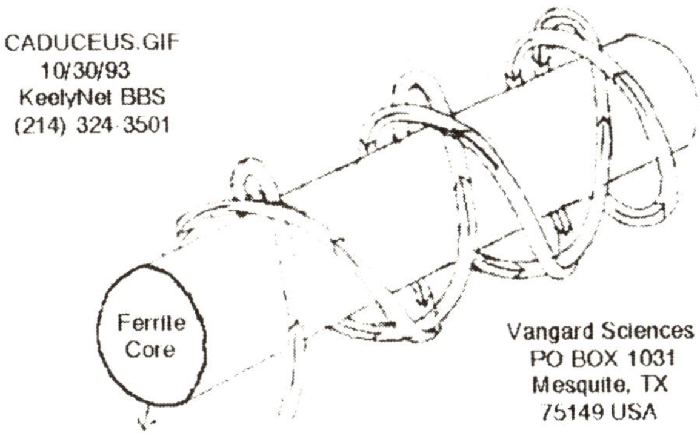

Eine der bifilaren Spulenarten, wie sie bei vielen FE-Konvertern eingesetzt werden (siehe Strom aus dem Radio).

Ein Standbild aus einem Video, das die Testatika-Maschine im Betrieb zeigt (siehe Strom aus dem Radio/Elektrostatische Maschinen).

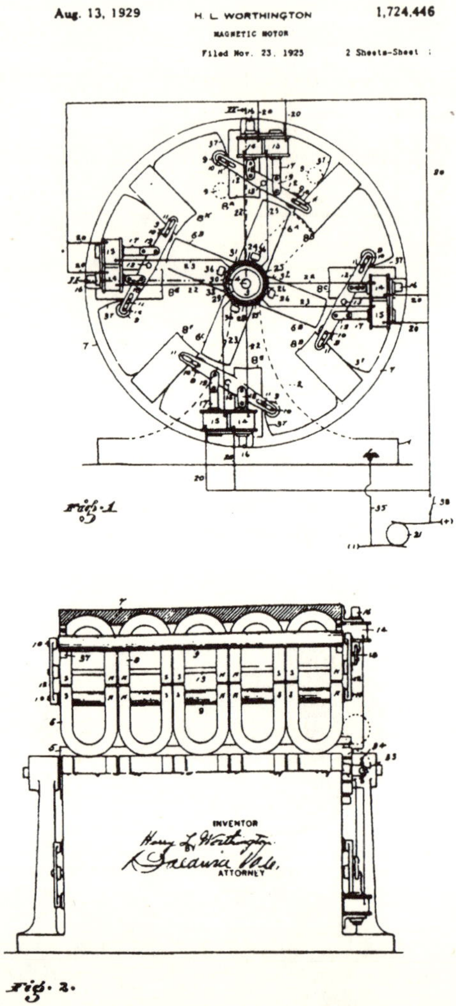

Der Magnetmotor von Worthington ist nur einer von zahllosen Entwürfen und Patenten dieser Art (siehe Magneten und Motoren).

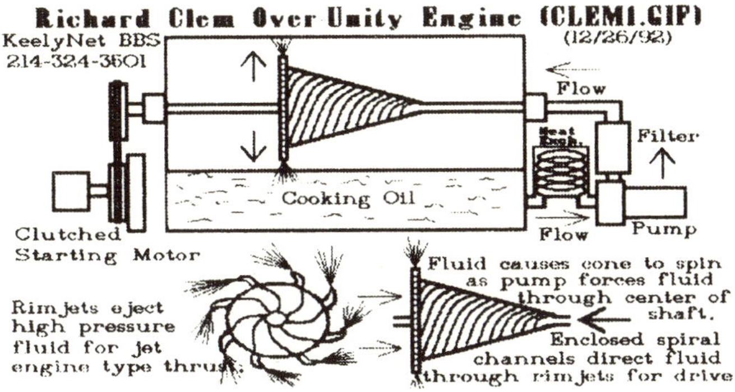

Clems Turbine – es spricht einiges dafür, daß diese Maschine niemals existiert hat (siehe Töne und Strömungen).

Diese Skizze stellt mit großer Wahrscheinlichkeit den jungen Paracelsus dar (siehe Magie und Betrug).

Ein Generator für Gleichstrom in der typischen Bauweise, wie sie nach der Mitte des 19. Jahrhunderts üblich war.

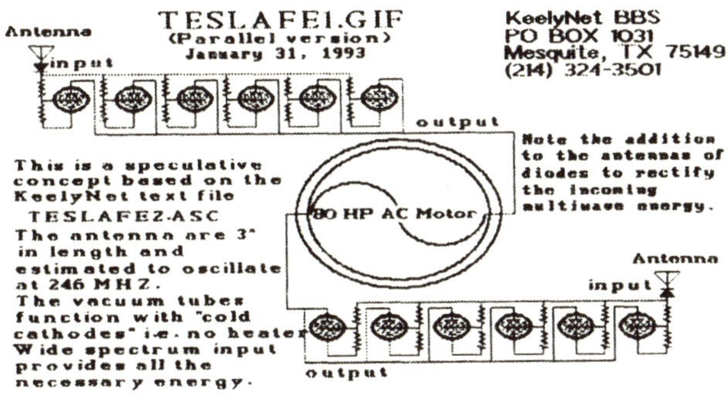

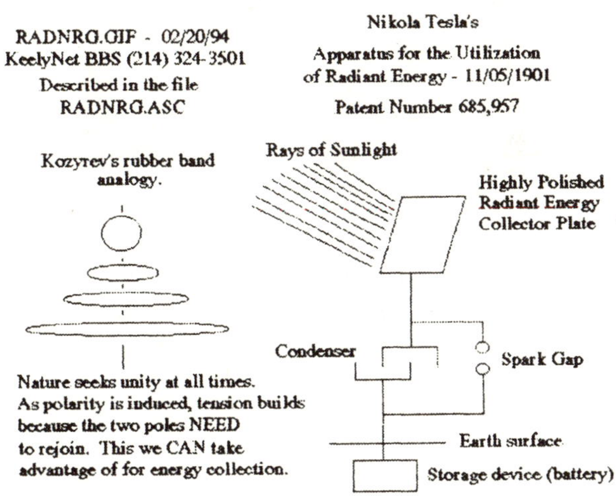

Im Internet werden viele alte Patente von jungen Forschern aufgegriffen.

Danksagung

Das wirkliche Ende eines Buches ist erreicht, wenn man endlich darüber nachdenken kann, was während des Zeit des Schreibens alles passiert ist. Natürlich kommen jetzt auf mich noch die Korrekturen zu, das Register und der andere Kleinkram, der die Produktion eines Buches um Wochen – und manchmal auch Monate – hinauszögern kann.

Aber das ist unwesentlich.

Etwa ein halbes Jahr ist vergangen, seitdem ich die erste Überschrift eingetippt habe. Jetzt liegt die Tastatur des Computers in den letzten Zügen; ich weiß nicht, warum ich nach jedem Buch eine neue kaufen muß.

Man kann eben kein Omelett machen, ohne ein paar Eier zu zerschlagen.

Und man kann kein Buch schreiben, ohne seine Familie zu vernachlässigen. Deshalb stehen Uschi und Kevin hier an erster Stelle.

Kommen wir nun zu den Leuten aus der Verlagsbranche, die an diesem Buch aktiv mitgewirkt haben. Es sind eigentlich nur drei, und da sie es als ihre Pflicht betrachten, wäre es ihnen geradezu peinlich, wenn ich sie hier namentlich erwähnen würde.

Trotzdem: Danke!

Höchst inspirative Diskussionen rund um dieses und verwandte Themen habe ich mit Heinrich Crütering und Bernd Schreiber geführt. Beide waren auch im richtigen Moment mit einigen Kontakten und Materialien zur Hand, die sehr nützlich waren.

Friedrich Wilps weiß wahrscheinlich kaum noch etwas von unseren Diskussionen, die wir vor einigen Jahren über das Thema alternativer Technologien geführt haben. Davon ist einiges bewußt in dieses Buch eingeflossen und hat auch entscheidend zu seiner Form beigetragen.

Erwähnung verdienen auch Frank Rehfeld und Winni Czech, die beiden anderen Musketiere der *CheHeRehzade-Autorengruppe*, die auf ihre ganz persönliche Weise zu diesem Buch beigetragen haben.

Die wichtigste Person möchte ich zuletzt erwähnen. Ohne meinen Vater wäre es sicher nie zu diesem Buch gekommen. Als Ingenieur hat er mein Interesse für alles geweckt, was mit Strom zu tun hat.

Daher die Energie.

Sach- und Personenregister

Das größte Geheimnis des Dritten Reiches: die deutsche Atombombe

geb., 288 S., zahlr. Abb.,
ISBN 3-930219-30-6,
19,90 EUR

geb., 256 S., zahlr. Abb.
ISBN 3-930219-90-5,
19,90 EUR

geb., 288 S., zahlr. Abb.,
ISBN 3-930219-50-6,
19,90 EUR

geb., 288 S., zahlr. Abb.,
ISBN 978-3-938516-61-4,
19,95 EUR

Kopp Verlag
Pfeiferstraße 52, D-72108 Rottenburg,
Telefon (0 74 72) 98 06-0, Telefax (0 74 72) 98 06-11,
info@kopp-verlag.de, www.kopp-verlag.de